本书系"浙江省'十三五'师范教育创新工程建设项目
《层式联动·协同创新·特色发展——卓越教师培养模式研究与实践探索》研究成果"

经典学习理论在英语教学中的应用

主　编　罗　毅
副主编　陈志军　卢慧霞

海洋出版社

2020年·北京

内容提要

本书在对我国中学英语教学与研究的现状进行调查的基础上，审视和探讨了包括多元智力理论、掌握学习理论、建构主义与社会建构主义、系统功能语言学、图式理论、体裁分析、语篇理论、文化移入理论、监察理论和中介语理论在内的 10 种经典学习理论，并阐释了其对英语教学的启示。本书以研究报告和论文的形式提供了上述理论如何在中学英语教学中应用的实例，这些实例主要来自一线优秀英语教师的实证研究，在一定范围内反映了中学英语教学改革的最新成果，对如何有效运用经典学习理论指导中学英语课堂教学提供了具有较高参考价值的范例，对培养学生英语学科核心素养，提高中学英语教学质量具有一定的借鉴意义。

图书在版编目（CIP）数据

经典学习理论在英语教学中的应用 / 罗毅主编 . — 北京：海洋出版社, 2019.12

ISBN 978-7-5210-0539-4

Ⅰ.①经… Ⅱ.①罗… Ⅲ.①英语课—教学研究—中学 Ⅳ.① G633.412

中国版本图书馆 CIP 数据核字（2020）第 002977 号

策划编辑：张　欣
责任编辑：沈婷婷
责任印刷：赵麟苏

海洋出版社　出版发行

http://www.oceanpress.com.cn
北京市海淀区大慧寺路 8 号　邮编：100081
北京朝阳印刷厂有限责任公司印刷　新华书店发行所经销
2019 年 12 月第 1 版　2020 年 11 月北京第 1 次印刷
开本：787mm×1092mm　1/16　印张：19
字数：250 千字　定价：98.00 元
发行部：62132549　邮购部：68038093　总编室：62114335

海洋版图书印、装错误可随时退换

编写委员会

主　编　罗　毅
副主编　陈志军　卢慧霞
编　委（按姓氏笔画排序）
　　　　卢慧霞　齐晶莹　陈志军　陈　琪　陈燕艳
　　　　沈萍萍　邱　雅　罗　毅　贺梦玲　胡高择
　　　　袁舟叶　郭双红　傅华一

前 言
PREFACE

本书是中学英语教师实施新课程教学和研修用书,也可作为高等师范院校英语专业学生教育实践的参考书。

随着《义务教育英语课程标准》(2011年版)和《普通高中英语课程标准》(2017年版)的修订以及在全国各地的实施,国家对基础英语教学提出了新的更高的要求。新课程注重素质教育,提出了包括语言能力、文化意识、思维品质和学习能力的英语学科核心素养的培养,并将语篇知识和语用知识纳入"语言知识"之列,使之成为"语言能力"的重要基础之一。这体现了新课程语言观更具包容性,向语言本真回归。新课程不仅关注教师的"教",更注重学生的"学"。为了更好地贯彻课程标准教学理念,发挥学习理论对教学实践的指导作用,我们组织一线英语教师编写了《经典学习理论在英语教学中的应用》一书。

《经典学习理论在英语教学中的应用》以新课程理念为指导思想,以培养学生英语学科核心素养为终极目的,以经典学习理论在英语教学中的应用为主要内容,旨在帮助广大的中学英语教师更加科学地开展新时代背景下的英语课堂教学,保证教学质量,并能应用科学的研究方法加强教学研究,推广教研成果。

本书在对10种经典学习理论进行总体介绍和阐述的基础上,根据不同语言知识和技能的特点具体提供了相应的教学案例。同时,在满足新课程标准要求的前提下,本书精选的经典学习理论力求系统性、科学性、完整性和实用性，针对我国英语基础教学、教研中存在的问题，从理论和实践的视角探讨解决问题的策略，为广大从事英语教学、教研的中学教师以及高校英语专业师范生学习和实施"教学实践课程"提供针对性和操作性较强的参考。

全书共五章，由浙江海洋大学的罗毅担任主编，浙江海洋大学的卢慧霞和舟山教育学院的陈志军担任副主编。本书第四章的教学实践案例，除主编和副主编外，参加编写的还有10位中学一线教师，他们分别是舟山市绿城育华学校齐晶莹，岱山初级中学陈琪，舟山市第一初级中学胡高择，岱山高亭初级中学沈萍萍、嵊泗县海星中学傅华一、郭双红，岱山初级中学陈燕艳、袁舟叶、邱雅，以及岱山大衢中学贺梦玲。第一、二、三、五章由罗毅执笔；第四章第一节由齐晶莹、陈琪执笔，第二节由胡高择执笔；第三节由沈萍萍、傅华一执笔；第四节由罗毅执笔；第五节由郭双红、陈燕艳执笔；第六节由袁舟叶执笔；第七节由罗毅、贺梦玲、邱雅执笔；第八节由罗毅执笔；第九、十节由卢慧霞执笔。陈志军指导一线中学教师开展基于经典学习理论的教学实验研究，并收集整理一线教师的相关研究资料。罗毅设计了本书的框架，并对全书进行了统稿。

在此特别感谢浙江海洋大学人文学院、教师教育学院党委书记宋秋前教授，他在本书编写和出版过程中自始至终给予极大的关心和支持。

本书在引用他人著述时，绝大部分都注明了出处或以参考文献的方式处理，个别说法和资料未注明来源，或存在疏漏现象，敬请被引用著述的作者和读者原谅。

由于我们水平有限，编写时间仓促，书中难免存在纰漏，敬请读者批评指正。

编者

2019 年 8 月于舟山

目 录
CONTENTS

第一章　绪论⋯⋯⋯⋯⋯⋯⋯⋯⋯⋯⋯⋯⋯⋯⋯⋯⋯⋯⋯⋯⋯ 1
　　第一节　研究背景⋯⋯⋯⋯⋯⋯⋯⋯⋯⋯⋯⋯⋯⋯⋯⋯⋯ 4
　　第二节　研究意义⋯⋯⋯⋯⋯⋯⋯⋯⋯⋯⋯⋯⋯⋯⋯⋯⋯ 6
　　第三节　研究设计⋯⋯⋯⋯⋯⋯⋯⋯⋯⋯⋯⋯⋯⋯⋯⋯⋯ 8
　　第四节　研究方法⋯⋯⋯⋯⋯⋯⋯⋯⋯⋯⋯⋯⋯⋯⋯⋯⋯ 9

第二章　初中英语教学与研究现状⋯⋯⋯⋯⋯⋯⋯⋯⋯⋯⋯⋯ 11
　　第一节　初中英语教学现状⋯⋯⋯⋯⋯⋯⋯⋯⋯⋯⋯⋯⋯ 13
　　第二节　初中英语教学问题的应对策略⋯⋯⋯⋯⋯⋯⋯⋯ 19
　　第三节　初中英语教研现状⋯⋯⋯⋯⋯⋯⋯⋯⋯⋯⋯⋯⋯ 21
　　第四节　初中英语教研问题的应对策略⋯⋯⋯⋯⋯⋯⋯⋯ 23

第三章　经典学习理论研究及其对教学的启示⋯⋯⋯⋯⋯⋯⋯ 25
　　第一节　多元智力理论⋯⋯⋯⋯⋯⋯⋯⋯⋯⋯⋯⋯⋯⋯⋯ 27
　　第二节　掌握学习理论⋯⋯⋯⋯⋯⋯⋯⋯⋯⋯⋯⋯⋯⋯⋯ 39
　　第三节　建构主义和社会建构主义⋯⋯⋯⋯⋯⋯⋯⋯⋯⋯ 45
　　第四节　系统功能语言学⋯⋯⋯⋯⋯⋯⋯⋯⋯⋯⋯⋯⋯⋯ 65
　　第五节　图式理论⋯⋯⋯⋯⋯⋯⋯⋯⋯⋯⋯⋯⋯⋯⋯⋯⋯ 81
　　第六节　体裁分析⋯⋯⋯⋯⋯⋯⋯⋯⋯⋯⋯⋯⋯⋯⋯⋯⋯ 90
　　第七节　语篇理论⋯⋯⋯⋯⋯⋯⋯⋯⋯⋯⋯⋯⋯⋯⋯⋯⋯ 97
　　第八节　文化移入模式⋯⋯⋯⋯⋯⋯⋯⋯⋯⋯⋯⋯⋯⋯ 119

第九节　监察理论…………………………………………………132
　　第十节　中介语理论…………………………………………………136
第四章　基于经典学习理论的中学英语教学实践……………………143
　　第一节　多元智力理论的教学应用…………………………………145
　　第二节　掌握学习的教学应用………………………………………161
　　第三节　建构主义的教学应用………………………………………167
　　第四节　系统功能语言学的教学应用………………………………182
　　第五节　图式理论的教学应用………………………………………197
　　第六节　体裁分析的教学应用………………………………………212
　　第七节　语篇理论的教学应用………………………………………222
　　第八节　文化移入模式的教学应用…………………………………248
　　第九节　监察理论在英语教学中的应用……………………………257
　　第十节　中介语理论在初中英语写作教学中的运用………………263
第五章　问题与对策……………………………………………………275
　　第一节　对经典学习理论在应用过程中的相关问题的思考………277
　　第二节　经典学习理论在应用过程中的问题………………………279
　　第三节　实施基于经典学习理论教学的对策………………………281

参考文献………………………………………………………………**285**

后　记…………………………………………………………………**295**

第一章　绪论

第一章 绪论

以信息化、网络化为特征的 21 世纪给社会经济结构带来了巨大的变革，现行的人才培养标准已不能适应这一变革的要求，基于工业革命所建立起的学科课程体系和人才培养目标正面临着前所未有的挑战。为此，世界各国都在基于新工业时代社会发展形势对人才规格的新要求以及公民未来健康与幸福生活的需要，对当下人才培养目标重新进行审视，旨在构建能够适应新时代社会、工作和生活所必需的关键素质指标体系。与此同时，世界各国几乎都将人才培养目标指向学生适应未来工作和生活的"核心素养"（key competencies）的培养。鉴于此，我国也不例外，2014 年教育部委托北京师范大学牵头，成立了核心素养研制领导小组，并耗时三年制定了我国学生发展核心素养指标体系。然而，核心素养的培养终究还是要落实到各学科教学之中。于是，各学科核心素养自然成为分担我国学生发展核心素养培养任务的媒介和桥梁。为此，我国高中学段于 2017 年修订了各学科课程标准，并率先制定了相应的学科核心素养指标体系。《普通高中英语课程标准》（2017 年版）（以下简称《高中课标》）已将英语学科核心素养培养作为英语教学的具体目标。我们有理由相信，不久的将来，《义务教育英语课程标准》再度修订时也必将遵循英语学科核心素养这一指标体系，并将其细化为英语课程培养目标。为了更好地培养学生英语学科核心素养，我们必须对目前我国基础英语教学和研究状况进行审视，以经典学习理论为指导，遵循英语学习规律，克服教学过程中的盲目性，提高教学的有效性。

第一节　研究背景

　　本研究背景主要基于国内外基础英语教育改革。国际上，以核心素养为培养目标的教育教学改革正在蓬勃开展，国内也在逐步实施基于学科核心素养的英语教学，但在具体实施方面还普遍存在盲目性，缺乏理论指导。本书的研究背景正是基于人才培养目标的新变化和我国的英语课程改革的需要两个方面。

　　人才培养目标发生了变化。社会变革对教育带来了新的挑战，尤其是新工业革命和经济发展对人才规格提出了新要求。在世界范围内，各国都在重新考量人才素质标准，几乎都将教育目标指向学生发展的核心素养上，而且立即付诸实践。1997年12月，国际经济合作与发展组织基于21世纪社会对人才需求和公民的幸福生活标准，首先提出了核心素养框架。该框架是一个三层次的核心素养模型，即"交互使用工具的能力，在异质群体中有效互动的能力以及自主行动能力"（OECD，2005），对全球教育产生了巨大影响。之后，欧美国家也相继出台了核心素养框架，并在一定范围实施。2002年美国制定了《"21世纪素养"框架》，包含三类技能领域：学习与创新技能、信息媒体与技术技能、生活与职业技能（Partnership for 21st Century Skills，2009）。2006年12月，欧洲议会和欧盟理事会通过了关于核心素养的建议案，其中包含了母语、外语、数学与科学技术素养、信息素养、学习能力、公民与社会素养、创业精神以及艺术素养等八大核心素养体系（European Commission，2007）。尤其是美国斯坦福大学课程再设计中心（Center for Curriculum Redesign，简称CCR）Fadel等人研制的四维教育框架在全美乃至全球产生深远影响。CCR的四维框架以培养21世纪学习者为宗旨，提出包括"知识、技能、品格和元学习"四个维度的关键能力。其中，知识是指我们的所知与所懂，涉及交叉学科、传统学科、现代学科和主题；技能是指我们如何运用知识的能力，涉及创造力、批判性思维、交流与合作；品格是指我们如何表现及广泛参与，涉及睿智、好奇心、勇气、修复力、德性和领导力；元学习是指我们如何对策略、目标和结果进行评价，涉及元认知（反思）和成长心向（Fadel et al，2015）。

  几乎与此同时，澳大利亚、新西兰、日本和我国台湾地区也在进行基于核心素养的教学改革，这种变革也必将影响到我国整个基础教育改革。在国际教育改革大背景下，2014年我国组织近百专家，由北京师范大学牵头，历时三年于2016年研制完成了符合我国国情的《中国学生发展核心素养》框架。该框架以科学性、时代性和民族性为基本原则，以培养"全面发展的人"为核心，分为文化基础、自主发展、社会参与三个维度。综合表现为人文底蕴、科学精神、学会学习、健康生活、责任担当、实践创新六大素养，具体细化为国家认同的十八个基本要点。各素养之间相互联系、相互补充、相互促进，在不同情境中整体发挥作用。然而，核心素养的培养最终还是要落实到各个学科教学之中，即学科核心素养。鉴于此，借鉴国际教育研究新成果，2017年我国高中阶段各学科完成了核心素养取向的课程标准的修订。修订后的《高中课标》将英语学科核心素养作为教学的具体目标，即培养和发展学生在接受高中英语教育后具备"语言能力、文化意识、思维品质和学习能力"等学科核心素养。同时，提出了"主题+语篇"的结构框架，指出"指向学生学科核心素养的英语教学应以主题意义为引领，以语篇为依托，整合语言知识、文化知识、语言技能和学习策略等学习内容，引导学生采取自主、合作的学习方式，参与主题意义的探究活动，并从中学习语言知识，发展语言技能，汲取文化营养，促进多元思维，塑造良好品格，优化学习策略，提高学习效率，确保语言能力、文化意识、思维品质和学习能力的同步提升"（教育部，2018）。

  我国英语课程改革的需要。国家自2001年颁布《义务教育英语课程标准》（实验稿）和2003年颁布《普通高中英语课程标准》（实验稿）以来，基础教育英语教学改革已经实施十多年，且取得了较大成就。新课程在人才培养方面注重知识性和人文性的统一，强调在语言技能和语言知识的学习中培养良好的情感态度和包容性的文化意识，形成有效学习策略，教育教学质量明显提高。然而，在实施过程中一些问题也明显暴露出来，一是课程标准本身的问题，二是课堂教学方面的问题。基于十几年的新课程实验，专家们在广泛征求意见的基础上于2011年和2017年分别对《义务教育英语课程标准》(实验稿)和《普通高中英语课程标准》(实验稿)进行了修订。《高中课标》已经将英语学科核心素养作为教学的具体目标，可谓与时俱进。初中英语和高中英语同属于基础英语，其教育教学应该相互衔接，并在教学目标上保持一致，即初中英语教学也应基于英语学科核心素养的培养。然而,《义务教育英语课程标准》(2011年版)修订时未能引入核心素养目标，实属时代的局限性，但这并不意味着现阶段初中英语教学就不培养学生的学科核心素养。另一方面，在英语课堂教学实施中，教学的盲目性比较严重，缺乏理论指导的教学较为普遍。

本研究为了适应人才培养目标发生的变革和我国基础英语教学改革，用经典学习理论作指导，优化课堂教学和评价体系，旨在提高教学的科学性和有效性，促进学生英语学科核心素养的养成。

第二节　研究意义

本研究将经典学习理论应用于英语课堂教学和评价之中，强调教学设计中的理论指导，对当前我国基础英语教学改革具有以下意义。

一、有利于提升课堂教学的科学性

经典学习理论是学习理论中公认的精华，符合语言学习规律和学生发展要求，其有效性已得到教育专家的认可和教育实践的验证。中学英语教师往往缺乏必要的学习理论基础，导致在教学目标的确定、教学内容的选择、教学活动的安排以及教学评价的开展方面往往缺乏理论支撑，随意性较强。用经典学习理论指导英语教学可以减少教学的盲目性，提升课堂教学和评价的科学性。

二、有利于培养学生全面素质

本研究所精选的经典学习理论涉及面广、层次性高、针对性强，对培养学生全面素质具有重要的意义。如加德纳的多元智力理论认为，智力是在某种社会或文化环境的价值标准下，个体用以解决自己遇到的真正的难题或生产及创造出有效产品所需要的能力。每个人都至少具备语言智力、数理逻辑智力、音乐智力、空间智力、身体智力、人际交往智力和自我认知智力，后来，加德纳又添加了自然主义智力和存在主义智力。这就要求我们在英语教学中，不仅要培养学生的语言能力，还要关注学生其他方面能力的培养。

三、有利于提高教学的有效性

经典学习理论既注重学习过程又注重学习结果。如社会建构主义理论强调英语学习是在人与人之间的交往中建构起来的，是在社会互动中协商的结果，因此教学中应强调意义协商，注重学生的积极参与、合作和体验。而布鲁姆的掌握学习理论关注学习目标的达成，强调学习目标的达成是学习的终极任务，包括单元目标和课程目标，为"及时反馈，及时矫正"教学理念提供了理论支撑。最近发展区理论强调学习难度不能过难或过易，要通过学生努力和借助外界帮助能够完成，否则就是无意义的学习。

四、有利于促进学生核心素养的养成

文化移入模式、语篇理论和体裁分析重视语言学习过程中的文化移入对语言学习的主要作用，理解文化语境的意义和语篇、语用意义，对形成文化意识和语篇能力意义重大，反映了英语学科核心素养的关键要素。

五、有利于形成符合英语语篇特点的思维模式

图式理论和体裁分析理论认为不同类型的英语语篇有其各自的独特性，即语类结构。语类结构包括语篇的必要成分和可选成分以及它们的顺序。掌握英语语篇的语类结构不仅能够解读和建构连贯的英语语篇，而且有利于形成符合英语语篇特点的思维模式，提高英语学习能力。

总之，用经典学习理论指导英语课堂教学和评价，有利于提高课堂教学的科学性和有效性，有利于形成英语思维习惯，有利于培养英语学科核心素养，促进学生的全面素质发展。

第三节　研究设计

本研究在对我国基础英语教学与研究现状进行调查分析的基础上，针对基础英语教学的实际对学习理论进行审视，从中筛选10种适合我国基础英语教学的经典学习理论，用以指导英语教学，形成有效的英语教学模式，提高教学效果。

本研究根据英语学科教学特点，对所选经典学习理论进行介绍、阐述，析出对英语教学的启示，使其在英语教学中得到有效应用。具体回答下列问题：

（1）如何筛选适合我国英语教学语境的学习理论？

（2）怎样从这些学习理论中析出有价值的教学启示？

（3）如何有效地将这些学习理论应用到英语教学之中？

（4）如何有效地计划、实施和评价基于经典学习理论的教学实验？

（5）如何设计基于不同经典学习理论的教学模式？

具体实施步骤如下：

（1）确定承担该实验的学校和教师，并对其进行实验培训；

（2）对实验教师进行经典学习理论培训，使其掌握理论精髓和教育启示，并能恰当地应用于英语教学之中；

（3）制定实验方案，实施基于经典学习理论的英语教学实验；

（4）对实验进行阶段性评价；

（5）对实验进行总结性评价、改进和完善；

（6）形成基于经典学习理论的有效课堂教学模式。

本研究所涉及的经典学习理论如下：

（1）多元智力理论；

（2）掌握学习理论；

（3）建构主义与社会建构主义；

（4）系统功能语言学；

（5）图式理论；

（6）体裁分析；

（7）语篇理论；

（8）文化移入理论；

（9）监察理论；

（10）中介语理论。

第四节　研究方法

本研究由浙江海洋大学教师教育学院和舟山教育学院联合实施。浙江海洋大学教师教育学院的相关专家采用文献法对现有学习理论进行梳理、精选，并对承担实验的教师进行理论培训。舟山教育学院的英语教研员负责实验学校和实验教师的挑选，并采用问答、现场指导等方法落实、指导教学实验。

本研究拟在舟山市选定 5～10 所初中进行实证研究，并以学校为单位组建研究小组。每个研究小组根据自己的研究领域、专长和学校教育教学实际，选择一种或多种经典学习理论进行教学实验研究，也可在整合经典学习理论的基础上进行综合性的教学研究。

本研究的被试一般是自然班级，也可以是经过前测后专门组建的实验班（这种情况下往往配有对比班），或者在自然班级内成立实验小组。

本研究将经典学习理论引入到英语课堂教学之中，在教学设计、教学实施和教学评价等各环节凸显经典学习理论的指导作用。因此，研究的内容可以是经典学习理论在某一知识、技能教学或评价活动中的应用，也可以是整个学段中的综合应用。

本研究重视学生英语学科核心素养的培养，在教学设计、教学实施和教学评价过程中应突出核心素养教学目标的达成。

本研究以微信群和定期联席会议的方式及时反馈和解决研究中出现的问题，并采用对比的方法检验经典学习理论对英语课堂教学的作用和效果，及时对教学实验进行调整、改进和完善，最终形成有效的教学模式。

第二章　初中英语教学与研究现状

自 2001 年《义务教育英语课程标准》（实验稿）颁布以来，初中英语实施新课程改革已近 20 年。总体上讲，我国初中英语新课程改革是成功的，主要体现为教学理念不断更新、教学方法逐步改进、教学效果明显提高。然而，由于我国地域广阔，教育发展水平极不平衡，加之各地对师资培训的重视程度和资金投入存在较大差异，其效果也大不一样。一些地方的英语教学暴露出这样或那样的问题，甚至存在有悖于新课程理念的做法。以下我们将对初中英语教学和教研进行分析，并试图提出可能解决的方法。

第一节　初中英语教学现状

英语教学中存在的问题已引起英语教育工作者的关注，有研究综合分析了初中英语教学现状（周顾红，2018；徐涛，2016），有研究分析了英语知识、技能教学现状，如沈彩珠（2016）分析了读课词汇教学现状，王露娟（2016）分析了初中英语听力教学现状，王晓春（2012）、谢明亮（2016）分析了初中英语阅读教学现状，王晓莉（2017）、秦月菊（2018）分析了写作教学的现状，还有研究专门分析了农村初中英语教学现状（余晖，2011）。

根据上述一线英语教师的研究以及我们的调查，现将我国初中英语教学现状归纳如下。

一、教学观念不能适应新课程理念要求

虽然英语课程标准提出了新的教学理念，但由于教育评估和中考改革滞后，以及社会对教育的要求，学校、教师难以摆脱应试教育的桎梏。当下，社会乃至一些地方教育行政部门仍然把升学率作为评价学校教育质量的唯一标准，致使学校不得不把教师的教学业绩作为评价教师的唯一标准。一些学校除期中和期末考试外，还采取月考、旬考，甚至周考之类的考试，将考试作为评价教师和教学质量的唯一手段。在应试教育的影响下，课堂教学、课外作业都围绕考试指挥棒转。由于中考不考英语口语，英语口语自然得不到应有的重视。

二、教学缺乏经典教学理论指导

虽然一些教师接受多年的继续教育培训，教学理念有所更新，但由于缺乏经典教学理论知识，不能采用有效的教学方式进行新课程教学。经典教学理论是经过教育实践检验过的对教学有指导和启示作用的理论，如多元智力理论、掌握学习理论、建构主义与社会建构主义、系统功能语言学、图式理论、体裁分析、语篇理论、文化移入理论、监察理论和中介语理论等。然而，初中英语教师对这些理论知之甚少。这就不利于新课程教学改革。例如，新课程重视文化意识培养和语篇教学，但教师对文化移入模式不甚了解以及语篇知识的欠缺，导致他们不能有效地开展文化导向的英语教学或基于语篇的英语教学。

三、教学方法和教学内容单一

初中英语教学存在教学方式与内容过于单一和理论与实践脱节的问题（周顾红，2018）。初中英语教学缺乏教学方法的整合和教学内容的综合。有的教师课堂上长时间地使用一种方法，如讲授法，缺乏互动性教学活动。在教学内容上，不能将知识与技能有机的融合，甚至经常孤立地教授某

种技能，缺乏语言技能之间的综合，不利于培养学生的综合语言能力。

四、重视词汇语法，忽视语篇语用

英语教学看重词汇和语法知识的学习，以词汇训练和语法讲解为主要教学内容，不重视语篇和语用知识。即使在阅读和写作教学中，也是将词汇和语法作为教学的重点，忽视在语篇层次上的文本解读和建构。正如王晓春（2012）分析的那样，阅读教学存在五个方面的弊端：①有学无读。有的教师往往在学生阅读之前，就已经把词汇、语法等新内容处理完了，学生"根据上下文推断、理解生词含义"的能力基本得不到锻炼。因此在阅读时，学生遇到生词就感觉读不下去，直接影响阅读效果。还有的教师虽然要求学生先阅读，但是阅读的任务不是理解而是从文中找出词汇、语法等知识，还是在关注"学"而非"读"。②有读无法。有的教师注意了引导学生阅读，但没有教给学生阅读的方法，也没有结合篇章进行有目的的阅读训练，学生的阅读成了浏览文字，没有重点。甚至有的教师把阅读训练直接当成了阅读理解的做题训练，只介绍做题方法，不介绍阅读方法。还有的教师提供学生的阅读篇章所设置的问题没有价值，不能激发学生的阅读兴趣，也就难以训练学生的思维能力。③有点无篇。有的教师在引导学生阅读时，把整篇文章分割，只关注细节问题，没有引导学生关注全篇的结构、意义、背景知识等。对全文的信息没有足够的把握，对段落之间的逻辑关系没有理解，这就容易导致学生对全文的思想缺乏必要的概括和理解，不能正确地领悟文章的结构和思想内涵。④有文无义。有的教师只关注文字表面的信息，指导学生以回答问题、填写表格等方式梳理文章信息，却忽视了文字背后的意义。⑤有面无脉。假设文章是一片树叶，文章的结构就是叶脉，它是我们理解文章和学习写作的"抓手"，很多教师忽视了帮助学生梳理和感知文章的脉络，只是引领着学生在"叶面"上走来走去，缺乏跳出文本、明晰脉络这一步。

此外，沈彩珠（2016）认为，阅读教学存在如下问题：①阅读文本重技轻道。很多教师在平时的教学中并不重视阅读文本的理解，只关注文本中的新单词，新句型，然后再翻参考书或上网查资料。至于文本作为学生思想教育载体的功能，基本被老师们忽略不计。只关注词汇的教学部分，即重技而轻道，只能在文本的表面滑行，而无法在学生心中引起任何涟漪，激起一丝共鸣。②词汇处理过于刻板。很多老师对学生的期望很高，备课时把文本中出现的单词都列入"四会"，希望学生能够掌握全部新词。这种不分主次，平均分配力量的课堂词汇教学导致多数学生望"词"却步，产生知难而退的心理。③词汇呈现时段过于集中。多数教师都习惯于将词汇一股脑地在阅读前呈现。前十几分钟过多的词汇呈现会影响新课的流畅性，对教师的教学和学生的学习都造成沉重的负担，收效却甚微，也不利于学生阅读能力的培养。

再者，谢明亮（2016）指出，阅读教学存在如下问题：①教师引领过度，学生无理解。在实际的教学过程中，不少教师往往会引领过度，常常会用自己的思维来代替学生的思维，代替学生给文章划分层次、总结段落大意等，完全地剥夺了学生通过自身的阅读体验来训练思维的机会。②教师剖析过度，学生无阅读。在很多情况下，教师只是带领学生以略读和扫读的形式完成教材中的各种练习，然后开始进行词汇、长难句的讲解和训练。③教师应试过度，学生无目的。教师在课堂上往往会过多地注重选择题的训练。在评讲过程中，为了节省时间，通常也只是核对答案，很少要求学生读题干，反思文章主题。这样的训练方式根本不能很好地反映学生的阅读思维过程。学生的思维得不到训练，没有掌握阅读策略，再多的应试解题技巧也无济于事。显然，阅读教学重视表层意义的认知，忽视深层意义的理解。

在写作教学中，结果教学法仍然处在主流。教师往往布置一个写作题目，匆匆讲解一些写作要领，让学生回家写作，学生上交后教师批改，然后在课堂上评讲。评价文中词汇和语法，忽视内容、主题和语篇结构，忽视写作过程中的指导与评价。正如王晓莉（2017）认为的那样，我国初中英语写作教学存在客观和主观两个方面的问题。客观来看，学生英语学习的水平与他们智力发展水平不一致，或者说他们对英语知识和技能掌握的水平远低于他们的思维发展水平。主观来看，一方面是教师要求太低，一些初中英语教师严格限定写作的主题、目的、题材、对象、内容和字数。不重视文章的选材、立意、谋篇和布局，只关注学生写作时所犯的语法和词汇错误。不重视写作能力的培养和训练。另一方面，初中学生的英语功底不够扎实，浅层次的错误普遍存在，经常会在词组和语法的应用上出现问题。单词的拼写错误、语句的顺序问题和段落之间的连贯问题等比比皆是。在进行英语写作时，初中学生的阅读量和写作经验极为有限，所以表现手法较为单一，句子机械死板而缺乏流畅感和地道性。

五、语言教学脱境化

目前，初中英语词汇和语法教学脱离语境的现象较为普遍，即将词汇和语法从语境中剥离出来，孤立地讲解和训练。这种脱离语篇语境的教学不利于学生在真实语境中把握词汇的准确意义和得体地使用语言，因为特定的语篇对其所使用的词汇和语法具有制约作用，也就是说，特定词汇和语法常常出现在特定体裁的语篇之中。

六、重视输入性学习，轻视输出性学习

在初中英语教学过程中，对听读输入性的教学活动较为重视，对说写输出性的教学活动相对轻视。作为中考考试内容的听力和阅读，在教学中相对比较受重视。虽然写作也是中考的组成部分，但中考写作内容简单，轻视思维能力和语篇知识的考查方式，致使写作得不到应有的重视。口语虽为初中英语教学的重点，但由于未列入中考英语内容，其重视程

度大打折扣，这也是课外作业中英语口语活动布置较少的重要原因。输出性语言学习得不到应有的重视，直接导致学生运用语言能力低下，也有悖于英语课程标准的教学理念和英语学科核心素养的目标要求。

七、忽视英语学科核心素养培养和多元智力发展

将语言能力作为英语教学的唯一培养目标的现象比较严重，忽视文化意识、思维品质和学习能力的情况较为普遍。语言能力、文化意识、思维品质和学习能力属于英语学科核心素养，是英语教学的内容目标。其中，语篇知识和语用知识取代了以前的话题和功能，被纳入语言知识的范畴。然而，语篇知识和语用知识在初中英语教学中仍然得不到应有的重视。此外，教学中只关注语言智力的发展，忽视学生其他智力的发展的现象也十分普遍。如教学中，多元智力中的数学逻辑智力、音乐智力、空间智力、身体运动智力、人际交往智力、自省智力等常很少被重视。

八、教学评价单一性

教学评价单一性主要体现在四个方面：一是评价内容单一，二是评价方法单一，三是评价主体单一，四是评价手段单一。评价内容单一，体现在词汇、语法为主的句子层次评价上，缺乏语篇和语用方面的评价；评价方法单一，体现在将考试，主要是笔试，作为评价的唯一方法，缺乏口语评价，尤其是课堂活动中学生的参与度；评价主体单一，体现在教师是唯一的评价者，缺乏学生自评和同伴互评；评价手段单一，停留在纸质作业的批改，缺乏师生之间的面批和基于网络的评价。教学评价的单一性不利于教学活动的有效开展、教学目标的达成以及教学效果的提升。

第二节　初中英语教学问题的应对策略

针对教学中存在的问题，我们提出下列应对策略。

一、秉承新课程观念

严格按照新课程教学理念实施教学，培养学生全面发展的素质，摒弃应试教育思想，用英语学科核心素养指标作为教学和评价的目标，即英语教学是为了培养学生的语言能力、思维品质、文化意识和学习能力。

二、加强理论学习

要加强教师的理论学习，系统研修经典学习理论，熟悉这些理论对英语教学的作用，并能结合教学实际合理应用，进而提高教学的科学性和有效性。

三、改进教学方法

倡导学生积极参与、体验、合作、探究的课堂教学方式，注重在互动、协商的过程中建构知识，提高语言运用能力。将基于字词句微观层面的教学转向关注语篇类型、文体特征、主题思想等宏观层面的教学，实施基于语篇的语境化英语教学。

四、完善教学内容

在语言知识方面，在落实语音、词汇和语法的基础上，重视语篇知识和语用知识的学习。教学中注意语篇类型、语类结构、语篇发展模式、主位-述位衔接模式、语篇连贯手段以及语境知识的渗透，培养学生的语篇能力。

五、重视语境化教学

重视文化语境和情景语境对英语教学的作用。体现文化语境的语类结构对语篇的解读和建构具有制约作用。体现语场、语旨和语式的情景语境对语篇理解和建构具有直接作用，直接影响着交际语篇中词语、结构和语气的适当选择。另外，语言知识和技能的教学也要在具体的语境中进行，避免孤立的知识和技能教学，在语境中理解、运用和掌握知识，提高理解知识的准确性和运用知识的得体性。

六、重视表达性技能学习

在重视听、读输入性技能学习的同时，也要重视对说、写表达性技能的学习。表达性技能要求更高，难度更大，加之应试教育的原因，表达性技能未能得到应有的重视，致使学生学习多年英语难以形成语言运用能力。因此，课堂教学和评价要将表达性技能纳入其中，促进表达性技能的有效形成。

七、重视英语学科核心素养和多元智力培养

英语学科核心素养是英语教学的主要目标。英语教学要促进学生语言能力、思维品质、文化意识和学习能力的形成和发展。同时，英语教学不仅要关注语言知识的学习和语言能力的形成，还要在语言学习的同时培养学生的其他智能的形成，促进学生全面发展。

八、实施多元化评价体系

评价的目的是改进和促进教学。单一的评价不利于培养学生的综合语言运用能力和全面素养。因此，要在评价内容、评价方法、评价手段和评价主体方面实现多元化评价，做到评价内容全面，评价方法、评价手段和评价主体多样，切实提高评价的有效性和对教学的促进作用。

第三节 初中英语教研现状

教学研究是学校教育活动的重要组成部分，也是教师专业发展的有效途径。教学研究的目的是为落实国家教育方针，实施课程标准，解决教育教学问题以及改进教学方式等制定解决方案和具体措施。我国基础教育的教学研究主要是由省（直辖市）、地（市）、县（区）级教研室管理，校级教研组具体实施。有些地方建立了区域性的（如城区、乡镇）联合教研组，开展校级间的合作教研。总体上讲，省（直辖市）教研室的职责是把握国家教育方针和课程标准的大方向，落实人才培养的总目标，制定省（直辖市）教育教学改革方案等。省（直辖市）级教研室一般不直接参与校级教研活动的指导，但对地方成功的典型教改成果会进行宣传和推广。地（市）级教研室主要是联合、指导县（区）级教研机构开展教学研究指导活动。有时，地（市）级教研室也直接参与校级教研项目指导。县（区）级教研室直接参与校级或区域联合教研组的教研指导活动。区域联合教研组联合区域内的不同学校的教师定期开展教学改革研究活动，其研究课题往往具有一定的前沿性和难度。区域联合教研组可以集中各校师资优势，合作解决教研难题，或交流教学改革经验，有利于实现平衡教育和公平教育。校级教研是英语教学研究活动的主体和基础。校级教研活动一般隔周开展一次，对教学中遇到的问题进行研究，提出应对策略。这种纵横交错的教研体系既有利于教学研究的分层管理，又便于集中各校师资优势，合作攻克教学难题。然而，在实际教研过程中，还存在诸多问题，影响教研效果。我们曾对来自浙江省6个市的30名初中英语教师进行问卷调查，结果分析如下。

一、教研形式

调查表明，校级教研组是初中英语教学研究的首要组织形式。30名初中英语教师中只有5人参加过区域联合教研组,占被调查人员的16.67%。

二、教研内容

30名初中英语教师中,22人将基于校内教研组的集体备课、说课、评课、公开课作为初中英语教学研究的主要内容,占被调查人员的73.33%;4人涉及阅读、写作教学,占被调查人员的13.33%;3人涉及引进专家讲座,占被调查人员的10%;1人谈到理论学习、新的教学手段、思维导图、新课标、核心素养、校本资源开发、课题研究、校级交流以及教学论文写作等问题,仅占被调查人员的3.33%。

三、教研成效

被调查人员中,认为教研成效好的仅有3人,占被调查人员的10%;认为较好的10人,占被调查人员的33.33%;17人认为教研成效一般,占被调查人员的56.67%。

四、存在问题

调查显示,主要存在以下几个方面的问题。第一,初中英语教学研究的形式比较单一,主要集中在校级研究组的活动层面,校际的互动和区域性的经验共享远远不够。第二,研究内容单一,缺乏深层次的研究。教学研究的内容还集中在听课评课上,缺乏教学理论对教学实践指导的应用研究,缺乏语篇教学的专门研究,缺乏发展学生核心素养和教学策略方面的研究,缺乏教师专业发展的研究。第三,教研成效不理想,认为教研成效好和较好的人数13人,不足被调查人员的50%。

第四节　初中英语教研问题的应对策略

教学研究活动开展的质量直接影响着教学质量的提高。有效的教研活动能够促进教学的改进、学习效果的提高和教师专业发展。基于新课程理念，教学研究有望在如下方面得到改进和完善。

一、丰富教研形式

除基于校级的教研组活动外，应该更多地开展基于区域联合教研组和结对学校联合教研活动，共享教学经验。其次，走出去请进来相结合。去教研特色学校学习、交流和取经，同时请课程专家和教学名师进校举办讲座，传经送宝。

二、更新教研内容

基于教学反思的听课评课是教学研究的永恒主题，是教师专业发展的重要途径。但是，评课的内容和标准应该以新课程目标为准则，体现学生的英语学科核心素养的培养和实施基于语篇的教学途径。也就是说，教研内容要从单纯的词汇、语法教学，转向包括语篇和语用知识在内的语言能力，以及思维品质、文化意识和学习能力的培养。要树立教研为教学服务的思想，教研内容要反映时代特点，与时俱进，针对教学中存在的问题进行研究，提出应对策略。

三、重视教学理论的学习

教学理论的学习没有引起教师足够的重视，更多的教师认为，实践能力更为重要。缺乏教学理论，尤其是经典学习理论的指导，教学往往会失去科学性，从而导致盲目性。一方面，目前应该加大与培养英语学科核心素养相关理论的学习，如语篇理论、语用理论和语境理论等；另一方面，要增加经典学习理论的学习，如本书第三章所涉及的相关理论。

四、重视开展课题研究

初中英语教学不够重视课题研究，尤其是基于相关教学理论的实证研究更是少之又少。专题教学研究是解决教学问题、形成新方法新途径、改进教学和提高教学效果的重要途径，也是教师专业发展的必经之路。因此，要结合新课程教学理念和培养目标设计课题研究项目，为培养学生的英语学科核心素养提供实证性的支持。课题研究要从选题、规划设计、申报、实施和评价方面对教师进行系统培训，提高教学研究质量。

五、重视教学论文写作

除教学反思、教学研究之外，教学研究论文写作能力也是促进教师专业发展研究的重要因素。论文写作应从格式规范、理论运用、语言表达和成果分享等方面进行系统培训。论文写作与课题研究相辅相成，基于课题研究的论文更容易发表，反之亦然。

六、注重校本资源开发

英语教学担负着培养学生英语学科核心素养的重任，因此结合本地文化特点，开发校本资源，对拓宽学生视野，培养他们创新思维具有重要意义。校本资源开发并非一定要编写教材，而应该结合本地文化特色，开展相应的语言活动，充分发挥目的语的交际功能和育人功能，提高学生英语学科核心素养，为培养全面发展的人提供支持。

第三章 经典学习理论研究及其对教学的启示

在审视现有学习理论之后，我们精选了 10 种经典学习理论，并阐述其对教学的启示意义。这 10 种经典学习理论分别是多元智力理论、掌握学习理论、建构主义与社会建构主义、系统功能语言学、图式理论、体裁分析、语篇理论、文化移入模式、监察理论和中介语理论。前三种学习理论属于一般性或通用性学习理论，适合一切学科；后七种学习理论属于语言学习理论，尤其适合外语或二语学习。

第一节　多元智力理论

多元智力理论(the theory of multiple intelligences)，也称多元智能理论，是美国哈佛大学的发展心理学家 Howard Gardner 于 1983 年在其专著《智能的结构》(*Frames of Mind: The Theory of Multiple Intelligences*) 一书中提出的。多元智力理论的提出改变了之前以语言和数理为核心的传统智力观，认为人的智力不是一两种智力的组合，而具有多元性，即包括语言智力(linguistic intelligence)、数学逻辑智力(logical-mathematical intelligence)、音乐智力(musical intelligence)、空间智力(spatial intelligence)、身体运动智力(bodily-kinesthetic intelligence)、人际交往智力(interpersonal intelligence)、自省智力(intrapersonal intelligence) 七种智力。1999 年 Gardner 又在其著作《多元智能新视野》(*Multiple Intelligences: New Horizons*) 中增加了自然观察智力(naturalist intelligence) 和存在智力(existential intelligence)两种智力，但多数学者认同多元智力的前八种，其实，就连 Gardner 自己也认为第九种智力缺乏理据支持。

一、多元智力理论的实质

Gardner 的多元智力理论突破了传统智力理论所依据的人类的认知是一元的以及采用单一的、可量化的智力概念就可以对个体进行恰当描述的两个基本假设。Gardner 给人类智力定义为：在实际生活中解决所面临的实际问题的能力；提出并解决新问题的能力；对自己所属文化提供有价值的创造和服务的能力。该定义强调其理论的多元文化特性，他认为语言文字智力是有效运用口头语言或书写文字的能力；数学逻辑智力是有效运用数字和推理的能力；视觉空间智力是准确感觉视觉空间，并把所知觉到的表现出来的能力；身体运动智力是善于运用整个身体来表达想法和感觉，以及运用双手灵巧地生产或改造事物的能力；音乐旋律智力是察觉、辨别、改变和表达音乐的能力；人际交往智力是察觉并区分他人的情绪、意向、动机及感觉的能力；自省智力是有自知之明，并据此做出适当行为的能力；自然观察智力是辨别生物以及对自然世界的其他特征敏感的能力，表现为对物体进行辨认和分类，并能洞察自然或人造系统的能力；存在智力是指陈述、思考有关生与死、身体与心理世界的最终命运等的倾向性。

在 Gardner 所表述的九种能力中，前两类智力可以划分到认知层面，后三类可以划分到情感层面，中间部分则属于动作领域。在这一新理论倡导下的智力不再是以一种能力或以某一种能力为中心的能力，而是独立自主、和平共处的多种智力（蒋琳，2007）。霍力岩（2003）认为，Gardner 关于智力本质和智力结构的新理论对传统的智力理论至少有三个方面的突破：第一，智力不再是传统意义上的逻辑-数理智力或以逻辑-数理智力为核心的智力，而是我们今天的素质教育所强调的实践能力和创造能力；第二，智力不再是传统意义上可以跨时空用同一个标准来衡量的某种特质，而是随着社会文化背景的不同而有所不同的，为特定文化所珍视的能力；第三，智力不是一种能力或以某一种能力为中心的能力，而是"独立自主、和平共处"的多种智力。

可见，Gardner 的多元智力理论突破了传统的以语言-数理为核心的单一智力观，强调人的智力由多元因素构成的观点。同时，所谓多元智力并不意味着每个人均衡地拥有上述九种智力，而是不同的个体所表现出来的智力类型既有多元性又有倾向性。也就是说，一个人可能在某些智力方面表现得相对强势，某些方面表现得相对弱势。而人们这种智力类型上的倾向性恰恰要求教学要体现以人为本，注重个性化和因材施教。

二、多元智力理论对教学的启示

多元智力理论对教学、评价以及学习策略都具有一定的启示意义。

1. 多元智力理论与英语教学策略

马珂（2012）以多元回归模型的方式研究了多元智力与外语学习策略之间的关系，以 Oxford 的 6 类策略即记忆策略、认知策略、补偿策略、元认知策略、情感策略和社交策略为参照，发现多元智力与各类策略都呈正相关，即各种智力越高，英语学习策略使用倾向性越大。其研究表明，多元智力对于英语学习策略使用具有一定的不同程度的影响，并呈以下特点：

（1）多元智力与英语学习策略使用所呈现出的理念和传统的教育体系中强调发展和使用语言、数学智力这两种传统智力形成鲜明对比，即影响英语学习策略使用的因素不只是语言智力，还有其他智力。其研究显示每种智力都对一种或多种英语学习策略有影响。

（2）每种英语学习策略都在一定程度上受到 3~5 种智力的同时影响。其中，对英语学习策略影响最为广泛的是逻辑思维能力、语言言语能力和音乐能力，它们几乎影响到所有英语学习策略的使用。对学习策略影响力最强的是人际智力和自省智力，尽管其影响的范围很小，仅涉及一两种英语学习策略。多元智力对英语学习策略使用影响的检验结果按以下六个方面来看。对记忆策略起到影响作用的多元智力类型共有五种,按其重要程度依次为:自然观察智力＞语言智力＞数学逻辑智力＞音乐智力＞空间智力;对认知策略起到影响作用的有六种,按其重要程度依次为:音乐智力＞语言智力＞自然观察智力＞数学逻辑智力＞身体运动智力＞存在智力;对补偿策略起到影响作用的有五种,按其重要程度依次为:自省智力＞空间智力＞数学逻辑智力＞音乐智力＞身体运动智力;对元认知策略起到影响作用的三种,按其重要程度依次为:自省智力＞数学逻辑智力＞语言智力;对情感策略起到影响作用的有四种,按其重要程度依次为:数学逻辑智力＞音乐智力＞生存智力＞语言智力;对社交策略起到影响作用的有四种,按其重要程度依次为:人际交往智力＞数学逻辑智力＞语言智力＞音乐智力。

可见,多元智力都与各类策略成正相关,即各种智力越高,则使用英语学习策略的倾向性越大。基于多元回归模型,可以简单地预测学生的英语学习策略使用的有效性。该研究表明:

(1)语言智力不是唯一影响英语学习策略使用倾向性的因素;

(2)多元智力与英语学习策略使用倾向性整体呈正相关;

(3)九种智力类型分别对六类外语学习策略的使用起到不同程度的影响,并呈现不同程度的正相关。

因此,教师在培养学生的英语学习策略时要以人为本,因材施教,注意学生的个体差异,让不同智力类型的学生掌握其最擅长的语言学习策略,从而提高英语学习效果。

2. 多元智力理论与教学评价

蒋琳(2007)认为,多元智力理论的思想精华在于教学的个性化。将多元智力理论应用在教育实践中,可折射出独特的评价观:

(1)学生观。

人的智力是多元化的。每个人都在不同程度上拥有九种多元智力,都存在自己的智力弱项和强项，智力之间的不同组合表现出个体间的智力差异，而其中每一种智力都可以自由地和其他智力结合以解决自己遇到的现实问题，并创造一定社会文化背景所珍视的有效产品。世界上并不存在谁聪明谁不聪明的问题，而只存在在哪一方面聪明以及怎样聪明的问题。学校里没有所谓"差生"的存在，每个学生都是独特的，也是出色的。每一个体都能表现出多元的认知风格，因此应该采用多元的学习策略和问题解决策略。每个学生都能在教师有效地教育下得到充分的发展。因此，在智能发展上不存在失败的学生。

（2）教师观。

教师须本着以学生为本的宗旨，对每一位学生报以积极、热切的期望，并乐于从多个角度来评价、观察和接纳学生，全方位地了解每一个学生的背景、兴趣爱好、智力特点、学习强项等，重在寻找和发现学生身上的闪光点，发现并发展学生的潜能，从而确定最有利于学生学习的教学方法与策略。教师的教必须适应学生的学，要着眼于促进学生身心和智力的全面发展，关注学生的处境和需要，尊重学生的个别差异，激发学生的创造精神，最终为学生的发展服务。

（3）教学观。

学生个体之间存在智力差异，要求教学以最大限度的个别化方式来进行，即提倡个性化教学。在教育中考虑学生个人的强项，使用不同的教材或手段，使每一个学生都有学会教学内容的机会，让学生有机会将学到的内容向他人展示，使学生的全部智能都得到最大限度的发展。认真地对待学生的个别差异正是多元智力理论的核心。

（4）评价观。

评价学生不能仅凭单一的、用纸笔进行的测验，也不是为了衡量学生在群体中的位置。评价的目的在于帮助学生认识自己的强项和弱项，为学生提供有益的反馈，提出今后学习的建议。多元智力理论关注学习策略的培养，通过评定形成学生自我认识、自我教育、自我进步的能力。

多元智力理论具有多元性、差异性、实践性和发展性等特征，为学生评价提供了新的理念。

（1）就评价内容而言，在承认智力的多元特征的基础上，关注学生的智力类型。

该理论强调，人与人之间的差别，主要在于所具有的不同智力及其组合特点。某一项或某几项智力表现相对突出，而其他几项相对逊色，这也正体现了人的学习类型及智力类型的独特性。如果给予适当的教育和引导，每个人都能发挥自己的优势智力，同时随着自信心的建立将带动其他原本相对较弱智力的同步发展。从这个意义上说，每个学生都是优秀的，不存在智力水平高低的问题，只存在智力类型和学习类型差异的问题。对学生的评价应由"学生的智商有多高"转为关注"学生的智力类型是什么"。

（2）就评价的目的而言，多元智力理论注重学生各种智力的发展。

与传统的选拔和鉴别性评价不同，多元智力理论认为，评价应该是发展性的，评价的目的不在评价本身，而在于尽可能地发展学生的各项智力。评价有责任为学生提供有益的反馈，使学生认识自己的智力优劣，进而采取针对性措施，弥补自己的劣势，发展优势，从而提高学生的整体智力水平。

（3）就评价的特征而言，评价应是多元化的。

评价的多元化主要体现在评价的内容多元化，评价的主体多元化，评价的方法多样化。对学生的评价不只局限于传统认为的语言智力和逻辑数学智力，应充分了解学生的优势智力，进行多方面的评价，让学生感受到成功，获得激励。这也是当前赏识教育之所以流行的原因。同时，教育评价的主体不应该只限于教师，在教师对学生予以准确及时的评价之外，学生之间应该进行相互评价，学生本人也应该成为自身发展情况的积极评价者。此外，评价方法不能是单一的纸质批改，还应该有面批和网上评价的介入，这样可以满足不同个体的需求，又能达到及时反馈、及时矫正的效果。

（4）就评价的方式而言，评价应注重展示性和情境化。

与传统的考试性评价不同，多元智力理论的评价方式主要体现在两个方面。第一，情境化的评价方式，即创设适当的情境，通过在情境中解决问题，衡量学生的智力发展。第二，智力展示的评价方式，即对学生的评价要使用能够让学生把多元智力都展示出来的"智力展示"的评价方法，直接观察并评价运作中的各种智力以及学生在各个智力领域的发展状况。

（5）评价主体多元化。

为了发挥评价的导向、激励和自省作用以及为教师调整日后的教学策略提供反馈信息，应改变评价主体单一的现状，学生个人与小组、学生与教师等可进行自评、互评双向沟通。多元智力理论要求对学生的评价应该在保证学生全面发展的同时关注并培养学生的优势智力领域，将其优势领域的特点迁移到弱势领域中，促使其弱势领域也得到尽可能地发展，使我们的教育评价能够成为发现差异、因材施教、培养特长、树立自信的评价，使每个学生的潜能都得到不同程度发挥的评价。[1]

此外，黄黎明、胡中锋（2003）认为多元智力理论至少在四个方面为我们理解和促进课程评价的良性发展提供了启示。

（1）课程评价的标准具有多元性。

依据多元智力理论的课程评价可以打破传统的"学业标准"的唯一论，而使课程评价的标准或尺度具有多元性，不仅帮助社会、学校、教师识别学生、发展学生，还有利于帮助每一个学生识别自己的优势智力领域，获得每一个可能的发展机会。

---

[1] 蒋琳.多元智力理论指导下的学生评价[J].教育探索，2007（1）.

（2）课程评价的目的是提供发展契机。

课程评价的发展性目的，就在于识别出学生的优势智力领域，为学生提供发展自己优势智力领域的机会，或鼓励优势智力不明显的学生努力发展较具有潜力的智力领域。也只有这样的课程评价才可能体现出发展性目的：一方面是社会和学校相信每一个学生都是可以发展的；另一方面是为每一个学生发展自己的智力领域创造条件和机会。

（3）课程评价的来源是学生的活动。

根据 Gardner 的基本观点，只有在社会生活和社会环境联系中，即在问题情景或特定文化背景中，才会有某种智能的体现，智能的体现和识别是与活动不可分割的。活动是丰富、多样而变动不居的，学业活动只是其中的一种。所以，课程评价应该立足于学生的学习活动，引导学生扩展学习的内容领域，开拓与多元化智力结构相匹配的学习活动。由此，人的智力发展才会有足够的丰富性和适宜性。

（4）课程评价的核心是"全人观"。

《基础教育课程改革纲要（试行）》中课程评价部分的第 14 条也明确提出："评价不仅要关注学生的学业成绩，而且要发现和发展学生多方面的潜能。"课程评价作为一种尺度，其核心就必然是"全人观"，这至少要体现三层意思：首先，每一个学生都能成功，课程评价就在于给每个学生找到并提供成功的支撑点，使全体学生都获得成功的机会；其次，每一个学生都有自己的优势智力领域，课程评价就要在每个智力领域提供可靠依据，使每个学生既发现自己的优势智力领域，同时找到自己的欠缺之处，从而协调发展自己，尽可能使每一个智力领域都得到充分的发展；再次，学生的智力发展贯穿于自己生命的全过程，每一个智力领域的发展在不同的生命阶段不具有相同性，所谓的优势智力领域在不同的生命阶段会有不同的表现，对不同的生命个体也会存在不平衡的发展。课程评价要放眼于生命的全过程，对于一些智力各方面暂时都不突出的学生，也要看到他们智力发展的潜在性。

3. 多元智力理论与英语教学

夏惠贤（2002）认为，以多元智力理论为基础的课程设计不仅要求教师创造性地运用教学策略来开发多元智力，而且还要求教师把多元智力理论的思想整合到教学活动中去，进行项目学习。Gardner认为，项目学习可以摆脱过去语言-言语智力和逻辑-数理智力所强调的以测验为本的学习倾向，去发现和开发每个学生的智力强项。

（1）项目学习的概念。

教育领域中的"项目"指的是一种能引起学生兴趣，值得努力去对真实世界做深入调查研究的活动，这种活动可以由一个班级或一个小组的学生来实施，适合任何年龄的学生。而项目学习（Project-Based Learning，简称PBL）指的是一套能使教师指导学生对真实世界主题进行深入研究的课程活动，具体表现为构想、验证、完善、制造出某种东西。它可以是有形的，由学生制作的物体，如书、剧本或一项发明等。项目学习能促进学生投入到学习活动中，激发他们以自身的方式学习，促进他们终身学习技能和素质的发展。项目学习无固定的结构，在教与学的活动中富有很大的弹性，当教师成功地实施项目学习时，学生能体现出很高的学习兴趣，会积极地参与到他们自身的学习活动中，教师向学生提供一次做科学研究和社会调查的机会，以各种方式展现学生自己研究的结果，并创造出高质量的作品。

（2）项目学习的类型。

项目学习是多种多样的，有些项目具有严密的程式，而有些则是学生感兴趣的主题或活动，如学习中心或活动中心等。根据项目学习的特征，人们一般把项目分成五类。

①有结构的项目。

有结构的项目（Structured Projects）指的是要求产品符合特定的标准，

即要求学生制作的产品具有一定的尺寸,包含特定的材料,能发挥特定的功能,满足规定好的质量标准等。学生可以有一段时间来制作产品,并且要展示完成好的作品来表明这些产品是否符合既定的标准,教师通过判断产品是否满足规格要求来评价学生学习的成功与否。

②与主题有关的项目。

与主题有关的项目(Topic-related Projects)指的是学生对单元学习的拓展,由学生自发选择主题或由教师布置。每个学生要搜集与主题相关的资料,然后对资料进行分析、整理、综合,最后形成一个最终的产品。这种最终产品常常是一份书面报告,通过书面报告向他人展现他所学到的知识内容及其对他个人的意义。展现的产品可以包括幻灯片、录像片、招贴画、小册子、杂志或其他音像制品。如果项目是由小组共同来承担的,则由小组成员合作来完成书面报告,并由小组的负责人向全班展示他们的产品。当学生在搜集与主题有关的资料时,他们经常会对该主题产生较浓厚的兴趣,形成较完整的个人化理解。与主题有关的项目涉及许多学生或一组学生做各自的项目,这些项目又可组成一个较大的学习单元,当项目完成时,每个学生都可经历到超越单元内容以外的学习内容。

③与体裁有关的项目。

与体裁有关的项目(Genre-related Projects)指的是要求学生制造某种既包含关键要素又符合特定特征(parameter)的产品,当学生在制作产品时,他们可以运用某种特征作为指南,同时教师可以鼓励他们在设计最终的产品时采用头脑风暴法来充分发挥他们的创造性。如果体裁是儿童文学,那么学生可以做一本有前后封面、标题页面和故事与图画相结合的书。对这些关键的要素来说,学生就能想到出版社的标准。如果他们以一本已出版的故事书作为参照,他们就会发现这一项目相对来说较为容易,教师和学生就可以通过相互讨论的方式来制定学生进行自我评价作品的规则,衡量这是一本达到专业化水准的故事书还是一本草稿等。通过对这一项目的学习,学生就会逐渐掌握形成"与体裁有关的项目"中所包含的要素特征及其产品制作的要领。

④模板项目。

模板项目(Template Projects)是建立在已做好的材料基础之上的项目,这一项目的材料一般已有固定的形式、形态或结构,在运用这一项目时,学生必须参照这一"模板"来进行。例如,报纸必须遵循一个被普遍接受的结构,这种结构就是一个"模板"。无论是一个大城市的日报还是一个小镇上的周报,都必须以当地的新闻作为报纸的头条新闻,接着是国内外新闻,最后是社论、读者来信、评论、专栏等。学生可以用这种"模板"来创办班级或学校的报纸,特定历史事件的报纸以及想象中的未来事的报纸(如100年以后的未来等)。

⑤开放性项目。

开放性项目(Open-ended Projects)指的是那些鼓励冒险、创造性、革新以及发散性思维的项目。学生在做这些项目时必有指南或标准,他们可以以自身的方式来看待熟悉的物体或通过对熟悉材料的调查发现新的应用等。教师和学生可以一起通过讨论来建立项目的指南,包括对信息的搜集,从头脑风暴中产生的想法,对产品的检验以及如何完成最终的产品等,因而其项目学习的过程是开放性的。学生通过对这一类项目的学习,可以了解开放性项目的学习,从主题确立到搜集资料,到形成最终产品的过程,学会如何从不同的角度认识和发现新的想法等,从而增强个人的创造性思维能力。

项目学习具有提高问题解决能力、提高信息素养、增加学习经验的优势,多元智力理论强调了每个人都有不同的智力类型,每个人都有不同的智力强项和优势。学生通过运用自身的智力优势来完成一个学习项目,就意味着他们要创造性地解决问题。项目学习允许教师将各种教与学的策略综合到项目的规划和实施过程中,帮助学生开发各种智力。项目学习注重学习与实际生活的融合，能帮助学生使学习成为生活的一部分，而不仅仅是为遥远的生活做准备。通过适当地培养和不断地积累学习经验，学生的每一种智力都可以得到提高，发挥各自的智力潜能。因此，Gardner极力主张把项目学习作为创建学习环境的方法来提高每个学生的多元智力。

夏惠贤进一步介绍了多元智力理论视野下项目学习的学习中心和活动中心。

（1）学习中心。

学习中心是根据美国多元智力实验学校的师徒制小组（pod）发展而来。多元智力理论研究专家Campbell在华盛顿州创设了一个学习中心，每个中心都以具有特殊智力天赋的人来命名，中心的名称每年都轮换一次。学生在每年的开学之初就投入较大的精力来研究这些"智力专家"，并探讨他们如何培养和运用自己的智力，这样就使得这些"智力专家"成为学生在无形中的导师。

（2）活动中心。

Armstrong认为，项目学习就是要创设一种促进多元智力发展的课堂生态，在教室里建立智力友好（intelligence-friendly）的区域或学习活动中心，在每个领域内向学生提供更多的探索与活动的机会。于是他把学习活动中心分为三类，从永久开放性活动中心到临时开放性活动中心，从永久特定主题活动中心到临时特定主题活动中心，以及从开放性到特别主题活动。学生的学习都是围绕项目进行的。

项目学习所涉及的内容要比传统的学科课程大得多，通常是跨学科的。它要求学生运用多种资料源（如书籍、网上资料库、录像带、个人访谈以及个人的实验等）来实施研究，即使项目是关于同一个主题的，不同的学生由于所利用的资料来源不同，所以结果也会不尽相同。这与传统的考试形成了鲜明的对照，虽然项目学习耗时较长，但其对学生发展的良好促进作用则是深远的。①

此外，秦小蕙（2005）在《多元智力理论与英语学习》一文中提出，英语教学要利用语言智力提高听、说、读、写的能力，利用逻辑数理智力增强逻辑思维能力，利用视觉-空间智力培养创造力与想象力，利用音乐旋律智力增强学习英语的语感，利用身体-运动智力体验"在做中学"，利用人际关系智力开展合作学习。英语学习者应该注意个体能力倾向的差异，正视"尺有所短，寸有所长"的客观事实，分析需求，积极参与能够展示自己多方面能力和特长的活动，让自己得到全面发展。

我们认为，多元智力理论符合"摒弃应试教育，倡导素质教育"的大背景，为实施以"语言能力、思维品质、文化意识和学习能力"为英语学科核心素养的教育，进而最终实现以培养"全面发展的人"为宗旨的中国学生发展核心素养提供了强有力的理论支撑和有效的实践操作模式。

第二节 掌握学习理论

20世纪60年代，以布鲁姆为代表的一些教育家，对儿童智力发展、人才培养和美国教育现状都进行了长时间的深入研究，创立了掌握学习这一有效的教学理论。他们指出，如果学生们受到了理想的教育，得到了足够的学习，那么绝大多数学生是能够掌握学到的内容，达到学习目的的。这种理论经过了"再实验，再研究和再评价"，在20世纪70年代得以推广，成为当今美国及世界颇有影响的教学理论。在欧洲、亚洲及拉丁美洲一些国家，掌握学习的大规模试验正在进行，全世界大约有五千万学生按这种理论和方法进行掌握学习。郑健（1990）对掌握学习的主要观点、实施过程和效果进行了详述，对基础英语教学具有积极的借鉴意义。

---

① 夏惠贤. 多元智力理论与项目学习[J]. 全球检验展望，2002（9）.

经典学习理论在英语教学中的应用

一、掌握学习的主要观点

掌握学习理论主要观点在于以下三点。

第一,在传统教学中曲解了学生学习能力的差异。布鲁姆在对传统教学进行长时间的实验研究中发现,许多教师在新学期或新课程开始时,依据差异心理学研究所得出的"人们智力水平呈正态分布"这一结论,总有一种固定化的预想:约有三分之一的学生将完全学会所教的事物;三分之一的学生将不及格或刚好通过;另外三分之一的学生将能学会许多知识,但还算不上是学习好的学生。这样的预想将会通过各种渠道传递给学生,致使学生的学习成绩与这种预想相差无几。布鲁姆认为,这些使师生学业目标固定化的预想,会压抑师生的抱负和创造力水平,削弱学生学习动机和热情,破坏相当数量的学生的自我形象和自我概念,是当今教育系统中最浪费,最具有破坏性的一个侧面。

第二,承认智力差异,但学习成绩的正态分布状况完全可以改变。布鲁姆指出学生之间的智力差异是存在的,并呈正态分布。在能力倾向分布的高端(1%~5%)可能是一些具有学科特殊才能的学生,这些学生能比其他学生更顺利地学习某一学科并加以应用。如对外语具有特殊能力倾向的学生,他们可能天生就具有比他人更灵敏的辨音感觉器官,这使他们在学习外语时具有特殊的优越条件。在能力倾向分布的低端,则是缺乏特殊类型学习所需特定能力的学生,大约为5%。如不能辨别音调的人学习音乐将会处于不利地位等。介于两端之间的学生约占90%。按照传统观点,这些学生的智力水平决定他们只会取得中等成绩。但布鲁姆等掌握学习理论学家的结论是:尽管存在智力差异,但差异并不像人们想象中那么大。布鲁姆反驳了学习能力的差别不可避免的说法。他认为,一般人所认定的好的和差的学生的固定分布观点是未经证实的,是不必要和完全有害的错误理解。正态分布曲线并不是什么神圣的东西,它只不过是最适用于偶然与随机活动的分布而已。而教育是一种有目的的活动，如果我们的教学有效的话，成绩的分布应当与正态分布曲线很不相同。"事实上我们甚至可以断言：成绩的分布接近于正态分布时，说明我们的教育努力是不成功的。"有人说，按正态分布曲线评分常被人误解，它既不意味着每个班的分数必然是正态分布，也不意味着每个班必然有人不及格，它仅仅是用来表示一个学生的成绩与其他学生相对关系的符号。学生成绩差异的存在，主要是教师对学生学习上的困难没有采取任何措施的结果。

第三，如果提供了适当的学习条件，大多数学生在学习能力、学习速度、进一步学习的动机等多方面就会变得十分相似。布鲁姆经过长期实验研究证实了，在一门学科中，如果对所有学生进行同样的教学，给予同等的学习时间，那么这门学科的学习成绩将会是正态分布的。但如果教学与时间能适应每个学生的需要，学习成绩的分布将会是高度偏态的。"如果 A 等代表了掌握一门学科，那么在适当的条件下，班内 95% 的学生可以得到 A 等。"对这一点布鲁姆还指出，研究确实表明，如果学生的学习条件不利的话，他们在学习能力、速度等各方面差异将会更大。这里的学习条件是指学生学习并达到掌握所学内容必需的时间、给予个别辅导和重新学习的机会等。传统教学就不能充分满足每个学生的学习条件，因而造成很大的差异。综上所述，布鲁姆提出的掌握学习理论所要达到的目的在于，既考虑到个别差异，又确能促进个体最充分的发展，以取得大面积丰收的结果。

二、掌握学习的实施过程

应用掌握学习理论的教学，对教师的要求并不是很高，只要教师认真贯彻，就能提高教学质量。现在教学的毛病在于前面的东西没有学懂学好，就要求学习后面的东西，结果学生知识的缺漏越积越多，造成年级越高，差生越多。布鲁姆的掌握学习理论就是强调在教授新知识之前，要考虑学生需要掌握前面的那些旧知识，通过测试，发现缺漏的就先补好。学完一个单元也要通过测试发现学生有哪些没学好，再补好。这样反馈、矫正，一环扣一环，扎扎实实地抓下去。那么具体是怎样实施掌握学习呢？在实施之前需做三点准备：

第一，确定掌握目标。教师要确定并系统表述教材的各个教学目标，可以根据布鲁姆《教育目标分类学》中所确定的认知领域"知识、理解、应用、分析、综合及评价"六个层次来区分，也可概括为"记忆、领会、简单运用、综合运用"四个层次。通过这一环节，教师必须掌握自己所教学科及每个教学单元的教学目标，并使学生也能了解掌握，这也是评价教学有效性的指标。

第二，为掌握学习设计学习单元。把教材划分为较少的学习单元，每个单元的教学时间一般为两周。根据单元教学目标，编制一个简短的形成性测验。每次测验时间为20～30分钟，不打分数，目的在于反馈。确定该单元的掌握标准，可根据班级的原有基础分别以80%、90%的正确率为单元掌握的标准。利用反馈信息，进行提供个别化的矫正性帮助。

第三，认真编制总结性测验题目，要求覆盖各单元的所有内容和教学目标。

做完以上准备工作，就可以进行掌握学习理论的实际教学了，即教师为掌握而教，学生为掌握而学。首先，要为学生的学习定向。单元教学开始时，教师向学生明确教学目标，告诉学生掌握学习理论的思想和方法，使学生懂得实行这种理论，能使他们高水平地掌握每一单元的课程，从而建立起学习成功的自信心。在实施过程中，要告诉学生具体的学习方法和步骤，不断给学生以鼓励和支持，激发学生的学习兴趣，使他们保持良好的学习状态。其次，采用通常的班级集体教学方法教授每一单元。教完一个单元之后，进行形成性测验和评价，试卷一般在明确评分标准之后由学生互相批改。已达到教学目标的学生，可进行巩固性或扩展性学习，加宽知识面，或当"小先生"，帮助暂时未达到教学目标的学生矫正学习。在测验中发生错误的学生，要分析原因，采取各种矫正方法，如集体矫正、学习小组互帮互助、自愿结对互帮互助、教师个别辅导，等等。然后再进行一次平行性测验，检查其效果。这样，大部分学生掌握了这个单元的知识之后，便进入下一个单元的学习。若极少数学生在平行性测验之后仍未达到教学目标，不宜妨碍大多数学生的学习进度，应在课后给予个别辅导。最后，在一学期结束或几个章节或全部教材学完之后进行总结性测验评价，评定每个学生的学习水平。在整个实验过程中，反馈-矫正是关键性的一步。通过这一步达到使学生在掌握所学知识的基础上，再进行新知识学习的目的。

三、掌握学习的效果

掌握学习在教学实践中取得了显著的成效。美国的实验证明，掌握学习确实能使75%的学生达到其他教学情况下25%的尖子学生才能达到的成绩水平。在我国的福建、广东、湖北等省份，也曾试验运用掌握学习理论。某县进行一个学期实验后，优生率提高10%～25%，差生率降低了15%～25%，总平均成绩普遍提高了10～15分。更重要的是成绩不理想的学生的学习自信心增强了，对学习开始有了兴趣。师生不仅能够适应，而且非常欢迎掌握学习这样的教学方式。这主要是由于掌握学习理论在以下方面值得借鉴。

第一，掌握学习理论的思想符合我国经济、科技发展对教育提出的要求。它对于提高义务教育的质量，提高整个中华民族的文化科学知识素质，都可起到促进的作用。

第二，掌握学习理论非常强调培养学生的能力。主张帮助学生"学会学习"，要为掌握而学习，即在教学的同时，要使学生学会如何学习的技能。这样一来，掌握学习就是一个积极主动的过程。这一点对于培养学生的学习能力尤为重要，我们应该吸取这种观点，注重学生学习技能的培养，不仅要发展学生独立探索的能力，也要发展自我反馈的技能，使他们及时了解自己的学习掌握程度，自觉加强对未掌握知识的学习。

第三，掌握学习理论重视人格因素和社会心理因素对学习的影响。这一点与当代学习理论研究方向是一致的。在教学中，认真培养、充分发挥学生的学习兴趣和自信心，树立健康的自我观念，使学生确信自己有能力学习和掌握教学内容。这样"在一种学校教育层次取得了成绩，几乎能保证在下一个学校教育层次中也取得成功，这又转而进一步增强了个人的自信心"。

第四，掌握学习理论与我国的"因材施教"基本观点是一致的。掌握学习理论把学生是否接受到理想的教学和是否得到足够的学习时间，作为学生掌握学习内容、取得理想的学习效果的必备条件。这同"因材施教"中，教师依据课程标准和教学内容所规定的教学目的，与"为了一切学生，为了学生的一切，一切为了学生"的教学理念是一致的。教师具备了这一教学观，才能保证学生得到足够的学习机会，教学才能最大限度地适应学生的知识水平、智力水平和个性特征等差异，真正做到"因材施教"。

第五，掌握学习理论很重视课外的学习活动，这与新课程教育思想是一致的。

第六，掌握学习理论可由原任教师教授，不必增加特殊的教学设施，在原有的班级里就可进行，比较简便易行。[1]

此外，布鲁姆的学生观和培养学生的方法与最终效果向我们揭示出一个道理：评价和发展学生的智力应该是以"时间"为纬度的过程。换一个角度看学生，施之以充分的教学，不同的智力水平和类型都可以在学校学习中获得成功，都有能力掌握学校规定的基本的学习技能。布鲁姆

---

[1] 郑建. 浅谈布鲁姆掌握学习理论 [J]. 外国教育研究，1990（1）.

提出并运用了掌握学习的策略，和他的学生们一起用实验的结果和实际的教学效果论证了"差异可变性理论"；用实验班学生高出控制班学生两个标准差的平均成绩向我们证明：每个学生不仅是可教的，而且是可变的，他们天生的相似的学习能力应该加以保持并维护，我们的教学应该也能够做到这一点（毛景焕、赵准胜，2002）。

第三节　建构主义和社会建构主义

从建构主义（constructivism）到社会建构主义（social constructivism）体现了认知理论的发展轨迹。建构主义，尤其是社会建构主义近年来在中国教学界影响很大，在外语教学领域也得到广泛认同，对外语教学改革产生了积极影响。如下对建构主义和社会建构主义的介绍及论述主要源于美国学者 Santrock（2007）的观点。

一、建构主义

建构主义有两个层面，一个是个人建构主义，也叫激进建构主义或认知建构主义，源于瑞士著名心理学家 Jean Piaget 的"发生认识论"。这一理论试图揭示人类学习过程的认识规律，阐述学习如何发生、意义如何建构、概念如何形成以及影响学习的主要因素。另一个是社会建构主义，源于 L. Vygotsky 的认识论观点。与 Piaget 不同，Vygotsky 强调儿童知识的建构是在社会文化环境中进行的，因此，体验、互动、协商成为教学活动的重要形式。所以，学者们将 Vygotsky 的学说视为社会建构主义。此外，美国著名心理学家 J. S. Bruner 也对建构主义做出了重要贡献，提出以"学习者为中心"（learner-centered）的教学理论，提倡"发现式学习"，反对传统的灌输式教学模式，认为学生应该在老师的指导下自己发现、建构知识；教师应该从教员（instructor）角色转变为"促进者"（facilitator）、"引导者"（guide）的角色。D. P. Ausubel 的认知学习理论对建构主义也贡献颇大。Ausubel 提出了"意义学习论"（theory of meaningful learning），认为对学习影响最大的是学生大脑里已经有的知识，教师组织教学应该以学生已有的知识为基础。

1. Piaget 的内外因素说

Piaget 认为，儿童是在与周围相互作用的过程中，逐步建构起关于全部世界的认识，从而使自己认知结构得到发展。他指出，儿童的认知结构即图式（schema）是通过同化（assimilation）和顺应（accommodation）两个基本过程逐步建立起来，并在"平衡—不平衡—新的平衡"的无限循环中得到不断丰富、提高和发展。

2. Piaget 的阶段说对儿童教育的启示

对认知论做出巨大贡献的当属瑞士著名心理学家 Piaget，他提出认知阶段（也称为智力发展阶段），即感觉运动阶段、前运算阶段、具体运算阶段和形式运算阶段学说对儿童教育有如下启示：

（1）采取建构主义方法。

根据建构主义理论，Piaget 强调，儿童主动寻找答案时，学习效果最佳。Piaget 反对把儿童当成被动的接受者来对待的教学方法。Piaget 的观点在教育中的应用是指，学生通过发现现象，对其进行反思和就这些发现展开讨论，而非盲目模仿教师或机械完成任务，才能达到最理想的学习效果。

（2）促使学生学习，而不是教学生学习。

优秀教师会涉及一些情景，让学生从"做"中学。这些情景促使学生思考和发现。教师通过倾听、观察、提问，帮助学生加深理解，提出相关问题，激发学生思考，并要求学生说明自己的答案。

（3）考虑到儿童的知识及思维水平。

学生们带着求知的渴望来到课堂。他们对物理世界和自然界有许多想法。他们有空间、时间、数量和因果的概念。这些想法不同于成人的想法。

教师需要诠释学生的话语，并且在回答时，不能使用超过学生理解水平的话语方式。

（4）采用进行式评估。

标准化测验无法考察个性化建构的意义。数学和语言档案（包括已经完成和正在开展的任务），学生讨论思考策略的个别协商，以及学生对自己推理的书面及口头说明，均可用于评价学生的进步。

（5）促进学生的智力健康。

对Piaget而言，儿童的学习应当顺其自然。在儿童的发展过程中，他们不应在身心成熟之前，过早受到驱使和强迫，学习过多的东西，否则会产生被动学习，效果不佳。

（6）将课堂变成探索和发现之地。

教师强调学生自己探索和发现。课堂的组织性弱于我们认为的普遍课堂，不使用练习册和事先确定的作业。相反，教师观察学生对活动的兴趣及自然参与情况，从而决定采取什么样的学习流程。

Piaget学说并非儿童认知发展的唯一学说。Vygotsky提出了另一种理论，而且，该理论近年来受到越来越多的关注（Santrock，2007）。

二、社会建构主义

社会建构主义是个人建构主义的发展，前者强调意义建构的社会性，即知识是在与他人相互交往的过程中形成的。Vygotsky提出的"动态评价"对建构主义也影响很大。他提倡评价学习者取得进步的方式和进步的大小。这种评价比传统的静态测试更有助于推动学习者学习，更具有前瞻性和预测性。

1. Vygotsky的主张

Vygotsky学说的核心由三个主张构成：（1）只有从发展的角度分析并诠释，才能理解儿童的认知能力；（2）促进和改变心理活动的认知能力会受到文字、语言和交谈形式的影响;(3)认知能力源于社会关系,植根于社会文化背景中。

Vygotsky认为,发展取向意味着通过考察儿童认知能力的根源和早期至后期形式上的转变,理解儿童的认知能力。因而,使用内在言语等特定的心理活动不能孤立地进行观察,而应作为渐进发展过程的一个步骤加以评价。

Vygotsky的第二个主张是理解认知能力有必要考察影响和形成认知能力的工具。由此,他认为,语言是其中最重要的工具,语言在儿童早期开始作为工具使用,帮助儿童计划活动和解决问题。

Vygotsky的第三个主张是认知能力始于社会关系和文化。Vygotsky将儿童的发展描述为和社会文化活动密不可分。他认为,记忆、注意和推理能力的发展都和学习使用社会的创造发明有关,例如,语言、数学体系和记忆方法。在一种文化中,这可能包括学习任何都借助于电脑进行计算;在另外一种文化背景下,则可能包括自己的手指或珠子计数。在这些基本主张的框架下,关于学习和发展的关系,Vygotsky表达了独一无二、颇有影响力的见解。这些见解尤其反映了他认为认知能力有其社会渊源的观点。Vygotsky具有特色的观点之一是最近发展区的概念。

(1)最近发展区(zone of proximal development,简称ZPD)。

最近发展区是指由于难度过大、儿童无法掌握,但可以在他人指导和帮助下学习完成的任务范围。因而,ZPD的下限是儿童独立解决问题的水平,上限是儿童在能力较强的指导者辅导下可以接受额外任务的水平。Vygotsky强调ZPD的概念,突出了他关于社会影响,尤其是教育对儿童认知发展重要性的观点。

(2)脚手架方法(scaffolding)。

脚手架方法是Vygotsky提出的与最近发展区理论密切相关的概念。脚手架方法即帮助改变水平的技巧。在授课过程中,能力较强者(教师或能力更强的同伴）调整辅导量，以适应该学生当时的表现水平。在学生学习新内容时，能力较强者可以采用指导教学。随着学生能力的提高，指导相应减少。

对话是最近发展区中实现脚手架方法的重要工具。Vygotsky 认为，儿童拥有丰富的想法，但这些自发的想法缺乏系统性，没有章法，而技能娴熟的帮助者更为系统，逻辑性强且理性的思想则正好弥补了这一点。儿童和技能娴熟的帮助者之间碰撞和对话，使该儿童的想法变得更为系统，更加合乎逻辑和理性。

（3）语言和思想。

Vygotsky 认为，儿童使用语言的目的不仅限于社会交往，而且也是一种自我管理的方式，计划、指导和监控自己的行为。自我管理的语言使用被称为内在言语或个人言语（private speech）。Piaget 认为，个人言语是以自我为中心的、不成熟的，但在 Vygotsky 看来，它却是童年早期思考的重要工具。

Vygotsky 认为，语言和思维最初均独立发展，然后融合在一起。他认为，所有心理功能都有其外部或社会原因。能够关注内心想法之前，儿童必须使用语言与他人交流。从外部言语过渡到内部言语之前，儿童还必须长期使用外部语言与他人交流。该过渡阶段出现在 3~7 岁，儿童的表现是自言自语。很快，这便成为儿童的第二天性，而且他们无须言辞表达即可行动。此时，儿童已经以内在言语的形式将自我中心的言语内化，成为自己的思想。Vygotsky 认为，和不使用个人言语的儿童相比，经常使用个人言语的儿童更擅长社会交往。他指出，个人言语代表了社交能力增强的早期过渡。

Vygotsky 的学说在语言和思维方面对 Piaget 的学说提出了质疑。维果茨基提出，语言是社会性的，甚至最早期的形态亦是如此，而 Piaget 强调幼童的自我中心和非社会化言语。在 Vygotsky 看来，幼童自言自语时，便是在使用语言指挥自己的行为并引导自己，Piaget认为，这种喃喃自语是不成熟的表现。Vygotsky认为，儿童的个人言语有其积极作用，研究者在儿童的发展中找到了支持这一观点的证据。

2. Vygotsky的学说对教育的启示

（1）运用最近发展区理念。

教学应当指向最近发展区的上限，儿童只需通过指导者的密切合作便能够实现目标。有了充足、持续的指导和锻炼，学生就能够组织并掌握完成目标技能所需的动作序列。随着指导的继续，重点逐渐由教师向学生转移。教师的讲解、提示和演示逐渐减少，直至该学生能够独自展示该技能。一旦实现目标，就能成为发展新的最近发展区的基础。

（2）运用脚手架方法。

当学生在自发的学习活动过程中需要帮助时，应该寻找机会，运用脚手架方法。运用脚手架方法还可以帮助学生迈向更高一级的技能及知识水平。只需给予足够的协助，你可以问，"我能帮你什么吗？"或只是留意学生的意图和努力，需要时不露痕迹助其一臂之力。学生犹豫时，给予鼓励，激励学生锻炼技能。可以观察并欣赏学生的实践，或在学生忘记该做什么时，施予援手。

（3）让能力更强的伙伴充当教师。

Vygotsky认为，帮助学生掌握重要技能，不是只有成年人才重要。学生们也能从较强能力的学生提供的支持和指导中获益。

（4）鼓励合作学习，懂得学习和学习者团体的关系。

儿童和成人均以合作方式参加学习活动。同伴、教师、父母和其他成年人以学习者团体的形式携手合作，而不是让儿童以孤立的个体进行学习。

（5）考虑学习的文化环境。

教育的一项重要功能是引导儿童学习他们所处文化中那些重要的技能。

（6）监控并鼓励儿童使用个人言语。

留意从学前阶段解决问题时形式上的大声对自己说话向小学初期一个人喃喃自语的发展变化，鼓励形式将喃喃自语进行内化，并对其实施自我管理。

（7）评估其ZPD，而不是智商。

和Piaget一样，Vygotsky认为刻板的标准化测试不是评估儿童学习效果或是否做好学习准备的最佳方式。与Piaget不同的是，Vygotsky指出，评估应当着重于确定学生的最近发展区。熟练的辅导者会为儿童提供难度各异的任务，以便确定辅导的最佳起点。ZPD是对学生潜力的评估，智商同样是对学习潜力的评估。相比之下，ZPD突出学生的互动性。说儿童"具有"ZPD，和该儿童可能"有"智商都是不适当的（Santrock，2007）。

虽然个体建构主义和社会建构主义都重视学习中的"相互作用"，但二者的侧重点不同。前者关注个体的建构，即个体与其物理环境的相互作用；后者不仅关注个体间（儿童-儿童、儿童-成人）的建构，而且关注在更大社会文化背景下的公共知识建构。个体建构主义者关注的是个体学习者的知识建构，他们沿着Piaget的路线，深入揭示个体与客体的相互形成、改造自己的知识经验的过程，即使谈到"他人"时,也主要把"他人"理解为与一般物理客体相同的对象，而不是理解为与学习者一样的认知主体。社会建构主义者更重视学习社会的一面，他们继承了Vygotsky的观点，认为人的高级心理活动源于社会性的相互作用，他们一方面重视合作，讨论在学习中的作用；另一方面重视人类现有的社会文化知识在个体学习中的作用,强调把社会文化知识内化为个体的经验（陈琦、张建伟，1998）。

可见，社会建构主义理论是从个体建构主义的基础上发展起来的，但它更强调学习的社会环境及知识的相互关系、相互贯通。

3. 合作学习

合作是人类相互协调、相互作用、相互依赖的基本形式之一，是人类社会赖以生存和发展的重要动力。合作已涉及社会的方方面面，合作意识（或精神）已成为社会对人才的基本要求。合作学习既是一种有效的学习方式，也是素质教育的重要目标。

尽管合作学习本身已成为当今世界一种成熟的学习理论，但考虑到其理论基础是社会建构主义，而且又是社会建构主义所倡导的一种主要学习活动形式，因此我们将其纳入社会建构主义体系进行阐述。

（1）合作学习的概念。

我国学者王坦曾给合作学习定义为："合作学习是一种旨在促进学生在异质小组中互助合作，达成共同学习目标，并以小组的总体成绩为奖励依据的教学策略体系。"在进一步研究合作学习中，王坦先生又引用 Ellis 等人的理论，将合作学习进一步表述为："以异质学习小组为基本形式，系统利用教学动态因素之间的互动，促进学生的学习，以团体成绩为评价标准，共同达成教学目标的教学活动。"王坦的定义是目前为止理论界公认的较为合理的合作学习定义，它较为全面地涵盖了合作学习中小组构建、目标达成、奖励原则等要素，同时又强调了合作学习的系统性以及合作学习中教学动态因素互动。

所以，一般而言，合作学习实际上是一种学生以小组形式通过互助互赖活动，在教师指导等相关的交互作用下，完成一定的学习任务，以促进学生在认知、情感和态度上的积极发展的课堂教学组织形式。其基本方法就是把班内学生分成若干个异质小组，然后按一定的合作程序，以小组为核心，结合组间交流、全班讲授指导等方式，使每个学生既能依靠自己的努力，又能利用共同资源，相互支持和帮助，共同完成学习课题的目标，在此基础上又参照小组共同学习成果对学生予以激励和评价，促进进一步的合作（蔡慧萍，2005a）。

（2）合作学习的基本模式。

教学过程中的小组合作是合作学习的核心。而小组活动的形式又是多种多样的。合作学习的主要形式可从两个大的方面来界定，一是分组形式，二是操作形式。至于合作学习的操作模式。合作学习的分组形式繁杂多样，有的侧重活动的目标，有的则侧重活动的交际技巧，在此只对国外几种主要的分组学习模式加以介绍。根据国际合作教育研究协会主席戴维森（Davidson）的概括，主要有以下6种合作学习模式（王少非，2000）。

①学生团队学习模式（Student Team Learning）。

斯莱文研究发现个体责任与团体奖励或团体目标的联结是学业成功的关键。为此，他在20世纪80年代初以这种联结为核心，构建了学生团队学习模式。团队，意即团体或小组。之所以称之为团队，是期望将体育运动中的团队精神迁移到课堂领域中。这种模式的实例有STAD（学生团队成就分组）、Jigsaw II等。在STAD中，学生被根据过去的成就、民族、种族、性别等进行异质组队，学生一般被分成4人一组的团队。教师按照呈现、直接指导、团队学习和实践、个别提问、团队评价的顺序组织活动。成员因个别测试或提问而获得等级（测试和提问不允许团队努力），团队因其成员表现的改善而得到奖励分数。奖励通常以将受奖团队公布于班级简报和公告板的形式来进行，个体可因所属团体受奖而获得额外的加分。

②共同学习模式（Learning Together）。

共同学习模式是约翰逊兄弟于20世纪80年代中期开发的理论模式。与其他模式不同，约翰逊兄弟的模式更多的是一种理论建构，而较少涉及在具体课程中的应用。这种模式可被看作一种课堂讨论程序，主要用于课堂讨论。小组的规模可以是2~4人，一般以3人最佳。学生被鼓励共同倾听、解释，共享观点和资料，相互鼓励支持。成员因可能被提问、测验或被要求解释自己的观点而负有个人责任，并且因为个体的成功是以团体的成功来衡量的，所以还被要求对团队中其他成员的学习活动负责。约翰逊认为理论化程度更高的内容需要更多的讨论，这种模式不仅适用于高水平的认知活动，也可用于基本事实和技能的掌握，因为团体活动适合任何水平的共同任务。

③团体探究模式（Group Investigation）。

团体探究模式又称小组调查法，由以色列心理学家沙伦（Sharan）首创，在以色列广泛流行。具体做法是将一个复杂主题分解成多个子题目，分别由不同的研究组进行研究。这一点类似于"一段时间的小组议论"（buss-session）。一般可以分为六个阶段：确定子题目，组织研究团体；团体共同计划活动——确定研究对象、程序、角色分工；执行研究，个体收集资料、分析资料，相互交流信息、材料、观点；团体计划报告；向全班作报告，报告被分发给全班；教师评价，在团体中也在全班对各个体的报告逐一评价，在评价团体报告的同时，也评价个体的贡献，一般不用奖励而强调内在动机。

④结构方法模式（Structure Approach）。

结构方法模式强调教师掌握一系列简单的即刻可用的团体活动结构，并根据不同的活动任务，用有意义的、艺术的方式来联结和排列这些结构，以形成复杂的课程。根据卡根（S.Kagon）的分类，结构有实践和掌握的结构、培养思考的结构、共享信息的结构等。教师的任务就在于选择和运用最适合于当前任务的结构。具体的结构有许多是从其他模式借用过来的活动程序。卡根特别注重"同时性互动"，为此，这种模式中常将四人小组分成两半，以提高互动的频度和质量。

⑤复杂指导模式（Complex Instruction）。

复杂指导模式是由科恩（Cohen）首创，其名称源于它给予学生的任务和学生团体的组织方式的复杂性。它原本被设计用于数学和科学学科的探究，现已扩展到其他领域。这种模式在任务的确定和分配上类似于团体探究模式，但探究活动是由教师和团体成员共同进行的，而不像团体探究模式中主要是以个体方式进行。全班通常被分为由四五人组成的多个小组，每组有不同的学习场所，分别探究不同的但相关的现象，然后向全班报告其结论。在这种模式中，重要的是设计多种能力的活动任务，以整合各种水平的行为表现——不仅是认知任务。多种能力任务的完成需要每一个个体的知识和才能。与其他模式相比，这一模式显著的独特之处在于，它高度关注学生在课堂中的地位，强调通过为地位较低的学生寻求其胜任的活动领域来提高他们的地位，并激励他们发展其他领域的能力。

⑥合作方法模式（Collaborative Approach）。

合作方法模式源于伯里顿（J. Britton）和巴内斯（D. Barnes）的语言学习理论，最初被应用于语言艺术和科学科目的学习之中，后逐步扩展到了其他领域，在英、澳、美、加等英语国家广泛流行。其意图在于通过对话和讨论建构个人意义，达成对意义的理解，形成自己的信念和价值观。在这种模式中，团体中的相互依存更多地被看作一种理论假设，而不是一种艺术。这种假设认为：发生于日常学习中的学习主要是社会性的，以语言为主要沟通手段，因此社会互动是人类学习中最重要的因素。

这种模式的教学活动通常分为五个阶段：吸引——教师介绍一种观点；探索——学生对观点和信息进行初步的探究；迁移——进行信息重组的活动，如组织、澄清、详述、实践；呈现——学生向同伴呈现其发现；反思——学生对团体动力和学习经历进行反思，可个体进行，亦可以结对、小组乃至全班等形式合作进行。

除以上介绍的6种主要模式外，下面2种小组模式也具有较强的实践性，在国内外合作学习的教学中流行甚广。

①小组游戏竞赛法（team-games-tournament，简称TGT）。

小组游戏竞赛法是约翰斯·霍普金斯大学所创设的合作学习方法中最早的一种。它也运用STAD一样的教师讲授和小组活动，不同的是，它以每周一次的竞赛代替测验。在竞赛中,学生们同来自其他小组的成员进行竞争,以便为他们自己的小组赢得分数。学生们在三人组成的竞赛桌旁进行竞赛,竞争对手是过去的学业成绩方面有相似记录的同学。这种方法有一个"不断调整"(bumping)的程序,它根据每次竞赛中学生的成绩对学生竞赛桌的安排每周进行一次调整,使之趋于公平。每个竞赛桌的优胜者都为其所在小组赢得相同分数,而不管他在哪一桌。这就意味着学习速度慢的学生(同其他学习速度慢的学生竞争)和学习速度快的学生(同其他学习速度快的学生竞争)都有成功的均等机会。与STAD相同,成绩优异的小组获得认可或其他形式的奖励。

②切块拼接法(Jigsaw)。

切块拼接法,又译"皆可熟",是阿伦逊及其同事设计而成的。在这一方法中,首先将学生安排在由6人构成的小组中,学习事先就已经被分割成片段的学习材料。然后,各个小组中相同内容的学生组成"专家组"(expert group),在一起共同讨论他们所要学的那部分内容,直至掌握。接着这些学生分别返回各自的小组,轮流教其组员那部分内容。因为除了自己掌握的那部分内容外,学生们要想掌握其他的内容,唯一的途径就是认真倾听小组成员的讲解,因而他们具有彼此支持的动机并表现出对彼此作业的兴趣。后来,斯莱文博士对切块拼接法进行了改良,形成了修正型Jigsaw II。

合作学习的小组形式十分复杂,教师在课堂中不可机械照搬或沉溺于其中的某一两种模式,而应根据学生的具体情况,教学内容的需要以及客观条件的许可,将以上各种模式加以灵活而合理地运用。

(3)合作学习的实施步骤。

合作学习对学生学习的大量正面影响使得合作学习成为教育者们进行教学的有效手段。建立学生学习活动合作小组是我国教学改革的一种趋势。近年来,我国一些地方学校改革课堂教学,在此期间也对合作学习进行了应用与研究，都验证了合作学习作为课堂教学的一种常规组织形式在提高学习效果方面的有效性。合作学习已成为提高教学效率的新策略之一。合作学习的课堂操作模式如下：

①杜威-塞伦模式。

合作学习操作模式的探讨由来已久。早在20世纪五六十年代，美国芝加哥大学的赫伯特·塞伦（Herbert Thelan）进一步发展了杜威的合作学习的思想并建立了合作学习小组的学习过程。与杜威一样，塞伦以课堂为实验室，创新了合作学习的组织形式，塞伦的创新为目前的合作学习提供了基本理论结构。杜威-塞伦倡导和建立的合作方法的基本模式，如图3-1所示。

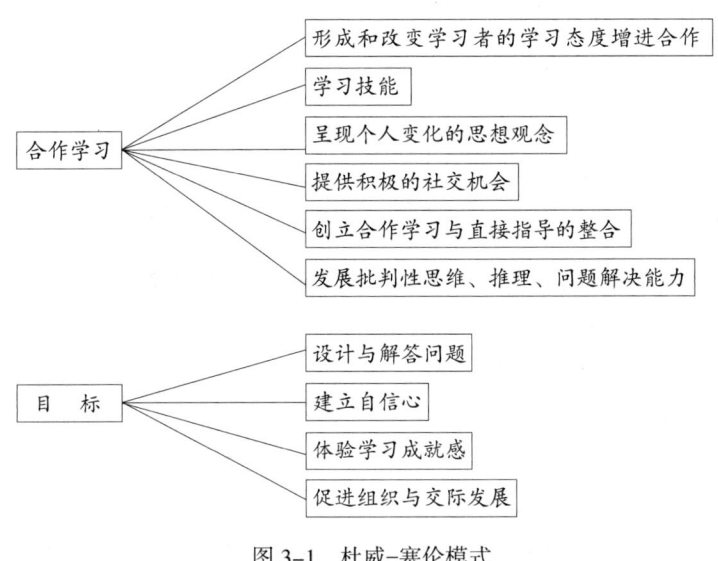

图3-1　杜威-塞伦模式

（引自宋雪冬.合作学习与任务型教学、新疆教育学院学报，2003年第三期）

根据图3-1，合作学习者在合作学习中，需要承担下列几种职能：

A.提出问题；

B.试图找出解决问题的方法和途径；

C.讲解和演示需要掌握的知识和技能，识别各种见解，给予及时反馈。

美国学者将这几种技能归纳为三种能力：提问能力，激励能力，分辨能力。

②一般操作模式。

在我国也有学者（郭华，1998）把合作学习的一般操作模式归纳为"由上而下"模式、"由下而上"模式和横向模式三种。

A."由上而下"模式（适用于难度较大的理论性内容）。

a.班级教学。

主要形式为教师精讲，浓缩大量的内容，甚至是"大单元教学"，内容是高难度的。内容的高难度和大容量是引发学生思考、激发学生进行合作性活动的前提和基础。其作用是在学习内容上引导下一步的小组合作学习，明确学习的方向。

b.小组合作学习的具体形式为：

（a）在教师的指导下，学生合作小组自由选择、确定活动内容和形式；

（b）小组各成员独立的内部思维活动；

（c）小组成员的外部分工协作活动（互助、合作）；

（d）形成小组活动产品（合作作业、语言表达等）。

c.个人独立操作。

目的是对知识的检查和把应用落到实处，使学生掌握全部先前分工合作的内容。其基本流程为：个人—互助—个人。重点强调个人的独立操作。

d.组内互评—组间互评。

教师要充分相信学生的学习、评价能力以及责任感，让学生进行自评和互评，使学生责任意识和责任能力在这种活动中得到发展。

e.教师示范评价和总结。

教师的指导作用尤为重要。教师的总结和评价不只是对学生活动的简单重复和评定，而是由具体到抽象、由抽象到具体的升华。

B."由下而上"模式（较适合于具体的操作化内容）。

a.小组合作学习具体形式为：

（a）教师提出任务；

（b）学生对任务的选择；

（c）小组协作活动（外部操作）；

（d）内部活动（独立思考）；

（e）小组活动总结；

（f）形成小组活动产品。

b.教师总结。

通过对学生合作产品的分析，一方面揭示作业的重要内涵，另一方面对学生的合作技能、态度及操作能力做出评价。

c.学生独立作业。

d.组内互评—组间互评。

C.横向模式（利用原有的知识进行操作化活动）。

以小组成员独立自学，小组合作、互助为主，组内互评和组间互评是保证作业质量的重要手段。

③英语课堂中的常见模式。

对于中学英语课堂而言，有四种合作学习小组形式常常被采用。

A."结对子"（Learning Partner）。

"结对子"又称为"分组法"，常被用于口语、语音教学中。口语学习时，学习者使用面对面的合作技能，模拟对话及真实场景讨论；语音训练时通过相互识辨语音、纠正发音达到共同提高的目的。

B."切块拼接法"。

该策略常被用于阅读教学。4～5名学生组成异质小组。教师首先要求学生阅读全部材料，然后各有侧重，将阅读文章分切成片段的学习材料。各个小组中学习同一片段的成员组成"专家组"共同学习，然后各自回到小组轮流传递所学的内容。这样每个人都必须认真倾听其他成员的讲解，形成彼此支持和理解的认知。

C."共学式"。

"共学式"也称"小组调查法",常被用于写作教学。写命题作文时,4~5人的混合小组尽量收集题材,共同讨论题目、结构、内容等,由一人执笔写出初稿,再交小组讨论修改,定稿后教师对各小组的共同成果进行评估。

D."一人中心活动"(One-focus Activity)。

"一人中心活动"由克里斯特森和巴萨诺(Christison M.A. & Bassano S.)提出,目的在于帮助教师在EFL课堂上促使参与精神的实现。可适用于各英语课程的课前5分钟的值日生报告。这种让一个学生轮流成为大家目光焦点的做法即使外向型的学生肯定了自己的价值,不会再和别人抢镜头,又给内向型的学生提供了更多展示自己的机会,使他们更珍惜随后在小组中发言的机会(南波,2003)。

(4)合作学习对英语写作教学的启示。

在英语写作教学中运用合作学习策略不仅可以提高教学效果,而且可以培养学生的合作意识。

①以合作活动促进学生写作体验。

合作活动是促进学生写作体验的有效策略,在过程-体裁写作教学中采用合作活动形式可以激发学生的写作兴趣,提高学生的参与度,有利于学生为真实目的而写。我们可以将合作学习贯穿于学前写作、课堂讨论、范文评析、自我修改、小组交流、课外练习、自我评析、教师评阅八个英语写作环节之中。在学前写作阶段,可以让学生以合作小组的形式就某一题目或话题开展头脑风暴活动。小组成员可以想出与某一话题有关的所有信息,然后根据这些信息的重要性进行归类和排序,以便为初稿写作提供素材。在课堂讨论阶段,学生围绕写作任务的目的,该语篇将在社会交际中起到什么作用,交际双方的关系亲疏度如何,该语篇应该包括哪些必要信息，内容的展开应以怎样的顺序，语言使用上应体现什么特点等进行讨论。范文评析是指借助语料库中的范文，让学生进行评析，使其有更进一步的感性认识，让学生进一步理解不同语类的应用文语义结构。通过自我修改，不断提高作文的质量。通过小组交流、同伴互相评阅，学生能取长补短，达到共同提高的效果。在教师评阅环节中，也有师生合作因素，其中最突出的就是面批方式，即每次每个学习小组派一名学生组成新的合作学习小组参加面批，他们在教师的指导下讨论自己习作中的问题，并将这些问题反馈到原来的学习小组，供大家分享。

②以合作评价深化合作意识。

合作学习的评价是促进师生发展的重要手段，其评价形式极其丰富，但按照评价时间和作用的不同来划分，最常见的是诊断性评价、形成性评价和终结性评价；如果按照评价主体来划分，可分为内部评价和外部评价；如果依据课程目标是否达成进行评价，又可分为目标本位评价和目标游离评价。合作学习评价是强调发展过程的评价。曹科岩（2006）将小组合作学习评价的基本原则概括为"发展性原则、学生中心原则、全面性原则、明确性原则、过程性原则"。同时，他又提出，小组合作学习评价的内容要"学习过程评价与学习结果评价相结合"，还要进行"小组合作效果评价、学生的学习状态评价和教师教学活动评价"。这些评价原则和评价内容反映了合作学习的基本特征，对保证合作学习效果能够起到一定的促进作用。

其实，合作学习评价是一种过程与结果相结合并着重过程的评价，同时也是一种个体和小组相结合且着重小组的评价。因此合作学习评价强调评价的动态性、激励性、教育性、发展性和社会性。所谓动态性，就是指要对学生的整个学习过程进行实时评价，包括小组成员的参与讨论、表现、作业、合作等情况。所谓激励性就是强调以小组总成绩进行组与组之间的竞争，鼓励学生互帮互学，为小组做贡献。所谓教育性，就是指评价是为了教与学，即为了改进学生的学和教师的教的行为。所谓发展性，是指评价要注重学生的进步，尤其是在原有基础上的进步，同时还指学生的全面发展。所谓社会性就是指评价不仅要关注学生成为"知识人"，更要关注他们成为"社会人"，即评价的指标不仅涉及语言知识内容，而且还要包括情感、态度、价值观，尤其要将沟通交往能力和合作协调能力作为重要的评价内容。

然而，上述评价原则不是孤立的，而是相辅相成、互为联系和渗透的统一过程。如果教师能够有效地利用合作学习评价的这些原则，掌握评价的方法，合理设计评价指标，就有利于养成学生的社会凝聚力，进而培养他们的合作能力。大学生虽然具有较强的自主学习能力，但作为具有一定价值观的人，他们有与同学共同活动、共同学习的愿望，并乐于在活动过程中通过协商获得有意义的信息，更希望自己的才华得到展示和同伴的认可。

我们要求学生的作文在提交给教师之前，必须以小组形式进行同伴评改，并保留评改痕迹，以便教师以此为基础评价评阅。小组评改质量将被作为小组成绩表现计入小组学生档案袋。这样，利用合作学习的评价机制，尤其是同伴评价和小组评价，能够不断地激发学生的学习动机，鼓励他们在合作活动中体验学习乐趣，形成合作意识，培养合作能力。[①]

三、建构主义和社会建构主义对教学的启示

根据建构主义和社会建构主义的主要观点和思想，我们认为它们对教学尤其是当前的外语教学有重要的启示意义。

第一，必须转变教师角色。在英语教学中教师要改变传统的灌输型教学模式。教师如果能改变角色定位，由原来权威型的教师，变为学生的

---

① 合作学习部分参见蔡慧萍，罗毅. 过程–体裁英语写作教学法的建构与应用[M]. 杭州：浙江大学出版社，2015.

服务者，为学生创造良好的学习环境，提供丰富的信息，与学生平等对话，组织学生在有条件的情况下多进行小组合作学习，鼓励学生增强自信心，积极体验和参与语言实践，那么就能使学生由被动的知识接受者转变成主动的知识建构者。

第二，鼓励个性化学习。学习的过程应该是在已有的知识经验基础上建构新知识的活动。学习不是简单地输入、储存和提取过程，而是新、旧知识双向互动的过程。如果新知识与旧知识一致，新知识就会被同化，融入已有的知识体系中去；如果新知识与旧知识有冲突，旧知识就会顺化，从而改变已有的知识体系，扩大知识储备。学习者原来的知识和经验各不相同，他们学习新知识的过程也必然不一样。教师不仅要做到因材施教，还要鼓励学生根据自己的实际情况选择适合自己的学习内容、学习方法和学习速度。在学习新知识的过程中，鼓励学生多思考，思考新旧知识之间的联系；多交流意见，多提问题，在协作中学习，在会话中促进自己的思维，开阔思路，加速建构意义的过程。

第三，为学生创造既轻松又有挑战性的学习环境。当教师承认了学生的平等地位，才能建立民主的课堂，承认学生是学习的主体，才能为学生提供各种服务和帮助。此外，教师还要为学生提供尽可能丰富的语言信息，比如收集适合学生现有水平的外语读物，在网络上搜索适合学生的声像资料，通过学习提高教师课堂外语输入的质量等。有了轻松的学习气氛和丰富的信息资源，学生的思路就很容易被打开，进入创造性的意义建构过程。

第四，培养学生的自主学习意识和能力。培养学生的自主学习意识和能力是摆在教师面前一个艰巨而又意义深远的任务。教育不仅是教知识，更是培养人，培养积极向上的人。不重视学生自主学习意识和能力的培养可能是我国教育的一个薄弱环节，教师应该向学生介绍如何对自己的学习负责，如何计划好自己的学习活动，如何在学习的时候自我监控，抵制来自内外的干扰,如何根据学习内容的变化调整学习的方法,如何及时评估自己的学习,并根据评估的结果调整学习计划。这就是现在常提到的元认知策略的训练。通过元认知策略的介绍,提高学生的自主学习意识。

第五,在读写中给学生提供策略性知识,注重社会背景在读写学习中的重要作用。阅读要提供生生或师生对所读材料进行有意义对话的机会,尤其要提倡交互式教学。在写作中给学生提供选择写作内容的机会。写作题目应该真实、贴近学生生活,并应该提供多个题目让学生选择,以培养他们积极的写作态度。鼓励学生写作关于个人爱好的作文,让他们为不同的写作群进行写作,培养他们的读者意识。

第六,提倡小组合作学习。以小组的形式进行合作学习可以分享经验、改进不足,以达到相互促进、共同提高之目的。互动教学是知识建构和技能形成的重要手段,是学生体验、参与真实课堂的重要途径,也是实施有效课堂教学、培养合作意识和竞争意识的策略性方法。

第七,注重文化语境的参与。社会建构主义强调社会文化环境对教学的影响,也就是说,有效的教学应该和社会文化环境相联系,离开了社会文化环境的知识学习是无效的,或者说是不存在的。不同文化的人观察和认识事物的角度不完全一致,因此所建构语篇的模式也往往存在差异性。也就是说,不同文化语境所产生的语篇模式,或称语义结构具有该文化民族思维烙印。具体到英、汉两个民族,前者是直线型(straight line)的思维方式,后者是螺旋型(circular line)思维方式。这种差异导致英民族语篇具有直截了当、开门见山的特点,目的、结构往往置于段首;而汉民族的语篇往往在外围打转转,最后"画龙点睛",先叙述原因,后给出结果成为汉语语篇的特点。这种文化语境所引起的语篇结构差异,必须得到足够的重视,否则,所建构的语篇难以实现其连贯性和交际目的。

第八,注重形成性评估。由于学生的基础不同、兴趣不同、智力优势不同,用静态的终结性评估,用一张相同的试卷来评价所有的学生,就很难与自主性学习、个性化学习形成合力，不能起到激励学生的作用。形成性评估给教师、评估者更多的自由和责任。老师要在学生学习的过程中观察他们的学习方法，他们的进步，他们运用语言解决交际任务的能力，并以此作为评价的重要依据。这样可以淡化评价的甄别功能，突出评价促进教师的教和学生的学之目的。

第四节　系统功能语言学

系统功能语言学的创始人是英国语言学家 M.A.K.Halliday，他从社会符号学的视角研究语言，认为语言被视为一种"做事"的方式，而不是一种"认识"的方式。系统功能语言学研究语言在人类实际交际中的使用和作用，所涉及的范围十分广泛。系统功能语言学属于普通语言学范畴，适用于一切语言的学习和研究，尤其对英语作为外语的教学具有非常重要的启示和促进作用，因此我们将其纳入经典学习理论之列。

一、系统功能语言学的内涵

系统功能语言学从功能的角度对社会语境中语言进行系统的研究，因此其研究的"重点是意义的表达和语言在社会交往中的使用和所起的作用"（黄国文，2009），也就是说，系统功能语言学"特别注重语言的功能和在人类交际社会中的作用"（张德禄，2004）。系统功能语言学研究范围十分广泛，其内涵十分丰富，张德禄（2004）将 Halliday 的语言观和思想归纳如下：他主要从社会文化的角度研究语言，把语言视为社会符号系统。强调与语言运用相关的特殊性，注重研究语言变异特征，包括对语域和方言的研究；注重语言的系统性，把语言系统看作"语言的聚合关系"、意义潜势，由可进行语义选择的系统网络组成；他同时认为系统是分层次的，是一个由语义层、词汇语法层、音系层组成的多层次系统，层次之间的关系是体现和被体现的关系;从系统中进行选择便产生了在社会文化交际中实际应用的语言。语言的性质决定语言在人类交际中所完成的功能。

在系统功能语言学研究中,有两个比较重要的意义:一是语言所完成的交际任务。从这个意义上讲,语言是一个由概念意义、人际意义和谋篇意义所组成的概念框架。一是语言单位在语言结构中的功能,指构成一个语义系统的起具体作用的语义成分,是形式化的意义潜势的离散部分,由词汇语法来体现。体现概念意义是及物性系统,包括行为者、过程、目标、环境等;体现人际意义的有语气系统,包括语气和剩余部分等成分;体现谋篇意义的有主位系统,由主位、述位两个功能成分和信息系统,包括已知信息和新信息两个功能成分。语言是在语境中运用,并且由语境决定的。Halliday 认为语言的情景语境包括三个变项,分别与语言的纯功能项对应。它们是:话语范围/语场(field of discourse)、话语方式/语式(mode of discourse)和话语基调/语旨(tenor of discourse)。

可见,系统功能语言学在社会文化网络中对人类交际中所使用语言构建了庞大的、复杂的研究架构,该架构具有普适性,因而适合多种语言的研究,这就为不同文化的语言研究,包括不同语境的外语研究提供了可能的应用框架。

二、系统功能语言学的渊源

系统功能语言学成型于 20 世纪 60—70 年代(胡壮麟,2008),其思想渊源可以从两条路径来阐述:一是社会语言学渊源,二是语言类型学渊源。

1. 社会语言学渊源

社会语言学是"语言学中联系各种社会因素(社会阶级、文化程度、受教育种类、年龄、性别、人种起源、职业,等等)来研究语言的一门分支学科"（劳允栋，2005），它有微观和宏观之分。微观社会语言学是本义的社会语言学，研究社会结构如何影响人们说话，以及方言和语言的使用范式与社会属性的关系，如阶级、性别、年龄；宏观社会语言学属于语言的社会学，研究语言对社会的影响，如言语形成在社会中的分布，语言变迁、维持和替换；言语社团的规约和互动，并对这些功能分布的属性进行解释。这里所说的社会语言学渊源指的是后者（胡壮麟，2008）。

系统功能语言学的创始人 Halliday 受到人类学家 Malinowski 的语境与语言关系的思想和 Firth 关于系统是聚合的思想，以及 Currie1952 年发表的首次使用"社会语言学"术语的论文的影响。鉴于此，胡壮麟（2008）指出，从系统功能语言学的整个发展过程看，它本身就具有社会语言学的思想渊源。

（1）Malinowski 的社会语言学思想。

Halliday 师从 Firth，而 Firth 的语言观有不少得益于他在剑桥大学的同事 Malinowski。因此，Halliday 的语言观也必定受到 Malinowski，尤其是他的语境思想的影响。Malinowski 在人类学研究中采用功能主义的研究方法，如他在研究语言对土著人组织生活中所起的作用时，强调结合当时当地的情景语境来审视土著人的语言意义。通过调查，他发现土著人把语言当作是一种活动的方式，而他们使用语言是为了实现一定的功能。在 Malinowski 看来，人类的各种生产和社会活动塑造了他们的语言，而他们所塑造的语言又服务于他们所要进行的各种活动。

（2）Firth 的社会语言学思想。

Firth 作为英国第一个语言学教授，培养了不少人才，从而建立了费斯语言学派（Firthian linguistics）。Firth 的语言观深受 Malinowski 启发，其观点有四：①语言学的中心是研究意义和语境；②英国的语言学家应该讨论语言学史；③应当研究音系学，特别是他本人发展了"音韵分析"（prosodic analysis）的模式；④应当研究和描写印度和南亚诸语言，特别是拼字法和音系学。他在①、③两方面的成果在国际上享有盛誉。

首先，Firth认为语言学的主要目标是分析话语的意义；鉴于话语是在真实语境下进行的，它们所衍生的意义应当与语境有联系。在这方面，他丰富了Malinowski的语境理论，制定了情景语境的具体框架。

其次，Firth区分了结构和系统。结构包括内部句法结构的成分，这些成分在相互可以预期顺序的情况下各有位置。可通用的项目或单位的系统用来说明这些成分的聚合价值。由于Firth把"系统"一词重新定义为聚合关系，他的学生后来发展了系统语法。

再次，Firth认为语言是说话人所谈事件的集合，是活动的方式，是"做事"的方法，因此语言学家应该研究事件本身。

Firth的这些观点使得英国的主流语言学家基本上走的是功能主义、社会学的道路。所谓系统就是"聚合"，就是"选择"，而且是第一性的观点，决定了语言的使用和发展离不开社会。

（3）Halliday的社会语言学思想。

Halliday和Firth的其他学生继承和发展了Firth的语言学理论，最初被称为新费斯语言学派（Neo-Firthian linguistics），随着系统语法和功能语法两大部分理论的日臻完善，正式定名为系统功能语言学。Halliday把语言看作社会符号，是人们有目的地用来在语境中表达意义的资源。"把语言看作社会符号学"，意味着"在社会文化语境内解释语言，而文化本身是以符号学的词语做解释。语言既强调社会结构和系统，也使其符号化"。在系统功能语言学中体现Halliday的语言与社会文化关系的理论和方法除了涉及系统和功能之外，还有语境、语篇、语域、语言习得、认知和适用语言学等。

此外，对系统功能语言学做出重大贡献且与Halliday关系密切的学者还有Hasan和Matin等。Hasan是第一个对语类进行深入研究并提出语类结构潜势的学者。Matin研究语篇理论，但他使用了纲要式结构

(schematic structure)术语,并将语类定义为"借语域体现、以目标为本的呈阶段化的社会过程"。Matin 的另一成果是评价理论,主要用来分析有关评估的语言,以便对语言资源进行分类,如表述、协商、表明立场等。Matin 将语类理论用于语言教育,产生较大影响(胡壮麟,2008)。

2. 语言类型学渊源

语言类型学以大规模、有代表性的语言样品库为基础,在跨语言比较的基础上发现语言的共性和差异,并企图解释这些共性和差异。从学科渊源来看,语言类型学与西海岸功能语言学联系最为密切。语言类型学的研究范式和研究成果逐渐被纳入各语言学派之中,相互补充、相互借鉴(王勇、徐杰,2011)。系统功能语言学与语言类型学的渊源涉及事实基础和理论渊源两个方面。

就事实基础而言,Halliday 本人的语言学研究就是从汉语开始的。他的理论中有些思想直接来源于汉语事实。例如,Halliday 关于关系过程的三分法直接来源于汉语的"是"字句、"有"字句和"在"字句;其作格分析模式则源于汉语小句中及物性系统和信息系统的描述。之后,Halliday 与 Jeffrey 合作研究了汉语、俄语和英语在内的各语言中的时、体系统。当时 Halliday 还调查了东亚和东南亚地区的 37 种语法特征,并运用 Firth 的理论模式研究《元朝秘史》。Halliday 在 1954 年和 1964 年两度对澳洲土著族语言进行实地调查(口语是这些语言唯一存在的形式)。这些成果说明,系统功能语言学理论建构之始,Halliday 就将跨语言的视野纳入自己的研究之中。这样不但做到理论生发于语言事实,而且保证理论具有跨语言有效性。事实上,自系统功能语言学创立以来,不断有学者将这一框架应用于描写世界诸语言。

就理论渊源而言,用 Halliday 的话说系统功能语言学是"相当兼收并蓄的",Malinowski、Firth、Whorf、布拉格学派以及中国的罗常培和王力对系统功能语言理论的形成都有重要影响。Malinowski 发现了语境对解释话语的重要意义，这对 Halliday 语境理论的形成有直接影响。在此基础上，Halliday 进一步探讨语境因素如何影响语言系统的选择，发现了三个语境变量和三个纯理功能之间的关系。Firth 和他的同事在 20 世纪 30 年代至 50 年代所做的有关非英语语言的研究直接成为其音律理论和功能理论的基础。Firth 非常注意印欧语系以外的语言，特别是印度和南亚诸语言，强调必须重视普通语言学理论的跨语言有效性。

1948 年至 1950 年，Halliday 师从罗常培、王力，从事历史比较语言学、汉藏语言学、方言学、语音学、音位学和社会语言学研究，并参与王力主持的珠江三角洲地区方言调查。他明确表示自己的语言学研究是从研究方言开始的。语言的社会性，语法的合法性、普遍性和特殊性，语法与语义的关系，把语篇作为研究对象，口语和书面语结合，以小句为主的语法单位，语言是一个多层次系统，概率的思想，衔接理论，情态与意态、语态、词类划分，动词的及物性等观点都在王力的著作里有所反映。

此外，布拉格学派关于民族语言的发展、语言政策和标准语的论述，美国语言学家 Sapir 和 Whorf 的"语言相对论"，对系统功能语言的形成也有一定影响。

总之，系统功能语言学在形成之初，在理论和方法上兼容并蓄，为我所用，体现了极大的包容性、综合性和跨语言有效性，因此，系统功能语言学与以跨语言的研究视角为本质特征的语言类型学从来就有着密不可分的渊源。

三、系统功能语言学的重要理论阐述

1. 语境理论

自从波兰社会人类学家 Malinowski 在 20 世纪 30 年代首次提出语境的概念以来，许多语言学家、社会学家和人类学家对语境定义和内容提出过多种论述，但由于各自学科的局限和视角的不同，至今尚无形成统一的科学的定义。将学者们的定义归纳起来不外乎下列几种：

（1）内外说。一些语言学家将语境分为语言的内部语境和语言的外部语境，他们认为语言的内部语境是指语篇的上下文，而外部语境则指交际双方共知的信息，包括背景、文化和前提等。

（2）文化语境与情景语境观。这是 Malinowski 的观点，他于1923年提出了文化语境与情景语境的概念。前者指语言交际参与者所处的整个文化背景，后者指与语言交际活动直接相关的客观语境。

（3）语言因素和非语言因素说。这是 Firth 的观点，他把情景语境分为由语言因素构成的上下文和由非语言因素构成的情景上下文。

（4）语域观。持语境即语域观点的代表人物是系统功能语言学派奠基人 Halliday。他以社会环境中的语言形式为研究的出发点，以词语乃至语篇的"语域"为研究的切入点，在研究中重视相同"语域"条件下语言系统共性的语言形式（不变式），和不同"语域"条件下语言形式的功能差异。"语域"就是语境，Halliday 将"语域"分为语场、语旨和语式，这三个方面综合起来相当于语境（Halliday，1973）。此外，"情景语境"也属于"语域观"，可以用语域来体现，语域由语场、语旨和语式构成。语场指语篇的内容，在语篇中由概念功能来体现，概念功能又包括经验功能和逻辑功能；语旨指的是交际双方的关系，在语篇中由人际功能来体现；语式指交际方式，在语篇中由语篇功能来体现（Thompson，1996/2000）。

（5）社会说。美国语言学家 Hymes 从交际能力的视角阐述了语境的重要性。他认为交际能力是由人和社会环境相互作用而形成的，人们说话要符合语言规则，又要适合言语环境。他把语境内容概括为八个方面："话语的形式和内容、背景、参与者、目的、基调、媒介、风格和相互作用的规范。"而英国语言学家 Lyons 则将语境变量大致分为六个部分：参与者扮演的角色和地位、参与者所处的时空位置、交际的正式程度、交际得以实现的媒介、交谈的话题、话题所涉及的范围和领域。

（6）静态、动态说。所谓静态语境就是将语境视为交际之前就确定好了的，即预设的，也就是传统语用学中的语境内容。它包括交际者的语言知识、语篇的上下文、参与者的世界知识、交际者的社会文化背景、交际的时间和地点、交际者以及双方的说话方式构成的情景因素。

然而，近年来不少学者认为"不能把语境看作静止、孤立的单一体"，因为"对语境的静态研究不能有效地起到解释并且知道交际的作用"（何兆熊、蒋艳梅，1997），人们对语境的研究从静态转向了动态。

Verschueren的语境概念包括两个方面：交际语境和语言语境。交际语境是由语言使用者、心理世界、社会世界和物理世界组成。语言语境指上下文，包括三个方面：衔接、语篇机制、线性序列。因此，他的语境概念内容更加丰富，涉及面更广。最重要的是，他认为语境产生于交际双方使用语言的过程中，语境会顺着交际过程的发展而不断发展不断更新，而不是在交际发生之前给定的（任蔚香，2010）。

（7）认知语境观。传统语境中的各种要素（语言知识、社会文化背景、交际参与者、交际的时空等）是实现推理的重要语用要素，这一点没有引起人们的过多怀疑。然而，这样的语境观不能完全说明语用推理的实际过程，不能反映交际时说话人、听话人的认知心理状态。

根据关联理论，语境是一个心理结构体（psychological construct），是一系列存在于人们大脑中的假设，所以语境也称为认知语境，其假设称为认知语境假设。在语言交际中，对话语理解起主要作用的就是构成听话人认知语境的一系列假设，而不是具体的情景因素。因此，从这种意义上讲，语境不仅仅限于客观环境等非语言语境、话语本身等语言语境。

认知语境是一个内容十分广泛的概念，包括认知中的各种信息。它具有动态的特征，也就是说认知语境不是听话人在话语理解之前预先确定的，而是在话语理解过程中不断选择的结果。从本质上讲，话语理解涉及听话人对语境假设的不断选择、调整与顺应（冉永平，2000）。因此，从这种意义上讲，认知语境就是动态语境。只不过认知语境基于交际的心理过程，而动态语境基于交际的行为过程。其实，在话语交际（行为）过程中，离不开心理过程的参与。也就是说，离开心理活动的话语过程是不存在的。

（8）交互语境模式。肖好章（2009）把语境看作是一个动态的由主客观因素交互建构、协同作用的体系。该模式由三个语境变量构成：言外语境（包括情景、参与者以及角色关系、话题、副语言特征、行为顺序、规约、体裁等文化、社会和地理环境变量）、言内语境（即语音、词汇、语法等组织语篇的变量，包括上下文、互文和主题意义等）和认知语境（指有关言内语境和言外语境变量的知识在人脑中的心理表征，包括认知图式、话语域、说话者的态度和目的、心理因素等）。三个语境中各自包含三个层次，层次逐级向外扩大。言内语境中有音系、词汇语法和语篇意义层次；言外语境有物质情景、情景语境和文化语境层次；认知语境有信息输入、形式图式和内容图式层次。三种语境以三环状相连并交互，三种语境部分交互重叠，重叠部分相互作用。三种语境的交互的部分，就是交际语境主要变量（交际语场、交际语旨和交际语式等）主交互之处，是主效应。交际语场指交际的话题、范围和领域；交际语旨指话语参与者及其角色关系、对话题的态度和认知等；交际语式是指交际的语言方式，如是书面还是口头，是打电话还是网聊，图3-2展示了语境的层次和交互关系。

交互语境建构不仅融合了社会、文化、语言（非语言）、认知心理等主客观因素，而且扩展了语境研究的范围和视野。语言的意义就是在多层次的语境及其相关变量的交互和协同中产生的。起支配地位的交际语境变量即交际语场、交际语旨和交际语式是不可或缺的，其中交际者及其认知心理特征在语境的交互中发挥双重作用：一方面，人及其认知心理所依存的大脑是客观的物理实在；另一方面，人的认知心理又发挥主观能动作用，促进交际意义在动态的协调、选择和交互中完成。其他辅助交互变量，如交通信号、面部表情等非言语交际则可能在认知语境与言外语境两种之间交互。

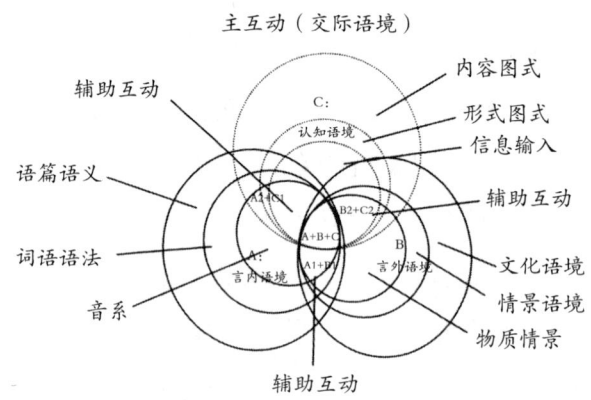

图3-2　多层次交互语境模式（来源于肖好章，2009）

从上面的讨论，我们对语境有了比较清楚的认识。语境不仅包括语言语境、非语言语境，即内部语境和外部语境这样的静态语境，而且还指认知语境和交互语境这样的动态语境。这些语境观从不同侧面反映了语境的特征，它们有交叉性，或者说，它们把相同的内容用不同的术语表述而已。例如，前三种的语境内涵基本是一致的，而动态语境和认知语境也是一致的。因此我们可以认为：语境是与语言交际活动有关的一切要素之间的互动，即包括语篇内部的上下文，也包括交际发生的即时环境以及交际参与者的共知信息和文化、背景乃至世界知识等的相互作用，因此语境具有动态性。

语境是语言使用和语篇形成的环境，它不仅对语篇的意义具有解释力，而且对语篇的架构亦具约束力。Malinowski将语境分为文化语境和情景语境，并指出"理解话语必须先了解话语的情景语境以及蕴含该情景语境的文化语境"（蔡慧萍，2005b）。下面我们从文化语境和情景语境的视角，对语境理论进行详细阐释，以便对其有更深入的理解。

（1）文化语境。

虽然 Malinowski 提出了文化语境的概念，但他并未对其进行详细的阐释，只是将其视为"交际参与者及其参与的社会行为背后的文化历史，主要指社会结构系统"（彭利元，2008）。直到今天，学者们尚未就文化语境的概念达成一致。他们基于各自的视角对文化语境概念进行了不同的界定，归纳起来主要有下列几种。①环境观。文化语境是整套可选语言的环境（Halliday，2007）。②文化因素观。有学者用与文化相关的因素来概括文化语境的内涵，认为文化语境涉及"反映特定言语的历史、文化、风俗习惯、社会规约、思维方式、道德观念、价值观念等"（黄国文，2001）。③体裁观[①]。有学者认为文化语境是语篇体裁的形式（李国庆，2008），甚至等同于体裁（Eggins，1994）。④行为模式观。该观点认为文化语境主要指人类在特定文化背景中的行为模式，这种模式制约语篇的语类结构（generic structure）等带有宏观意义的语义结构（朱永生、严世清，2001）。[②] 虽然学者们对文化语境的表述不一，但都从不同的侧面揭示了文化语境的内涵。鉴于此，我们认为文化语境是与文化因素有关的整个语言系统的环境，它规定着语篇的语类结构，并通过语类结构对语篇的建构和意义的解读施加约束力。

（2）情景语境。

情景语境是文化语境现实化的表现，是在具体的语言交际事件中的支配语义选择的因素，所以，它不仅包括现场语境中的成分，也包括由社会文化背景决定的行为准则，道德观念等（张德禄，2003）。它是已知社会语境中可及的意义潜势（Halliday，2007）。情景语境就是语场、语旨、语式的语境配置。语场是指社会行动的本质，即交际双方所谈论的内容。语旨是指社会地位和角色关系，即谁在参与交流。语式是指修辞渠道和

---

① 这里的"体裁"与"语类"同义。

② 这里的"语类结构"与"语义结构"同义。

语篇功能,即语篇所起的作用(Halliday,2000)。情景语境是通过语篇中的语句的意义结构(如及物性、语态语气、情态、主位、信息结构等)得到体现的(朱永生、严世清,2001)。Hymes 更为详细地列举了情景因素的内容,并将其归为:讲话人、受话人、听众、话题、场合、渠道、语码、信息形式、事件、风格和目(Brown & Yule,2000)。可见,情景语境是语篇的现实语境,是文内信息的集合,它对语篇的建构和解读具有直接的关系。

(3)文化语境与情景语境比较。

文化语境与情景语境密切相关,它们同属一个内容的不同层面。可以说,离开了文化语境,情景语境就会变成无源之水;离开了情景语境,文化语境就会丧失表现的媒介。纵观前人的研究,我们可以将文化语境与情景语境的主要特点和表现形式归纳如表 3-1 所示。

表 3-1 文化语境与情景语境比较

文化语境		情景语境	
特点	表现形式	特点	表现形式
社会性	文化语境反映的是整个言语社团的社会结构	个体性	语篇的建构和解读是作者和读者的个人行为
隐含性	文化因素是暗含的行为模式,如思维方式、价值观念、意识形态等	显明性	情景因素是与交际行为直接相关的因素,即语场、语旨、语式
历时性	文化因素是长期积淀的结果	即时性	情景因素是现实语篇信息
抽象性	从具体语篇概括出语类系统	具体性	词汇、语法、语气、情态及物性等

可见,文化语境的社会性、隐含性、历时性和抽象性特点表明文化因素是在历史中长期积淀的结果,是潜藏于整个言语社团中的社会结构和行为范式。具体到语言上,语篇的语类结构就是文化语境对相似语篇抽象、概括的结果。与之相反,情景语境的个体性、显明性、即时性和具体性特点则表明语篇的意义建构与解读毕竟是作者或读者个人的行为;情景因素在语篇上下文中是显而易见的,共同实施语篇功能;词语的选择、

语法的使用、语气的变换都是在具体语篇的环境中实现的。

总之，文化语境是整套可选语言的环境，而情景语境则是从可选语言中产生的具体选择的环境（Halliday，2007），是文化语境的示例。虽然文化语境和情景语境对语篇的建构都起着制约作用，但两者所实施的功能不同，即文化语境对语篇的建构起间接作用，而情景语境对语篇的建构则发挥直接作用。

2. 语域理论

语域是系统功能语言学语境理论的一个重要概念。语域说明语言使用时的各种变异现象，即社会活动过程中的种种差异。它是语言使用者与语境的各个方面互动的结果。这些都是语境的变量，语言使用者可以在有关变量下预见所要交换的信息和所要使用的语言（胡壮麟，2008）。因此系统功能语言学家将语域与情景语境等同看待，即将语域置于话语范围、话语方式和话语基调相等的范围，并将其定义为某种文化中的成员与典型的情景类型相联系的语义资源配置。也就是说，语域是一个语义概念，是与某一特定的话语范围、话语方式和话语基调情景组合有关的意义组合，反之亦然，话语范围、话语方式和话语基调是形成语言变体（即语域）的语境因素。根据系统功能语言学的观点，任何一个情景因素的改变都会引起所交流的意义的变化，从而产生语言的变异，产生不同类型的语域。

话语范围是指交际过程中实际发生的事，以及参与者所从事的活动，其中语言活动是重要的组成部分，包括谈话主题。话语基调是指参与者以及参与者的性质、社会地位和角色。参与者的角色关系既包括各种各样的社会角色关系，如教师/学生、售货员/顾客、师傅/徒弟，也包括在语言交际中的谈话角色关系，如讲话者/听话者、作者/读者、问话者/答话者等。话语方式是指语言交际的渠道或媒介，如说或是写，即兴的或是有准备的，包括修辞方式。话语范围、话语方式和话语基调一起组成了语篇的语境。

Halliday 认为,语境的三个组成部分决定着意义系统的三个组成部分:概念意义(ideational)、人际意义(interpersonal)和语篇意义(textural)。

语言的概念意义可分为两种:经验意义(experiential)和逻辑意义(logical)。经验意义指语言对讲话者的所见所闻、亲身经历以及内心活动的表达。逻辑意义指对间接地从经验中取得的抽象的逻辑关系的表达。人际意义指语言对讲话者的身份、地位、态度、动机等的表达。语篇意义指语言对概念意义和人际意义的组织方式的表达,是使概念意义和人际意义在语境中得到实施的语言功能(张德禄,1987)。

3. 语类结构潜势

语类结构潜势理论(Generic Structure Potential,简称GSP)首先是由Halliday的夫人Hasan提出的。她认为人类的文化是由一个言语社团可选择的总体意义组成的,称为符号潜势,包括做事、说话和相互联系的方式。语言的意义系统是文化的符号意义系统的一部分(张德禄、马磊,2002)。语类结构,从表面上看是某一类语篇的内在结构或步骤,实际上是人类的社会文化活动模式在言语活动中的反映。每个结构中有必备成分(obligatory components)和非必备成分(optional components),以及这些成分出现的先后顺序,某些成分重复出现的次数和所处的位置(朱永生、严世清,2001)。可见,语类结构属于宏观的语义结构。

语类结构潜势是指同一语类中语篇结构的潜势,也就是说,属于同一语类的语篇的结构都应是从这个语类结构潜势中进行选择的结果。语类结构潜势是一个语类中所有语篇产生的源泉和系统,它包括必要成分、可选成分和重复成分,而必要成分及其顺序决定了语篇的语类。Halliday的语域变量理论和Hasan的语境配置及语类结构潜势理论都体现了一个共同的思想:语境、语篇、语言三者之间存在着密不可分的关系,它们既相互依赖,又可以相互推导(蔡慧萍,2005b)。

语义结构(semantic structure)是语类结构的派生,是语篇的类型结构或模式。语义结构是以语义成分（semantic elements）来体现的，包括必要成分、可选成分和重复成分以及这些成分的先后顺序。如求职信的语义结构是：

heading ^ inside address ^ salutation ^ the writer's personal information ^ objective ^ education ^ (working experience) ^ (skills/strength ^ interests ^ references, etc.) ^ asking for consideration ^ expressing thanks ^ complimentary close ^ name of the writer

符号"^"表示顺序，意为"后接"（followed by），括号中的成分表示可选成分。

语义结构是语类结构的具体反映，是语篇的类型结构的具体体现，对语篇的建构具有制约作用。

了解语境、语域、语类结构潜势理论对英语教学具有一定的指导意义。

四、系统功能语言学对教学的启示

系统功能语言学属于普通语言学，适用于包括英语、汉语在内的多种语言分析、描述，因此，系统功能语言学对语言教学，尤其是对外语教学具有重要的指导意义。

1. 结构与功能相结合

中国学生往往从语法层面学习英语词汇、结构和句法，注重语法能力的培养，忽视这些词汇、结构和句法的功能，即在实际交际中所起的作用，因此中国学生的语法能力较强，甚至超过英语本族语者同龄人的语法能力。然而，交际能力不只是词汇、结构和句法方面的语法能力，还包括语用能力，即根据社会功能而实际运用语言的能力。因此，在英语词汇、结构和句法教学时，不要孤立进行，要将结构与功能相联系，强调语言结构服务于社会功能，进而有效地促进交际目的的达成。

2. 重视语境作用

系统功能语言学的语境理论认为，文化语境是语篇的社会背景，通过语类结构对语篇的建构和解读起制约作用；情景语境则是文化语境的"示例"，即具体表现形式。情景因素就是话语范围、话语基调和话语方式，并且与概念意义、人际意义和语篇意义相联系。这就要求我们在英语阅读和写作教学中重视文化语境下的不同语篇的语类结构在语篇解读和建构中的制约作用，同时还要对词汇、句法、语气、情态等做出符合情景因素的选择，使其更好地实现语篇的概念功能、人际功能和语篇功能。

3. 培养语类意识

系统功能语言学的语类结构潜势理论告诉我们，同一类型的语篇具有相同的语义结构，而正是这种语义结构区别了不同类型的语篇。因此，教学中我们应该培养学生的语类意识，识别不同语类的语义结构，掌握构成语义结构的必要成分、备选成分以及它们在语篇中出现的顺序，从而使学生建立符合英语民族思维模式的写作图式，进而提高学生的社会语言能力。

4. 提高语域意识

中国学生往往孤立地学习英语词汇和句法，导致句法能力不能与英语语言的语域规约自然衔接，这不仅是学生语域意识淡薄的结果，也与英语写作教师缺乏语域评价观不无关系。郑超、马捷（2011）调查发现，在评判学生英语作文时，与本族语者相比，中国英语教师更重视句式变换技能，却不大顾及对语域特征的评判。其实，外语学习者即使懂得了很多遣词造句的规则，能写出很长很复杂的句子，却不易写得恰如其分。如学生不能正确区分正式词汇与非正式词汇、口语体与书面体以及各种语域特征，这是因为长期以来，学生一直把注意力集中在语法错误分析上，却未充分注重语法正确的表达中仍存在语用得体性的问题的结果。鉴于此，英语教师应把学生的注意力适时从抽象的句法变换引导到区分不同语域遣词造句的得体性上来，即注重语篇的交际意图，明白作者与读者的社会距离和亲疏关系，注重语篇的正式程度以及自然性和连贯性。另一方面，英语教师也要树立语域意识，将语域因素纳入学生习作评价之中，进而提高他们的语域意识。

第五节　图式理论

图式理论（Schemata Theory）是语篇研究中一个重要的理论，因为它对语篇的解读和建构至关重要。图式理论最早是由英国著名心理学家 F. C. Barlett 于 1932 年在其著作 *Remembering* 中提出的，其基本主张是，新的经验与记忆里所储存的相似经验的框架结构做比较而得到理解（Cook，1999）。

Cook 认为人不仅具有概念上的表征，即世界图式（World schemata），还存在语言图式（Language schemata）和语篇图式（Text schemata）。也就是说，不同体裁或语体的文章总是存在着某种结构框架（Cook，1999）。偏离语篇对图式变化产生的作用可能是摧毁现有图式，也可能是建立新的图式，也可能是在已有的图式之间建立起新的联系。而图式的变化和翻新要依靠接受者而定。Cook 对图式理论的发展丰富了连贯构建的解释，他使图式合理化了，增加了语言图式和语篇图式，从而在肯定接受者现有图式对连贯构建的指导作用的同时，阐明了语言和语篇对接受者现有图式的影响。金人王若虚认为写文章"定体则无，大体须有"，指的就是不变的规定是没有的，大致的体例又是必须的（李振起等，1994），这就是说，语篇存在于一定的结构之中，即文章的框架具有恒定性，其内容则具有可变性。这与西方人的"语篇图式"相符。

一、图式理论概念

Barlett给"图式"定义为"先前获得的背景知识的结构"。后来，J. Anderson等人把图式理论作为认知论的一部分进行了深入的研究，进一步发展和充实了这一理论，并认为图式是"信息在长期记忆中的储存方式之一，是围绕一个共同题目或主题组成的大型信息结构。典型的图式结构是分层次的，信息子集包括于更大、范围更广的概念之中"。他们的理论不仅用于语言理解之中，而且还用于语言表达。图式分为两大类，一类是形式（formal）图式，另一类是内容（content）图式。形式图式包括有关语法结构的知识或有关不同类型原文的知识，如风格的差异，描述、记叙、说明、议论、故事、科学文献、报刊文章、诗歌等不同文体组织结构的差异等。例如，一个简单故事的图式至少应包括故事本身所应具有的信息，即背景、开头、发展和结尾。这种图式也被称为故事文法（story grammar）或故事脚本（story scripts）。内容图式就是包括有关事物、事件内容的知识图式，如洗衣、庆祝圣诞、中国的历史、美国的淘金热等。写作需要形式图式和内容图式的有机结合（李明远，1998）。图式可以视为我们理解话语的过程中引导我们期待或预料事态的有组织的背景知识（Brown & Yule，1983）。

可见，图式是语义记忆中关于信息一般性或预期性安排的结构（Carroll，2000），即大脑语义记忆中关于事件一般性顺序的结构，所以有助于理解语篇的全篇性连贯（自上而下的处理方式）。如果语义记忆中没有合适的图式，或合适的图式没有被激活，我们理解篇章就会有困难（桂诗春、董燕萍，2000）。

二、图式理论与语篇教学

大量的认知理论证明：图式是认知的基础，在大脑中形成后会对以后获得的信息进行重组、理解和记忆。人们在理解、吸收、输入信息时，需要将新信息与已知信息（即背景知识）相联系。对新信息的解码、编码都依赖于大脑中已存的信息图式、框架或网络。新信息必须与这些图式相匹配，图式才能起作用，完成信息处理的系列过程，即从信息的接受、解码、重组到储存。英语学习者头脑中已储存的知识对他们吸收新知识的方式和运用效果起着关键作用。研究还表明，写作图式的建立离不开大量的、广泛的阅读和教师对语篇知识的系统传授。这样，学生在写作时容易"激活"（actuate）自己头脑中已储存的知识结构，使新信息更容易被理解和吸收并融合到已有的图式中，建立新图式，丰富头脑中的内容，从而能更好地从事写作这一输出活动。不同的文化背景在描述所目击的事件时会产生不同的图式（Brown & Yule，1983）。因此，教师要在教学中不断地帮助学生建立和完善符合英语民族思维方式的语言图式。

李志雪（1999）认为，图式分为内容图式和形式图式两种。内容图式是指读者所具备的有关语篇内容方面的背景知识。而形式图式则是储存在人的头脑中的有关不同类型语篇的形式、修辞的组织和结构方面的知识。也就是说，内容图式是指有关事物、事件内容的知识图式，如餐馆、邮局、医院和图书馆等图式。形式图式是指有关语法的知识（如语音、词汇和句型结构的知识）以及不同的文体知识（如描写、记叙、说明、议论和诗歌）等组织结构的知识图式。其实，内容图式和形式图式有密切联系，不能截然分开。前者着重命题之间的连贯，后者着重宏观结构中语篇中命题之间和段落之间的连贯，从而全面、准确、透彻地理解整个语篇。

图式理论对阅读的启示是其侧重于从内容角度促进阅读理解，换言之，主要是内容图式对于新旧知识联系的催化作用。阅读是极为复杂的信息加工过程，既是语言文字的加工，也是读者已有背景知识的运用过程。如果具备较多的背景知识，在理解加工课文时这些背景知识就可在一定程度上弥补语言水平的不足。在阅读之前，图式起到预期作用；在理解过程中，图式成为意义表征的重要组成部分；在阅读之后，图式对信息的储存提取起到组织的作用。尽管图式的内容因人而异，因社会群体而不同，因文化差异而相差很大，但图式与图式之间的关系构成语义的连贯性，即理解的线索。然而，图式理论把语言能力放在几乎不考虑的位置上，这与中国学生阅读时因词汇量不足、语言结构知识缺乏而导致的理解困难相脱节，也与中国学生通过阅读来学习语言的实际有距离（张君棠，2010）。

同样，写作需要将适当的形式与充实的内容的有机结合，即需要两种图式。为了更好地把图式理论运用到语言教学领域，应用语言学家经常把图式分为三类：语言图式、形式图式、内容图式。语言图式指的是语言、语法和词汇以及一些连接装置比如替代、省略、连词、词汇连贯等，语言图式在对文章进行编码和解码的过程中起着重要作用。形式图式指的是文章类型和题材。内容图式指的是文章内容的背景知识，与话题紧密相连。图式理论知识的多少往往与学生的写作质量高低成正比。因此，在英语写作教学中，英语写作教师要尝试不同的写作教学方法以帮助学生改变旧的写作观念，通过设计新颖的写作课来激活学生已有的写作图式并且有意识地帮助学生建构新的图式（何文芳、曾纯，2012）。

三、图式理论对英语阅读教学的启示[①]

阅读是一种解读过程，是读者在阅读中启动和运用图式知识对书面文字做出解释、对作者意图做出理解的过程。对于同一段文字，不同的图式作用就会产生不同的理解。

在阅读过程中，视觉的文字处理和非视觉的认知处理是相互作用、互为补充的。其中，依赖于头脑中的固有知识，即概念化的非视觉的认

---

① 参见崔雅丽.认知图式理论对英语阅读教学的启示[J].教育理论与实践，2012（15）.

知处理对书面文字的理解起着主动、积极、重要的推动作用。也就是说，启动图式的非视觉认知处理是阅读理解的关键，而对文字解读的具体运用过程也体现了图式映射的作用。

1. "预测—证实"过程

阅读过程不只是对书面文字逐字、逐句的处理过程，而是一种主动"预测—证实"的过程。"预测—证实"是非视觉认知处理的过程之一。例如：

John was in the bus on his way to school. He was worried about controlling the math class. The teacher should not have asked him to do it. It was not a proper part of the janitor's job.

读了第一句，我们会猜想 John 可能是个学生，乘车去学校；第二句让人改变了推测，由"controlling the math class"推测 John 是个教师；第三句表明教师不是 John；到第四句才知 John 是照管房子的工友。所以，句子文段意义是由大的语言环境和认知环境决定的，这种推理能力也来自我们对世界的经验和认识。

2. **语境化过程**

语境化解读也是非视觉认知处理的过程，比如，读到这样的句子："A man gets stuck in New York."许多学生会认为，是纽约这个大城市交通拥挤而导致人们常被阻塞，这样的理解是因为他们头脑中出现了大城市的图式。但若再仔细地看上下文就会发现对这句话的理解是错误的，因为说话人去了美国西部试运气并赚得了大笔钱财。根据上下文可以得知，美国西部当时正在发展中，有发展机会，而东部纽约是已经发展起来的大城市，发展机会较少，由此可以做出"在纽约，人们被限制住，难有发展的机会"这样的理解。这种语境化的解读就是书面文字与认知处理相结合的产物，产生了恰当的理解。

背景知识的积累和拓展是语境化解读的关键，如果读者的图式网中还缺乏相应的知识，则会使阅读无法进行，从而产生理解障碍或偏差。例如：

Yard check on "sale" of A-level papers.

如果不知 Yard 是 Scotland Yard（苏格兰警察署），这里指警察 police，也不知 A-level 是英国中学生继 GCSE 后更高一级的考试，也就是说，头脑中缺乏相应的背景知识就会造成理解困难。由此可见，阅读低效和理解偏差都是由于语言形式和认知背景不相匹配，即缺乏相应知识和背景的解释造成的。

3.信息链接过程

信息链接是指对文段中缺失的环节即信息空环进行链接和填充而达到理解的过程，是通过相关信息和图式的映射而进行推断的认知处理过程。例如：

Husband: "What have you been doing with all the grocery money I gave you?"

Wife: "Turn sideways and look in the mirror!"

丈夫说,你把我给你的钱都干了什么了？妻子答,侧过身去照照镜子。这个对话似乎令人费解，妻子好像答非所问。由此可见，理解困难是因为问答之间缺失了部分环节，而对缺失环节的搜寻需要靠头脑中图式网的链接,即从储存的经历、经验等世界知识中填补空缺,推断隐含的意义。"侧过身照照镜子——看看你那大腹便便的将军肚（to see your flabby belly hanging out.)"，因为我们头脑中将"啤酒肚"与胖链接在一起，既而得出"钱都给你买了吃的了"这样的隐含义。这种语境图式的关联和链接也就是理解的过程。再例如：

A: Can you go to Edinburgh tomorrow?

B: B. E. A. pilots are on strike.

通过语境信息的解读，我们会将 go-pilots-（plane）联系照应而得出"英国欧洲航空公司的飞行员在罢工，没有航班故明天去不了爱丁堡"这样的理解。这种问答之间的信息差（information gap）或信息空环（missing link）的填补和链接也要依赖头脑中相关的经验图式进行映射。同样，需要经验化和语境化的理解，我们也才能链接和填补下面对话的空环：

A: What are the police doing?

B: I've just arrived.

通过头脑中的同一语境图式，对话双方达到了交流的目的。字面似乎不衔接的语篇通过认知图式的作用使得语义衔接、语篇连贯，进而达到理解。因此，在教学过程中激活图式、培养心智是提高阅读理解效率重要的一步。

在英语阅读教学中注重思维能力的培养和图式知识的运用尤为重要。在课堂教学中帮助学生启动和运用图式进而培养其思维能力有多种方法，如预期技巧的训练、关键词语的提取、信息的灵活筛选、信息的衔接识别、总括与具体信息的对比、归纳概括与演绎推断、交际意识的培养等。其中，"预测—证实"是图式知识参照阅读观的核心，因此，提高学生的预测能力、增强学生的预测意识显得尤为重要（崔雅丽，2015）。

四、图式理论对英语写作教学的启示

Hayes 和 Flower（1986）把构思、转换和检查作为写作的关键过程。构思过程（planning process）意指产生观念并将其形成一个写作计划以满足作者所追求的目标；转换过程（transcribing process）是指将写作构思转换成文字写作过程；检查过程（reviewing process）涉及对所写内容的评价和修改。Hayes 和 Flower 指出，在写作过程中，作者并不是严格遵循从构思到转换，再到检查这一线性顺序，在这些过程中多数写作往往具有反复性。构思、转换和检查过程也并非截然分离，而是相互作用。图式理论在这三个过程中起着不同的作用。

1. 构思过程

Hayes 和 Flower（1986）指出构思过程又包含三个子过程，即目标设置、生成和组织。目标设置就是确立具体的写作目标,它是写作准备的一部分。这就需要作者在头脑中快速检索相关的题目图式知识。以作文题目"Private Car"为例。作者一看到这个题目,头脑中即将激活有关"私家车"的图式知识,明晰"私家车"究竟是什么,基于此确定写作目标到底是写私家车的优点,还是缺点,或者两者兼顾。

生成指作者观念产生的过程。在这阶段,有关题目的图式知识信息检索在较大范围和多层次上展开,一旦某个概念被激活,其他相关概念也被相继激活。作者可以记录下闪现在脑海中的所有概念,并根据主次做出取舍。如"私家车"这一题目,如果确定了写作目标为"私家车的好与坏"时,写作者就要在头脑中快速地检索私家车的图式知识,如私家车的好处有:方便的交通工具,享受驾驶过程,兜风,旅游等;私家车的坏处有:成本高,带来交通事故,不环保等。在对这些内容进行取舍之后确定最后的内容。

组织是指为所产生的观念创设一种合理、连贯且符合读者预期的结构。此时作者应激活有关的语段图式知识,如段落划分、段落结构、篇章结构、篇章衔接和连贯等图式知识。如"私家车"要求写成一篇议论文,此时作者就应即刻激活头脑中有关议论文的语类结构。

2. 转换过程

转换过程是将产生的观念转换成书面文本的过程。在此过程中,作者将激活的题目图式知识和语段图式知识转换成英语的表达形式,此时作者尤其需要处理由文化图式差异所体现的语言表达差异。

题目图式知识涉及对文章题目的了解程度,这就涉及对不同国家的文化图式知识。外语写作的目的是外语写作者与外语本族语者进行有效地沟通。如果写作者或者外语本族语者缺乏相应的文化图式时,写出来的文章就会出现理解障碍(章晓霞,2006)。

英、汉两种民族在认知方式上存在差异,前者习惯演绎或推理,后者惯于归纳或总结。这样,拥有段落主题句便成为英文语篇的一个重要特征。与此相反,汉民族归纳式的认知方式往往导致汉语篇主题句的缺失。例如,在语文(汉语)课上,教师经常让学生概括段落大意;而在英语课上,教师则让学生找出表示段落大意的主题句。

另外,由于文化的差异性,作为认知方式的隐喻在英、汉两种语言的使用中存在差异性。如汉语"狗"对应英语"dog",但它们作为喻体差异很大。"狗"作喻体形成的隐喻往往具有贬义,如"走狗""癞皮狗";而"dog"作喻体形成的隐喻则具有褒义,如"I work like a dog all day."(我终日辛勤劳作)。又如,汉语"龙"的隐喻则是褒义,而英语"dragon"则是贬义。

3. 检查过程

Hayes 和 Flower(1986)认为检查包括两个过程:评价和修改。评价是重读所写的文本,对其质量做出价值判断,发现其不妥之处。修改是指改写和重新组织文本,使文本更臻完善的过程。它不仅依赖写作者的一般性的内容图式知识,而且还依赖写作者对特定形式写作的熟练程度。在此过程中,作者要重新激活头脑中的题目图式知识,对目标的确定、观念的生成和段落组织重新进行审视,并做出相应的评价,最后做出修改。

通常,作者应对初稿进行评价和修改。在此过程中,首先作者应对初稿进行重读,并在重读的过程中调动头脑中与主题相关的图式知识,基于此,对自己所写的文章做一个宏观的评价,检查文章与主题的适切性。然后,作者应对语篇类型、段落展开、衔接连贯进行宏观评价,对语言知识进行微观评价,并以此对文章进行修改。

可见,图式知识对英语写作能够发挥积极作用。因此,在教学中教师应采取有效措施,不断丰富学生的图式知识,使学生的习作与英语民族的写作图式相一致,以便顺利达成交际目的。

第六节　体裁分析

近40年来,体裁分析已从早期的文学、篇章语言学和话语分析转向对语篇的宏观结构和交际功能的深层解释,并试图从语篇的体裁视角解析特定语篇所具有的特定认知结构。近年来,人们逐渐认识到体裁分析对于英语教学,尤其对英语阅读和写作教学的重要性,并不断加以实践,且取得明显成绩。

一、体裁

研究汉语的学者通常把"体裁"的范畴局限在传统意义上的书面语之内,张会恩等(1995)给它定义为"文章的样式和种类",如,记叙文、说明文、议论文、抒情文、事务文,而外国学者则赋予"体裁"更广泛的意义,它不仅包括书面语,还扩大到口语的范围,甚至包含了语体的层面。美国学者Swales(1990)将体裁归纳为如下五个方面:

(1)"体裁"是交际事件(communicative events)的一部分,即按照特定目的和特定程式运用语言在社会生活中办事的实例。

(2)交际事件分类的主要标准是一整套公认和共同遵守的交际目的,而不仅仅是语篇在语言形式上的近似性或相同点。一般说来,"体裁"是实现交际目的的一种工具或媒介。

(3)语言体裁的范例可随其原型(prototype)发生变化。换言之,属于同一体裁的实例可以在某些方面存在差异。由于它们具有相同的交际目的,故仍可看作是具有相同体裁的语篇。

(4)体裁的理据对语篇的内容和形式起着制约性。

(5)人们对交际行为的组织是否得体和成功,在一定程度上取决于对体裁掌握和运用的纯熟程度。

新加坡学者Bhatia(1997)在Swales研究的基础上拓展了体裁的内涵,

并将其概括为以下四点。

（1）体裁是一种可辨认的交际事件，这种交际事件出现在特定的职业或学术团体范围内，其显著特点是具有能被该社团确认和理解的一套交际目的。显然，区别语篇体裁的最重要的标准是交际目的。

（2）体裁不是一般的交际事件，而是一种内部结构特征鲜明、高度约定俗成的交际事件。有关专业和社团的专门人员均对特定的语篇体裁和内在结构了如指掌。

（3）在建构语篇时，我们必须遵循某种特定体裁所要求的惯例。换言之，体裁对语篇的建构具有约定俗成的制约力。报纸上的社论和新闻报道之所以有别，我们之所以一眼辨别出私人信件和事务函件的差异，其原因即在于此。

（4）尽管体裁有其惯例和制约性，内行人仍可在体裁规定的框架内传递个人的意图和交际目的。有经验的新闻记者常常能巧妙地在貌似客观的报道中传递某种个人意图；法庭上的律师和证人之间的对质虽受法庭审判程序惯例的制约，高明的律师往往仍能将询问引向有利于被告人的一方。故体裁分析与专业知识有密切的关系（秦秀白，1997）。

就体裁而言，Ventola（1995）将其概括为：体裁是生成特定语篇结构的符号系统；体裁能体现社会交往过程。人们的社会交往过程往往具有重复性、习惯性，像履行常规一样（routinelike）。这种使用语言进行社会交往的过程往往可分为若干个步骤。社会交往过程所包含的步骤并不完全一样，但相似之处颇多，因此可归入相同的社会交往类型，这便构成了言语交际的体裁，在同一种文化背景下，购物、看病和问路的步骤大体一致。这种具有可辨认的有步骤的交往过程，便构成了语篇的体裁。

Matin（1984）将体裁定义为"一种阶段性的、有既定目标的、有目的的行为"。Swales（1990）认为体裁是在特定社会文化背景下对人类交际事件进行分类的结果。

近 30 年来，人们借助于生物学的杂交概念来解释体裁的分类和进化，即两个无血缘关系的个体交配的子代较其父辈更具有优势。农学上利用这一点培育高产和抗病毒能力更强的改良新品种。在体裁研究中，学者们发现存在类似的现象，他们称之为"体裁杂交"（genre hybridization），其中包括体裁混合（genre mixing）和体裁嵌入（genre embedding）（丁建新，2007）。也就是说，一种语篇包含着另一种语篇的某些结构，如今，这种现象已成为语篇分析的前沿，并称为语篇的互文性。关于语篇的互文性国内学者辛斌（2002）早有论述，这里不再赘述。

由此可见，体裁对语篇模式的存在起决定作用，它是语篇特征的重要组成部分。对语篇进行解析时，如果我们仅仅重视语篇的衔接手段或句际关系，而忽视语篇的体裁结构，那么我们很难做到有效而得体地运用英语进行交际（秦秀白，2000）。

二、体裁分析

体裁分析是语篇分析的一个重要分支，是多学科交叉活动的产物，这一学科研究者的共同兴趣是研究语言的差异、交际目的和语言的使用策略。体裁分析具有四个互为前提、互为基础的层面分析，即有关语法特征的分析、有关语篇格式语篇化特征的分析、对语篇体裁结构进行释义、语用层面的分析。体裁分析不仅考虑社会文化因素，而且考虑心理语言因素。这样的分析不仅能分析出语篇的交际目的，而且能分析出作者在达到目的时所使用的策略技巧（李宣松，1997）。

体裁分析超越了对语篇语言特征的简单描述，力求解释语篇的理据，探讨语篇结构背后的社会文化因素和心理认知因素，揭示实现交际背景特殊方式和语篇结构的规范性。体裁分析将语言学分析方法与社会学和心理学分析方法紧密结合起来，并根据需要对语篇进行不同侧重的体裁分析，如交际目的、策略技巧等。

运用体裁分析的方法可以帮助学生掌握属于不同体裁的语篇所具有的不同交际目的和篇章结构。可以让学生认识到，语篇不仅是一种语言结构，而且是一种社会的意义结构。可以引导学生既掌握语篇的图式结构，又了解语篇的建构过程，从而帮助学生理解和撰写属于某一体裁的语篇。

三、体裁分析对英语写作教学的启示

Bhatia（1997）从以下四个阶段详述了体裁教学对写作者发展具有促进作用。

（1）了解编码：了解该体裁在词汇-语法、语义和语篇方面的用法；

（2）习得体裁知识：强调该体裁交际目的的知识；

（3）认知结构的敏感性：具有在特定语境中分析具体体裁特征的意识；

（4）体裁知识的使用：具备语用操作规则能力。

运用体裁分析的方法进行英语写作教学，能使学生认识到写作是一种有规律可循的社会交往活动，是理解客观世界并参与社会活动的一种手段。然而，单独采用体裁分析的方法进行写作教学往往容易产生形式单调、方法固化、缺乏互动的弊端。所以，将体裁分析融入过程写作之中，形成过程-体裁写作教学法，被认为是一种有效的英语写作教学途径。

该方法构建重视语篇语义结构、交际目的、读者意识、写作过程、学生参与、网络环境、多维评价的大学英语写作模式，注重对不同体裁的语义结构理解，培养学生的体裁意识和体裁能力（generic competence），促进写作交际目的的达成。写作过程中学生既要学习语言知识，又要学习写作技巧，还要熟悉各种体裁的语义结构。通过必要的知识或技能输入，扩大学生的参与度，激发他们学习的主动性，使他们的英语写作能力得以更好、更快的发展。

体裁分析不仅能够分析交际目的，而且能够分析出作者在达到目的时使用的策略技巧。如果我们使用体裁分析的方法对英语推荐信进行分

析，以审视事务信函的目的因素和语言内容结构之间的制约关系。

例1：

Zhejiang Ocean University
1 South Haida Road
Dinghai, Zhoushan
Zhejiang 316022
October 15, 2018

Professor Li Yaping

Dean of English Deparment

Zhejiang University of Science and Technology

74 Wenyi Road

Hangzhou

Zhejiang 310000

Dear Professor Li:

    I am writing to bring to your attention a most extraordinary young lady. Emma Wu was employed as an English teacher by Zhejiang Ocean University for last two years – 2015/06 to 2017/07. During her employment here, she got well along with all the teachers, and we found her to be an enthusiastic and responsible teacher, a hard worker, and a talented speaker. Emma worked closely with me for the English Writing topic for second-year university students. She possessed excellent organizational skills.

    She was always welcomed in many students' activities and some social activities in her extracurricular time.

I am pleased to recommend Emma Wu as an English teacher.

                                        Yours sincerely,

                                        Zhou Huiping

首先让我们按照体裁分析的方法对该信件的写作目的进行分析。推荐信是事务函的一种，其目的是让用人单位录用被推荐人。针对这一目的，在内容上该推荐信首先让收信人关注一位优秀女士，接着展现被推荐人与聘用职位直接相关的才能；其次，凸显其优点，淡化其缺点。当然，在具体写作时，要突出某一方面的内容，如与英语写作教学有关的教学经历，这样可以增加内容的可信度。在语言使用方面，推荐信属于事务公函之类，所以语言正式，结构多变，多为陈述语气，这样给人一种客观的印象，有利于实现交际目的。

例2：

                                        Foreign Language Faculty

                                        Zhejiang Ocean University

                                        1 South Haida Road

                                        Dinghai，Zhoushan

                                        Zhejiang 316022

                                        February 11th，2019

Mr. Chen Jie

Manager of Lianhua Supermarket

12 Wenhua Road

Dinghai，Zhoushan

Zhejiang 316000

Dear Mr. Chen:

I am writing to express my interest in the Sales Manager position advertised on your website. I have enclosed a copy of my resume for your review.

I have graduated from Zhejiang Ocean University as an English major and I have got double Bachelor's Degrees of English and Management. During the four years in my university, I worked very hard at all the courses concerned with my major and acquired some practical skills. I made efforts to study and became one of the top students in our class. English is my obvious advantage. Not only have I passed CET-6 and TEM-8, what's more, I can communicate with native speakers in English fluently. My ability in writing and speaking English is out of question. Therefore, you needn't be worried about the sales with foreign customers. In addition, by means of self-study, I got the Bachelor's degree in Management. Most importantly, my practical experience has made me an ideal candidate for this position. During the four-year college life, I spent my spare time working in different kinds of companies, supermarkets and clothing markets and learned a lot of specific knowledge about sales and got rich experience. Consequently, I strongly believe I have possessed the right combination of skills and experience you are looking for.

Attached are my four-year school records and a recommendation letter from my professor and the evidences of my practice. I am looking forward to the opportunity to be interviewed to further discuss my qualifications and your needs. Thank you for your time and consideration.

Yours sincerely,

Guo Jing

这是一封求职信,其目的是推销自己。因此,该求职信一开始就将这一目的呈现给收信人。在内容方面,该信件围绕求职这一目的详细介绍了作者的学习情况和与该职业有关的资质,包括社会兼职实践,而后者往往是用人单位所看重的。在语言使用技巧上,该求职信语言正式、语言结构多变、用词礼貌、有说服力、语篇连贯性强。与上面的推荐信一样,这封求职信格式规范,符合事务信函的语义结构,有利于写作目的的达成。

第七节　语篇理论

一、语篇

语篇这个词,不同地区的学者对其有不同的称谓。如美国学者称其为"话语"(discourse),欧洲学者称其为"篇章"(text)。胡壮麟引用Crystal的话,"话语则强调其大于句子意义连贯的语言片段这一面"。Halliday和Hasan首先给语篇定义为语篇指任何长度的,在语义上完整的口语和书面语的段落(胡壮麟,1994)。语篇的意义在于语篇具有特定的社会功能性,从这个意义上讲,只要能够表达某种社会功能的话语都可以称之为语篇。这样,语篇就可长可短,即语篇可以是一个词、一个句子、一个语段、一篇短文,也可以是一节、一章、一部书,甚至是一套系列书。然而,在中学英语教学中我们所指的语篇一般为语段或短文。

如今,语篇已成为现代英语教学中学者们关注的一个重要术语。在英语教学领域,学者们已从传统的关注句法层次分析转向关注语篇层次分析,因此增强学生的语篇知识,提高学生的语篇能力已成为培养英语学科核心素养的重要内容。

那么何为语篇能力?有学者将国外对语篇能力(discourse competence)的研究归为以下三个方面。(1)语篇衔接和连贯的能力(Canale & Swain,

1980),如衔接手段的使用、文化背景知识的了解等。(2)语言融合能力,"即将意义与不同类型的既连贯又可接受的口语和书面内容融合在一起的能力"(Maley,1988)。其中不仅包括保持语篇连贯的能力,而且包括运用和借助语言形式表达和理解意义的能力。(3)建构语篇风格的能力(McCrirnman,1984;Bachman,1992),一方面包括把语言置于上下文或语境中运用的能力,如语言规则的知识、语篇衔接策略等,另一方面还包括语篇中所反映的修辞方法的选择和叙述方式的使用等语篇风格建构能力(高彦梅,2003)。

我国学者文秋芳(1999)认为"语篇能力则是,将话语组成互相衔接、连贯的完整语篇的知识和运用这些知识的能力"。张希永、李志为(2007)认为,语篇能力可以理解为连句成篇和将一连串的话语组成有意义整体的能力,具体为在听说中,它是指理解对方的意图和含义,并能说出连贯话语的能力,以形成流畅的交际。在阅读理解中,它指将语篇视为整体,并在理解作者目的以及词、句和整个语篇的语用意义中形成图式意识的能力。在写作中,语篇被认为是在组织文章时使用得体的语篇模式,利用语法和修辞手段连接句群,并使文章成为连贯语篇的能力。

所以,语篇意义强调的不是词汇和语法,而是"语篇性",即文章结构的完整性与语义的连贯性。所以,衔接与连贯在英语写作教学中不仅必须考虑而且必须重视,否则,学生的写作能力难以提高。

二、语篇衔接与连贯

衔接和连贯是语篇理论的两个基本概念,对语篇的性质起着决定性的作用,因此,国内外语言学家对其论述颇丰,极大地丰富了语篇理论,并对语言研究和语篇教学,尤其对阅读和写作教学起到了积极的促进作用。

关于衔接的定义有多种解释,Halliday 于 1962 年首次提出"衔接"的概念,他和 Hasan 认为衔接就是"一个成分的解释取决于另一个成分的解释",所谓衔接,就是语篇内部两个不受句法结构制约的成分在意义上相互关联(朱永生等,2001)。Nunan(1993)认为衔接是篇章内标记不同句际关系的形式连接,是使作者或说话者建立跨越句子边界的关系,并使篇章内的句子扭结在一起的篇章构造手段。Berry(1993)认为衔接是形式关系,是命题关系,衔接加语域构成篇章。Hoey(1991)认为衔接是篇章内句子里的某些词或语法特征,是能使该句与它前后的句子连接起来的手段和方式,一个篇章就是靠各句中这些成分的出现组织或创造出来的,读者对这些成分的理解需要借助于周围的句子(刘辰诞,1999)。

关于连贯,许多语言学家做过描述,Nunan(1993)认为连贯是篇章被感到是一个整体而不是一串不相关语句的程度。Cook(1989)认为连贯是篇章中感觉到的意义、整体性和目的的质量。McCarthy(1993)认为连贯是对于篇章为一个有意义的整体,而非无意义堆砌的一种感觉。Hasan(1984)认为衔接是对一种"网"的细节所进行的词汇-语法描述,而连贯是这个网强加给感觉规则的结果。Virtanen 说,衔接以显性的语言成分形式出现于篇章表层,而连贯不是篇章固有的性质,而是对篇章解释的结果,是读者围绕篇章创造建立一个篇章世界的能力所致,因而一个读者对一个篇章的推断以及对连贯的语义关系的创造,与另一个读者不一定相同。连贯就是篇章世界的组成部分(支撑篇章表层的概念与关系结构)互相影响互相关联的方式。国内学者一般认为衔接是词汇和语法的手段,连贯是采取这些手段所得到的结果(刘辰诞,1999)。

连贯方式(或称衔接手段),不同的语言学家对其有不同的分类。Halliday 采取了四分法,即指称关系、省略与替代、连接、词汇衔接(刘辰诞,1999)。胡壮麟提出了语篇衔接与连贯的多层次分类,扩大了衔接的范围。他把及物性结构关系作为一种衔接手段,并提出了音系层的衔接手段,还把语篇结构作为一种衔接手段。我们参照胡壮麟的多层次分类模式,即社会符号层、语义层、词汇层、句法层和音系层(胡壮麟,1994),对英语写作教学中的连贯方式进行介绍,限于篇幅,这里不考虑音系层的内容,对其他层次中的部分内容也做了相应的处理。

1. 语义层

(1)逻辑连接。

关于连接,胡壮麟指出,语篇中的连接概念专指相邻句子(群)之间的连接关系。通过连接性词语的运用,人们可以了解句子之间的语义关系,甚至可经前句从逻辑上预见后续句的语义(胡壮麟,1994)。就逻辑连接的范畴而言,胡壮麟首先介绍了 Halliday 的先后两次分类法,即第一次的四分法(添加、转折、因果、时空)和第二次的三分法(详述、延伸、增强),继而又从连接关系的显明性和隐含性以及外在性和内在性进行了阐述。其实,胡壮麟的逻辑连接与朱永生的连接是同一含义,只不过后者在阐述连接时是仅以 Halliday 的三分法为基点展开讨论的(朱永生等,2001),而前者的范畴要宽广得多。本分节试从详述、延伸、增强的有关内容为切入点对逻辑连贯进行探讨。

详述是对前句或基本小句中的某一成分给以进一步的说明、评论或举例(胡壮麟,1994)。用 Halliday 的话说,详述包括同位和阐明两个范畴。同位关系又包含换言和举例两个小类。所谓换言,是指语篇中某一成分被用含义相同但措辞不同的另一说法重新表述;而举例,顾名思义,是指采用具体的例子形象地说明问题(朱永生等,2001)。

表示同位关系所包含的两类常见的连接成分列举如下。

换言:in other words, that is(to say), I mean, to put it another way

举例:for example, for instance, thus, to illustrate

表示阐明连接关系的常见成分列举如下。

矫正:or rather, be more precise

题外:by the way, incidentally

无论:in any case, anyway

列举：in particular, more especially

继续：as I was saying, to resume, to go back to the point

总结：in short, to sum up, in conclusion, briefly

确认：actually, in fact, as a matter of fact

延伸是表达在前句或基本小句的语义之外，从正面或反面增加新的陈述，或交代例外情况（胡壮麟，1994）。现将延伸关系所包含的常见的连接成分列举如下。

增补（肯定）：and, also, moreover, in addition

增补（否定）：nor, neither... nor

转折：but, yet, however, on the other hand

变换的对立：on the contrary, instead

变换的除外：apart from that, except for that

变换的选择：alternatively

增强是语篇中的一个成分为另一个成分补充必要的信息，从而达到增强语义，使其更加完整的效果（朱永生等，2001）。现将增强关系的常用连接成分列举如下。

时空：then, next, first... then, first... secondly... at last, in the end, finally, lastly, just then, at the same time, meanwhile, two hours later

因果：so, therefore, consequently, for, as a result, in that case, though, nevertheless, otherwise, if not

方式：similarly, in a different way, thereby, thus

（2）语篇结构。

各种语体的语篇都有其基本模式，即语篇结构，而语篇结构本身具有语篇的衔接力，因此，了解语篇结构对连贯构建具有重要意义。现介绍几种常见的语体结构。

叙述语体结构：叙述结构是其他语篇种类的基础，是社会交往的重要手段。美国语言学家 Labov（1972）认为，叙述结构一般有以下 5 种。① 开始叙述故事前有一个梗概。② 走向（orientation），确定时间、地点、人物和情景等。③ 叙述过程，一般用过去时，按时间顺序介绍。④ 结尾，正式示意叙述终了。⑤ 各种形式的评估，指出叙述的角度和对它的理解。在这个框架内允许增删或调整（胡壮麟，1994）。

辩论语体结构：Van Eemeren and Grootendorst（1984）对此素有研究。他们把辩论过程分为四个阶段，每个阶段以若干言语行为表示。其框架如下（括号内是任意的）。

第一阶段：面对面。

A 提出正面或反面观点。

B 提出质疑。

第二阶段：决定进行辩论。

  2.1 B 就某个方面要 A 回答。

  2.2 A 接受挑战。

  2.3 A 和 B 准备通过讨论解决争端。

  2.4 A 和 B 决定正方与反方的角色。

  （2.5）（A 和 B 同意讨论的规则）。

  （2.6）（A 和 B 同意讨论结束的时机）。

第三阶段：提出论点。

  3.1 正方提出维护自己的观点。

  3.2 反方提出质疑和反对，或接受 A 的观点。

  （3.3）（正方提出新的论点）。

  （3.4）反方提出新的质疑和反对，或接受 A 的观点。

第四阶段：决定讨论如何结束。

  （a）争论有利于正方。

  （b）争论有利于反方。

(c）争论未解决，讨论暂告结束。

议论文可归属辩论语体。议论文的内容主要是阐明事理，其结构就是论点与论点，论点与论据的关系和中心论点论证过程的体现。杨振道、韩玉奎（1984）总结了五种结构类型：①三段结构——开头，正文，结尾；②总提分述的横式结构；③逐层深入的纵式结构；④并列结构；⑤正反对比结构（胡壮麟，1994）。

科技语体结构：与辩论语体结构一样，Myers（1992）也是把有关科技语体的言语行为排出序列来描写其结构的。其顺序如下：

We	REPORT	here	the finding
this paper	SUGGEST	now	the cloning
	PRESENT	in this paper	the sequence
	DESCRIBE		the result
	DEMONSTRATE		the map
	SHOW		

这就是说科技论文的结构为报告的目的、对研究提出建议、介绍研究步骤、叙述结果、显示图表、说明意义。

杨振道、韩玉奎（1984）认为科技语体含有四种成分，即总说、分说、总结和适当的小结。这些成分组合的程序不外乎是时间程序、空间程序和逻辑程序（胡壮麟，1994）。

2. 词汇层

词汇层包括词汇搭配和指称性。本节讨论的范围仅限定于指称性中的照应。

照应（Reference），Halliday 和 Hasan 认为，在语篇中，如果对于一个词语的解释不能从词语本身获得，而必须从该词所指的对象中寻求答案，这就产生了照应关系。因此，照应指的是语篇中的一个成分做另一个成分的参照点，也就是说，语篇中一个语言成分与另一个可以与之相互解释的成分之间的关系（朱永生等，2001）。而 Crystal 则认为，照应是一个回指某个以前说到过的单位或意义的语言学单位（胡壮麟，1994）。在下面的分类中，胡壮麟（1994）称其为指称，朱永生等（2001）称其为照应。指称/照应又包括人称指称/照应、指示指称/照应、比较指称/照应，以下统称照应。

人称照应：用人称代词（包括主格、宾格和所有格）替代所指的人、物、概念等词语。如：

1a. Mr Black is in London. He is a lawyer.

1b. Mr Black is in London. His wife is with him.

指示照应：用指示代词或相应的限定词以及冠词等所表示的照应关系。即用 this，these，now 和 here 指近，用 that，those，then 和 there 指远，而 the 则为中性；这种远近是以发话者所在的时间和位置作为参照点的，并且 this 和 that 为单数，these 和 those 为复数。当用作中心词（head）时，this 和 that 经常用来回指上文所说的话。当回指自己所说的话时一般用 this，而回指对方所说的话时一般用 that，如例 2a 和 2b。当 this 和 that 用来指称时间时，that 经常指称过去时间，而 this 则常指现在或将来时间，如例 2c 和 2d。在指示照应中，that 和 those 只用于回指照应，this 和 these 既可用于回指也可用于下指，如例 2e 和 2f。

2a. There are so many spelling mistakes. This is what I haven't seen.

2b. There are so many spelling mistakes. That is what I have not seen.

2c. We went to the film last night. That was our first outing for years.

2d. We will go to the film tonight. This will be our first outing for years.

2e. You ran too slowly. That was not the way of flying a kite.

2f. Flying a kite is like this: you must run as fast as you can.

比较照应：用比较事物异同的形容词或副词（如 same，other，different 等），及比较级所表示的照应关系。如：

3a. Tom studied at the technical school. His sister studied at the same school.

3b. I have two radios. One is cheap, the other is expensive.

3c. You are my friend. He is different.

3. 句法层

（1）结构衔接。

结构衔接是对语篇中某一词语、词组或小句，通过同篇中的另一个预设结构的比较，回找本结构中某些未明确出现的词语、词组或小句（胡壮麟，1994）。结构衔接可分为替代、省略、同构关系三大类，本分节只讨论替代和省略两类。

①替代。

替代（substitution）指的是用替代形式（substitute）来取代上文中的某一成分。在语法和修辞上，替代被认为是为了避免重复而采用的一种重要的语言手段。而Halliday和Hasan（1976）认为替代可以分为名词性替代、动词性替代和小/分句性替代（朱永生等，2001）。

A. 名词性替代。

所谓名词性替代就是用one，ones和the same来替代一个名词词组，其中one是最常用的，用于替代上文已经出现过的可数的名词词组。One表达单数意义，ones表达复数意义，如4a和4b。

4a. The apples on the ground were ripe. The ones on the tree were green.

4b. A：I'd like two eggs. B：Give me the same.

B. 动词性替代。

所谓动词性替代就是用do替代动词词组，如4c。

4c. A：Who cleaned the blackboard?   B：The monitor did.

C. 小句性替代。

小句性替代就是用 so 和 not 来取代小句（直接引语或由直接引语变来的间接引语），so 表达肯定意义，not 表达否定意义，如 4d 和 4e。

4d. A：Jack says he can pass the exam.　B：I think so.

4e. A：Jack says he can pass the exam.　B：But I think not.

②省略。

省略（ellipsis）指的是把语言结构中的某个成分省去不提。它是为了避免重复，使表达简练、紧凑、清晰的一种修辞方式。与替代一样，Halliday 和 Hasan（1976）也把省略分为名词性省略、动词性省略和小句性省略（朱永生等，2001）。

A. 名词性省略。

名词性省略指的是名词词组内的中心词、中心词与部分修饰成分或整个名词词组的省略，如 5a。

5a. He has been to seven big cities. I have been to five.

B. 动词性省略。

动词性省略指的是发生在动词词组内的动词的省略或整个动词词组的省略，如 5b。

5b. A：Do you know him?　B：Do you?

C. 小句性省略。

小句性省略指的是整个小句或小句的一部分的省略，如 5c。

5c. A：How long did it take you to finish you work?　B：Half an hour.

总之，省略现象合乎语言使用的一般规律，它不仅使语言表达更为简洁，而且使新信息更加突出，从而使语言交际者将更多的精力放在新信息上，以产生更好的交际效果。同时，由于省略的成分必须从上下文中去寻找，因此省略具有语篇衔接的功能（朱永生等，2001）。

4. 主位-述位衔接模式

主位-述位衔接模式就是将连贯语篇中的主位和述位进行分割后,前后句子的主位和述位存在着某些对应衔接,这些对应衔接构成了语篇的宏观(微观)结构,或称语篇基本模式(唐青叶,2002)。主位和述位是功能语法中的两个重要概念。它们与传统语法中的主语和谓语不是同一概念。主语和谓语属于句内成分的范畴,局限在句法层次上;而主位和述位虽然存在于各种类型的句子之中,但它们却是语篇层次上的,并体现信息功能。因此,主位-述位的反复衔接是实现语篇衔接和连贯的重要手段之一(胡壮麟,1994)。语篇是由句子组成,而句子总有开头。开头的成分就是主位,主位之后便是述位。主位是信息的出发点(point of departure),述位则是信息的继续,是对主位的陈述和附加说明。主位分无标记(unmarked)和有标记(marked)两种。所谓无标记就是指陈述句的主位是名词(词组),是语法上的主语,且为主动式;疑问句的主位是疑问词;祈使句的主位是动词的祈使形式,you 没有省略时则 you 成为主位。以下例子中的 T 表示主位。R 表示述位。例如:

(1)The ship(T)hit the bridge(R).

(2)Where(T)have you been(R)?

(3)Pass(T)me the salt,please(R).

下列主位不符合上述条件,因此是有标记的。例如:

(4)The wall(T)was hit by a car(R).

(5)It was a car(T)that hit the wall(R).

Davidson(1980)曾说:结构越有标记,语段就越有可能传达一种隐含意(刘辰诞,1999)。然而,主位和述位之间的关系并不是简单的先后顺序的关系。主位和述位常常与信息系统中的已知信息和新信息重叠,即在非标记情况下,主位表达已知信息,述位表达新信息。而有标记的情况下,主位则表达新信息,述位则表达已知信息。如:It is the BOY who is petting the cat（Brown& Yule，2000）。从语篇组织结构的角度来看，主位的作用更为重要，因为语言结构的安排应遵守的原则之一是从已知的内容到未知。也就是说，人们一般从已知的内容开始安排话语结构，所以主位的语篇价值要高于述位。

主位有不同的种类。从结构上讲，主位可以分为简式主位（Simple Theme）、多重主位（Multiple Theme）和句式主位（Clausal Theme）三种（胡壮麟，1994）。就功能而言，主位又可分为主题主位（Topical Theme）、人际主位（Interpersonal Theme）和篇章主位（Textual Theme）三种（刘辰诞，1999）。

简式主位是指句子中的主位成分是由一个词（组）构成，包括并列词（组），且只表达一种元功能（metafunction），即概念功能、人际功能、语篇功能的一种。如：

（6）The tall girl（T）stood for a long time（R）.

（7）Beautifully（T）Mary danced under the tree（R）.

（8）In front of the car（T）was the head of the department（R）.

（9）Father and mother（T）were out of work（R）.

多重主位是由两个或两个以上的词组构成，但它们体现主位的不同语义功能，即至少两个元功能。既然不止一个元功能，那么就有个先后顺序排列问题。Halliday 对英语的主位结构提出语篇主位^人际主位^概念主位的序列（符号^表示先后顺序）（胡壮麟，1994）。这里 Halliday 的语篇主位和概念主位与刘辰诞所说的篇章主位和主题主位是同一概念。下例以刘辰诞的说法通称：

（10）However（篇章主位），too slowly（人际主位），you（主题主位）started to run.

由此可见，主题主位与篇章传达的信息有关；人际主位是指作者或读者的某种态度、看法或评价；而篇章主位则是指一个小句或句子与篇章的其他部分连接在一起（刘辰诞，1999）。

句式主位是指在并列句或复合句中，排在前面的整个小句。例如：

（11）The lake is large（T），and the hill is small.

（12）As soon as he comes back（T），I will ring you.

（13）The old man was reading a newspaper（T）when his son left.

在语篇中，句子与句子之间的主位和述位的结构关系又是怎样的呢？为此，国内外不少学者对语篇的各种衔接模式进行了探索，有的总结了七种之多。胡壮麟认为语篇的最基本的衔接模式有三种（胡壮麟，1994）：

①前句的主位继续成为后句的主位，可表示为 T1 → T2。

②前句述位中的某个内容成为后句的主位，可表示为 R1 → T2。

③前句中主位和述位的内容一起成为后句的主位，可表示为 T1+R1 → T2。

以下三例对应地反映了主位和述位结构衔接的三种基本模式：

（14）Mr. Smith sent for the doctor. He listened anxiously for his arrival.

（15）Mr. Smith sent for the doctor. He diagnosed his complaint.

（16）Mr. Smith sent for the doctor. This is a unanimous family decision.

例（14）重复前句的主位，即 T1 → T2；例（15）前句述位内容成为后句主位，即 R1 → T2；例（16）前句内容的整体成为后句新的主位，即 T1+ R1 → T2。

四、语篇理论对英语教学的启示

语篇理论在语言研究中占有重要的地位，对英语教学具有极其重要的启示作用。

1. 更新英语教学观念

语篇理论强调语言的语篇类型或结构以及该结构所承载的功能。因此，语篇理论倡导英语教学应该突破句子层次，要实施基于语篇的教学途径。在领会性语言技能教学中要研究、分析语篇的类型和语义结构，在表达性语言技能教学中要根据交际目的选择和设计恰当的语篇结构，提高语言运用的效果。

2. 丰富基于语篇教学的内涵

语篇理论丰富了基于语篇教学的内涵，为实施基于语篇的教学提供了可选择的内容。语篇结构、语篇的衔接与连贯、主位和述位结构成为语篇教学所关注的重要内容，为解读和建构语篇提供了理论依据。语篇教学应关注的内容非常丰富，但由于教学内容、教学目的、教学时间的不同，对语篇教学所侧重的内容也有所不同。如商务信函写作教学，关注其语义结构是必不可少的；说明文写作教学，主旨句、主题句和支撑句的内在关系以及段落的发展模式是必须考虑的；阅读教学中，分析文本的主旨、内容、文体结构、作者态度和观点以及连贯手段是必要的，有时还应该结合语篇类型对语音、词汇、语法和修辞等语言特点进行分析，明晰它们适用的语篇类型。

五、中学英语语篇教学的理据与内涵

语篇教学已成为当今中学英语教学改革中的前沿课题，不少教师正在探索和尝试如何开展语篇教学，这些教学改革对中学英语教学理念的更新和实践教学的改进起到了积极的促进作用。然而，目前我国中学英语所实施的语篇教学，尚处于初级阶段，还不能称之为真正意义上的基于语篇的语言教学途径，只在传统教学模式的基础上进行改良，而不是改革（程晓堂，2005）。其研究范围也主要集中在语篇教学的方法改革上，缺乏对语篇教学理据和内涵的深入、系统研究，从而导致对有效开展英语语篇教学的理据认识不足，内涵把握不准。鉴于此，本文试图提出英语语篇教学的理据，并对其内涵进行阐释，以便深刻认识开展中学英语语篇教学的必要性，促进语篇教学的内涵理解，最终提高英语语篇教学的有效性。

1. 语篇教学的理据

语篇是表达意义的语言单位，包括口头语篇和书面语篇，是人们运用语言的常见形式。语篇知识就是关于语篇是如何构成、语篇是如何表达意义以及人们交流过程中如何使用语篇的知识。学习语篇知识是发展语言运用能力的基础（教育部，2018），是形成语篇意识，把握语篇结构，提高语篇解读和建构能力，即语篇能力的基础。当下，英语语篇教学已成为学界极力倡导和推行的教学途径，这绝不是一时地追随"弃旧求新"，而是英语教学向科学性、包容性回归的具体体现。实施语篇教学有其充分的理论依据，包括语篇理论理据、系统功能语言学理据、"语言即语篇"语言观理据、语言能力框架理据和课程标准理据。

（1）语篇理论理据。

这里的语篇理论是一个涵盖性术语（umbrella term），既包括传统意义的语篇分析（discourse analysis），也包括后来发展的语篇语言学或篇章语言学（text linguistics）的内容。语篇理论研究的是交际中的语言，它涉及的是语言与它的使用情景（即语境）之间的关系（黄国文，2001），既包括篇章的形式和功能，也包括篇章的产生和解读过程（刘辰诞，1999）。其实，从一开始，语篇理论就与应用语言学有着密不可分的联系，而应用语言学研究的一个重要领域就是语言教学。20世纪八九十年代，已有很多著作讨论如何将语篇分析的研究成果应用到语言教学之中。这些著作试图向语言教师说明以下几点：①语言的基本单位不是句子，更不是词汇，而应该是语篇；②语言教学应该帮助学生从语篇的角度来理解语言、学习语言和使用语言；③口语和书面语既有共性，又有差异。语言教学要对口语和书面语给予同等的重视。同时，语言教育研究者（如Hatch，1992）已经意识到，语言教学不应该停留在语音、词汇和句子等层次上，而应该上升到语篇的层次（McCarthy & Carter，2004）。刘辰诞（1999）提出基于"预测、完形填空、概括内容、讨论和指导改写"凸显语篇的语言教学策略。可见，语篇理论突破句子局限，从语篇分角度研究实际使用中的语言，为实施语篇层次教学提供了理论支持。

（2）系统功能语言学理据。

系统功能语言学创始人 Halliday 在分析语境因素是如何影响语言系统的选择的基础上，发现了三个语境变量（语场、语旨、语式）和三个纯理功能（人际功能、经验功能、语篇功能）之间的关系。他从语言运用角度提出，语言有三种功能：认知功能，建立和维持人的关系功能，联贯脉络功能。他认为，语言是表达意义的体系，不是产生结构的体系。他提出语言学可分析句子以上的语言单位——话语（discourse）。Halliday 把语言看作社会符号，是人们有目的地用来在语境中表达意义的资源。"把语言看作社会符号学"，意味着"在社会文化语境内解释语言，而文化本身是以符号学的词语作解释。语言既强调社会结构和系统，也使其符号化"。Halliday 的语言与社会文化关系的理论和方法除了涉及系统和功能之外，还有语境、语篇、语域、语言习得、认知和适用语言学等。系统功能语言学家 Hasan 提出的语类结构潜势理论以及 Matin 提出的语类理论和评价理论对语言教育产生了较大影响（胡壮麟，2008）。

可见，系统功能语言学对语篇进行系统、深入的研究，其研究内容和范式对实施语篇教学具有重要的理论价值。

（3）"语言即语篇"语言观理据。

语言观是人们对整个语言体系的基本看法。语言教育观就是人们对教育活动的本质、方法、模式等要素的理解、认识以及所持有的相应观点和态度，最后形成语言教学理论（张志富，2011）。语言观影响语言教学观，即有什么样的语言观就有什么样的语言教学观。M. McCarthy 和 R. Carter（2004）在其专著《作为语篇的语言：对语言教学的启示》中提出了"语言即语篇"（language as discourse）的语言观，并多次提及"基于语篇的语言教学途径"（discourse-based language teaching approach）。他们从一个崭新的视角对语言和语言教育进行了阐释，认为语言就是语篇，不能把语篇看作是语言的一个层次（McCarthy & Carter，2004）。"语言即语篇"语言观的核心思想是，要以语篇为单位来研究和描述语言的特征。语言模式贯穿整个语篇之中，不应该局限在词汇、小句和句子之中。相反，语法和词汇知识应该包括它们在语言形式中是如何产生语篇的。换句话说，语言能力不能脱离语篇能力（McCarthy & Carter，2004）。这种基于语篇的语言观着重研究完整的口语和书面语，以及语言使用的社会文化语境。基于"语言即语篇"的语言观，McCarthy 和 Carter 提出了"基于语篇的语言教学途径"的语言教学观。其主要观点是，语音、词汇、语法都是语篇的有机组成部分，它们在组织语篇结构上都发挥重要作用，但它们都不是与语篇并列的语言层次。基于这一思想，语言教学的改革并非仅仅是在传统模式的基础上增加语篇教学层次，而是应该把语言当作语篇来进行教学；要帮助学习者认识到语音、词汇、语法等语言要素是如何相互联系、共同组织和建构语篇的。尽管作者并没有明确提出某种具体的语言教学途径，但他们反复使用了"基于语篇的语言教学途径"这一术语。作者认为，以语篇为基础进行语言教学应该是语言教学的基本原则。基于语篇的语言教学途径适用于第一语言的教学，也适用于第二语言的教学，所以，"语言即语篇"语言观为中学英语语篇教学提供了理论依据，其思想在《普通高中英语课程标准》（2017年版）中已得到充分反映。

（4）语言能力框架理据。

语言能力框架，即语言能力模型或语言能力量表，是一个国家、地区，乃至一个洲为其所辖区域的语言学习者和使用者规定的语言能力等级，对各等级的能力表现特征进行描述，为语言测评提供标准，为课程标准制定、教材编写提供依据，为语言教和学提供参考。

Bachman（1990）构建的语言能力模型将语言能力分为组构能力和语用能力两种，前者包括语法能力和语篇能力，后者包括施为能力和社会语言能力。《欧洲语言共同参考框架》将语篇能力归为作为交际语言能力组成部分的语用能力（刘壮等，2012）。与 Bachman 的语言能力模型一样，我国教育部和国家语委 2018 年 2 月 12 日发布的《中国英语能力等级量表》（China's Standards of English language ability）也将语篇知识和语法知识一并归为组构知识，并指出语篇知识包括修辞或会话知识、衔接知识。该量表不仅逐条列举了一到九级篇章知识运用能力、修辞或会话知识运用能力和衔接知识运用能力的具体要求，而且还逐条列举了一到九级组构知识学习策略，为英语测评、教学、学习及其他提供了更具操作性的参考规范。语言能力框架，尤其是《中国英语能力等级量表》，是权威机构颁布的语言能力等级标准，是课程标准研制、教材编写以及教学改革的重要依据和参考。

（5）课程标准理据。

《普通高中英语课程标准》（2017 年版）（以下简称《高中课标》）倡导英语学习活动观，即以主题意义为引领，以语篇为依托，促进语言知识学习、语言技能发展、文化内涵理解、多元思维发展、价值取向判断和学习策略运用，同时指出普通高中英语课程的内容要求基于主题语境、语篇类型、语言知识、文化知识、语言技能和学习策略，而且教师在教学时要认真研读和分析语篇（教育部，2018）。与 2003 年版不同，《高中课标》不再将话题和功能列入语言知识范畴，取而代之的是语篇知识和语用知识（教育部，2018）。语音、词汇和语法是语言本体知识，语篇和语用是语言运用知识。语言本体知识只有在语言运用知识的作用下才能实现其意义。也就是说，语言本体知识和语言运用知识的互动，成就了语篇建构和语言运用（梅德明、王蔷，2018）。不仅如此，《高中课标》更加关注基于语篇知识学习的语言运用能力发展，将语篇能力作为实现英语学科核心素养的重要指标。我们可以从《高中课标》之附录1《英语学科核心素养水平划分》对语言能力提出的要求中可见一斑。以"三级素养级别"为例，充分体现了语篇能力的权重："在更广阔的语言情境中，……解析语篇结构的合理性和语篇主要观点与事实之间的逻辑关系，批判性地审视语篇内容、观点、情感态度和文体特征，赏析语篇中精彩语段的表意手段……"(教育部，2018)。作为教育教学指导性文件的《高中课标》，对教学具有规定性和约束力，其倡导的"基于语篇的英语教学途径"，成为该途径得以普遍实施的最直接的理论依据。

可见，语篇教学充分的理据体现了国内外学者对语言能力内涵研究的主流观点的认同，彰显了当今语言学界对语言研究的新趋势。

2. 语篇教学的内涵

语篇教学就是将语言作为语篇进行教学，即语篇中的任何要素，包括语音、词汇、语法、修辞等都是语篇组织的建构部分，而非割裂或脱离语境的一个层次。根据语篇理论和《高中课标》我们将语篇教学的内涵概括如下。

（1）理解语篇的主要写作目的，辨识和分析语篇结构特征和语言特点。

辨识和分析记叙文、描写文、说明文、议论文、日常应用文、散文、诗歌、广告、访谈、公文、社论、书评的语篇结构和语言特点，实用类正式文体（如提议、建议、工作计划、工作报告）语篇结构、语言特征和行文格式，新闻报道的常见语篇结构、标题特征和语言特点以及文学语篇的写作风格和主要语言特征。就写作目的而言，不同的语类有不同的写作目的，例如记叙文的目的是"再现经历、传递信息"，说明文的目的是"说明事实、解释道理"，散文的目的是"表达情感"，广告的目的是"传递信息、推销产品"，议论文的目的是"论证观点、反驳观点、说服"，等等。就语篇结构而言，不同的语类有不同的语义结构。例如新闻报道的语义结构通常是 Head ^ Lead ^ Body (Elaboration and Background) ^ Conclusion (Secondary Material), "^"为表示顺序的符号,意为"followed by"。就语义特点而言,不同的语类所选择的词汇和语法也有差异。如童话常常以"Once upon a time, there was/lived a..."开头;广告的用词体现3个"s",即"small""simple""sweet";过程分析说明文常使用祈使句、情态动词和表示顺序的连词(如 firstly, secondly, thirdly...);议论文常使用"argue""suggest""examine""explore""illustrate"等动词及被动语态;描写文常使用明喻、拟人等修辞手法。

(2)辨识正式与非正式语篇、口头和书面语篇的语言特征及差异。

语篇有口语和书面语之分,而口语和书面语又有正式和非正式之分。例如专题讲座、演讲、辩论等属于正式口语语篇,家书则属于非正式的书面语语篇。因此正式与非正式,在语篇结构和语言特征方面存在有明显差别。又如,广播新闻和报纸新闻,前者属于口语语篇,后者属于书面语语篇,虽然它们的语篇结构相同,但其语言特征明显不同。广播新闻的目的是向听众提供重要或有趣的信息,因此需要选择快捷、简短的词语,句子多为简单句,段落和篇幅较短;而报纸新闻其目的是为读者提供更多、更详细的信息,因此需要选择较为复杂的词汇,句子多为较长的复合句,段落和篇幅较长。

(3)运用显性和隐性衔接手段,实现语篇连贯。

衔接手段有显性和隐性之别。显性衔接手段包括词汇衔接、语法衔接、连接等。显性衔接手段的词汇衔接指通过词的重复、同义、反义、上下义、整体与部分等关系达到语义连贯;语法衔接包括照应、替代和省略等手段;连接指用连词、副词或短语把两个命题联系起来的手段(黄国文,2001)。隐性衔接是一种在句子级,甚至更大单位上的省略现象,省略的部分无法在上下文中找到,只能由听话者或解释者根据情景语境和文化语境推测出来(张德禄、刘汝山,2003)。牛保义(1998)认为,隐性衔接手段是指借助蕴涵在语篇显性表述之内的含义来实现的，他将隐性衔接的形式分为10种：索引式、相似式、替代式、链条式、寄寓式、作譬式、因果式、推理式、隐晦式和等级式。此外，胡壮麟（1994）将主位-述位衔接作为语篇的连贯手段，指出语篇的主位与主位，或述位与主位反复衔接，能使语篇连贯。

（4）运用段落发展模式有效组织信息。

根据不同语类，运用包括例证、过程、因果、对比、分类等关系组织信息，表达清晰，合乎逻辑。例证就是举例说明，过程就是对事物或操作进行一步一步地解释、说明，因果就是说明事物的原因或结果，对比就是比较事物的异同，分类就是将事物按照不同的属性进行归类。使用恰当的段落发展模式能使语篇层次清楚、符合逻辑、增强交际效果。例如因果分析是说明文常见的段落发展模式，在首段提出一个原因，那么在主体段就要分析这个原因可能造成的一个或多个结果。如果我们以"考试作弊"作为原因，那么其结果可能涉及"教师不能获得有效的反馈信息""有损公平竞争""导致同学效仿作弊"，等等。同样，一个结果也可能是多个原因造成的。例如，如果将"初二年级学生学业成绩不佳"作为一个结果，那么导致这一结果的原因可能有"课程难度增大""学科门类增加""策略知识欠缺""学生不够自律"，等等。

（5）运用篇章知识解读和建构语篇。

理解语篇的微观与宏观结构，了解立论句、主题句、过渡句的作用、位置及行文特征。微观结构指句子内部的结构，如复合句、独立成分、倒装句和平行结构的使用等；宏观结构是指语篇的类型结构，即语义结构，如前所述的新闻报道的语义结构。立论句、主题句、过渡句是英语语篇的典型特征。立论句（thesis statement）一般置于引言段（introduction），是文章论述的中心。主题句（topic sentence）是段落中心句，它直接服务于文章立论句。主题句的位置并不固定，说明文的主题句一般位于段落之首,描写文的主题句常位于段落之末,有时为了强调前后变化,主题句可以位于段落的中间。过渡句就是在文中起着启、承、转、合作用的句子,过渡句使语篇更加自然、流畅和连贯。如用"There is a saying that..."表示"启",用"What's more important is..."表示"承",用"Every coin has two sides."表示"转",用"It is obvious that..."表示"合"。立论句、主题句、过渡句一般为完整的句子,多用主动语态和一般现在时。当然,更多情况下,过渡句是由过渡词引出的。

(6)根据语域选择与其相符的词汇、语法和修辞结构。

不同的语域常常使用某些词汇、语法和修辞结构,因此根据语境选择与其相符的词汇、语法和修辞结构,能够使语言使用适切、得体。例如在"购物"语篇中,常用 price, buy/get, expensive/dear, cheat, suit/fit 等词,常用 Can I help you/ What can I do for you? I'd like to... 等句型。又如,在"机场",常常使用 check-in, gate, security check, departure, boarding, arrivals 等词语。再如,在介绍人物的语篇中,常常使用某种修辞手段,如明喻、隐喻、夸张,等等。

(7)理解和使用多模态语篇的呈现形式和手段。

多模态语篇并非纯文字的单一模态的语篇,而是集文字、图片、表格、声音和动作于一体的多种模态的语篇。因此,除文字外,能够理解非文字表意手段,如图片、表格、体态语、语音和语调的表意功能,显得尤为重要。语篇中的图片和表格不仅与语篇主题关系密切,而且在提供的表层信息的背后往往蕴藏着深层的信息,包括回顾经历,预示趋势,等等。体态语是通过人体某个部位的动作或面部表情达到传递信息的目的。体态语是非言语(nonverbal)行为,但能够达到"此处无声胜有声"的效果。语音和语调在英语学习和使用中具有非常重要的地位。语音和语调的变化不仅可以起到强调、转义的作用,而且还表现不同的感情色彩。

(8)正确理解和使用修辞手段。

理解和掌握比喻、拟人、强调、反讽、夸张、对仗等修辞手段解读和建构语篇。一般而言，比喻、拟人、夸张常见于描述性和叙述性语篇，强调、反讽多用于说明性或议论性语篇，对仗多用于格律诗词或对联。当然，比喻，尤其是隐喻，也常见于叙述性和说明性语篇，如美国诗人庞德（Ezrm Pound）的"education as shepherding"（教育是牧羊）的隐喻（束定芳，2000）。类似的隐喻还有美国教育家杜威的"school as society"（学校即社会）、英国语言学家卡锡和卡特的"language as discourse"（语言即语篇）。应该努力做到在解读语篇时，能够分析和理解这些修辞手段的表意功能，提高审美观；在建构语篇时能够恰当地应用修辞手段，提高语篇的完美感、节奏感和交际效果。

总之，语篇教学充足的理论依据和丰富的实质内涵为开展中学英语语篇教学提供了扎实的理论支持和多样化的内容选择，对英语教学改革，培养学生英语学科核心素养具有重要意义。然而，语篇教学的设计不可能，也没有必要使每个语篇都涉及语篇教学内涵的全部内容。实质上，根据教师对语篇的不同理解或各自的教学风格，语篇分析的内容也会有所不同。

第八节　文化移入模式

一、文化移入模式的实质

文化移入模式（Acculturation Model）是 John. H. Schumann（1978）从社会心理学的角度提出来的。该模式的理论基础是，外语学习者的需要是不同的。学习外语主要是满足两种需要：一种是功能需要，即学习者需要用语言表达意思而不引起误会，从而达到有效处理事务的目的；另一种需要是使用社会能够接受的语言，能够满意地生活在目的语的社团里。两种需要有重复。外语学习者为了与其他社团结合总要表现出一定的差异，这种差异就表现在不同需要或目的的外语学习者适应另一文化的程度。

文化移入模式描述的是在自然的二语习得中（非正式学校教育的、在社会交往中自然的习得），二语学习者适应新的文化的过程，是学习者从心理上、从社会行为模式上融入目标语社团的过程。这种理论模式认为，（1）二语学习者的学习水平取决于他们在多大程度上乐意接受并采纳目标语言的文化及其生活方式；（2）二语学习者的原有身份认同感或被目标语文化代替，或在保留原来身份认同的基础上认同新的目标语文化身份。

从这个理论模型的基本观点可以看出，它主要是描述移民在新的环境中习得第二语言的过程。比如华人移民美国后，他的英语习得到什么水平取决于他在多大程度上愿意接受并采用美国的文化及其生活方式。他在融入美国文化的时候，他可能完全丢掉了自己原来华人的身份认同感而认同自己是一个美国人，也可能既保留华人的身份认同，又接受自己是一个美国人的身份。

文化移入模式认为社会因素和情感因素是影响二语习得水平的主要因素。如果习得者本族文化与目标于语言文化差距很大，则习得水平就会相对较低；如果二语习得者的原有社群比较强大，凝聚性较强，这也会阻碍他们与目标语社团的交往，从而阻碍他们习得目标语；如果本族社团与目标语社团在政治、经济、文化地位上比较接近，则两种文化的接触会更广泛，二语习得会得到加强，相反，则会受到阻碍。

Schumann 的文化适应模式认为，在习得外语的过程中，文化适应与一些社会变量相关。影响两个社团（目的语社团和外语学习社团）之间接触的社会因素包括下面这些：从外语学习社团的角度看，这些因素有显性形式（dominance patterns），它指在政治、经济、文化、技术领域里，两个社团是平等的，还是其中一个社团优于另一个社团；结合策略（integration strategies）指适应目的语社团，被目的语社团同化，保存自己的文化和生活方式等方面；封闭性（enclosure）指两个社团被各自的学校、教堂、贸易等隔离的程度；凝聚性（cohesiveness）指外语学习者所属社团的成员在一起生活和工作的聚合程度；还有外语学习者所属社团的大小，在目的语社团里居住时间的长短、文化和谐性（cultural congruence）以及两个社团各自对待对方的态度（group attitudes）。所有以上社会变量对语言习得的水平和速度均有影响。

影响外语习得的因素还包括一些个人变量，Schumann把它们归纳为情感变量，其中包括语言震惊（language shock）、文化震惊（cultural shock）、动机以及自我透性（ego permeability）。语言震惊指伴随外语使用而来的恐惧和忧虑心理。文化震惊指接触到一种新文化感到迷惘而产生的焦虑。动机指学习者习得外语的原因，可以分为结合型和工具型两种。自我透性指学习者的语言自我的塑性和僵化程度，用以表示移情的能力。Schumann认为，如果不克服语言和文化震惊，又无足够适当的动机和自我透性，那么，学习者就不会完全适应文化，因而也不会充分地习得语言（王初明，1990）。

二、文化、语言与思维

文化、语言和思维关系密切，三者相互依赖、相互依存，共同构成维系社会生存和进步的基础。

1. 文化与语言的关系

文化与语言的关系是密不可分的，是天然形成的；文化与语言的关系又不是一一对应的，语言是文化的载体和表现形式，语言还受文化的制约。

首先，文化和语言在人类产生的同时就诞生了。考察世界各民族的发展史，可以得出同样的结论：民族语言和民族文化好比一对孪生兄妹，相依为命，同兴衰共存亡。在民族乳汁的哺育下，两者相互影响，互为促进，凝结成牢不可破的密切关系。一方面，人类语言在人类文化的起源与进化过程中起着关键性的传播媒介作用，语言的发达和丰富，是整个文化发展的前提。另一方面，语言包括语言的使用方式，也不能超越文化而独立存在，不能脱离一个民族流传下来、决定这一民族生活面貌和风俗习惯的信念体系。文化的发展，又能推动和促进语言的发展。因此，语言和文化是一种密不可分、相辅相成的关系。

其次，语言是一种文化现象，也是一种社会现象。语言在其自身的历史长河中积累了无数的"文化沉淀物"，文化因素总是有机地、无孔不入地渗进语言的各个层面。许多学人都把语言视为文化的一部分，且是极其重要的一部分，有一种语言就有一种文化。但是特定的语言并非总是和特定的文化相对应。语言是人的一种行为，它与文化有着共同的属性，但作为一种文化，它只是文化的一个方面，并非指文化的全部，因为有些文化仅是以实物来体现的，比如服饰文化、雕塑文化、建筑文化、茶文化、饮食文化等。

最后，语言具有存储功能，它存储着前人全部的劳动和生活经验，记录着民族的历史，反映着民族的经济生活，透视民族的文化心态，蕴含着民族的思维方式，标志着民族间的文化交流。文化要靠语言保存、传播和继承，文化的发展又推动和促进语言的发展。同时，语言作为社会文化的产物，它包含着人类对世界的认识和行动准则。人们的一切行为都受文化的制约。同样，人们的语言行为也受文化的制约，不断将人类文化的精髓注入语言之中，成为语言的文化内涵，成为语言表现的基本内容。

综上所述，语言系统只不过是文化大系统中的一个子系统，文化不等于语言，文化大于语言。但文化大系统不可能独立存在于语言系统之外，也就是说，语言与文化是一种复杂的包容关系。一方面，语言系统本身是构成文化大系统的要素之一；另一方面，文化大系统的其他要素都必须由语言来传达,从而得到演进、发展。

2. 文化对语言的影响

对语言而言,影响它的因素是多维的。从人文科学角度讲,主要是文化、社会、心理、交际、民族、历史等方面,如果说语言是一个内核,那么文化等因素便是一个围绕这一内核的多面体。

语言作为文化的一部分,既是文化的载体和表达形式,又是文化传播和继承的最重要的手段。由于各国文化背景不同,使用不同语言的民族在其漫长的历史演进过程中形成了异彩纷呈的文化特色。这种民族间的差异既反映在语言的表达形式上,也反映在语言的内涵上。语言与文化有着水乳交融的关系,语言的使用脱离不了产生这种语言的社会环境。它们是互为表里的,即一种文化的特征总是表现在它的语言上,不同的语言要素反映不同的文化属性,蕴含着不同的民族文化心理和不同的文化特征。

语言作为文化的一种外在表现形式,就其本质而言,学习一种语言实际上就是学习一种文化。有的教育学专家把这一过程称之为"文化传输",其中包括科学与技术,也包括政治、经济、传统习俗、宗教信仰等文化知识的传输。文化知识的匮乏,势必造成外语学习不可逾越的障碍。因此,研究文化对语言的影响就显得尤其重要。文化对语言的影响主要表现在以下几个方面。

(1)价值观念。人类学家认为,价值观念是文化的核心,西方人重个人价值,强调自我意识,把充分表现个性视为最快乐的事,为人处事、言语行为无须别人认可,也不追求与别人保持一致。

(2)社会心态。由于各民族生活在不同的文化背景中,人们逐步形成了不同的思维方式和社会心态,即使对同一事物也往往会有不同的好恶,如禁忌、个人隐私等,东西方人表现出很大差别。

(3)交际方式。英国人常见的打招呼的方式是谈天气,如"Lovely

weather, isn't it?"或"Hello""Hi""Good morning"等,中国人则喜欢问:"你吃饭了吗?""你到哪里去?"等,而且问者并不真正关心对方的回答,只是表达一种关心罢了。若将其直译为英语:"Have you eaten?""Where are you going?"则不再是打招呼的寒暄语了,而变成了等待对方回答的问题了,这些话只能在特定场合使用,否则有可能被视为不礼貌的行为。

(4)语言的表达形式。语言的结构及使用在一定程度上受制于该民族的文化。汉语的词汇结构和修辞方法与汉文化密切相关,英语同样与英美文化、历史有着千丝万缕的联系。如,英语句子中的修饰语可置于被修饰词之前,也可以置于其后,这与汉语表达习惯不同。常见的说法有"all but one"(除了一个之外的全部),"every day except Friday"(除星期五之外的每一天)等,它们都是将修饰语置后,与汉语语序相反。

英语除了表达方式上的特殊性以外,表达的意念有时也是独特的。英语民族在意识深处常把事实与揣测、祈求、意愿等非事实(fancy)区别开来。这一心理特征对英语影响很深。虚拟语气,非真实条件句自不必说。

(5)语言的词汇意义。语义学把词汇分为语言意义和文化意义。语言意义就是词汇的概念意义。文化意义则指词汇的感情色彩、风格意义和比喻意义,通常是某一文化群体对一客体的主观评价,评价不同就会影响交际双方的文化沟通。

语言反映社会现实,文化对语言的影响最明显的体现在词汇的语言意义上,历史上英国航海事业十分发达,这方面的词汇十分丰富,至今很多日常词都由航海方面的词演变而来,如assail(攻击),由前缀as加sail构成,有"扬帆前进"之意。英汉两种语言中许多词语都有各自的特定含义,即文化伴随意义。词语的这种文化内涵与文化传统和宗教习俗也有着密不可分的关系(蒋磊,2000)。

3.语言与思维的关系

语言学家、心理学家和人类学家都在致力于探索语言与思维的关系,目前，主要有四种假设。

（1）语言相对论假设强式（strong form of linguistic-relativity hypothesis）。该假设认为语言决定思维，没有语言的传述就没有思维。现代的语言学研究已证明其不合理性，例如，聋哑人虽没有声音照样有丰富的思维活动，非言语交际系统完全可以帮助他们完成交流目的。

（2）语言相对论假设弱式（weak form of linguistic-relativity hypothesis）。该假设认为语言不能决定思维，但一定程度上影响人们的思维方式。如果语言决定思维，那么一个人同时掌握几种语言就不可能，因为学习一种语言就是获得一种新的思维方式或世界观。该假设较好地论证了一个人在流畅使用语言时不可能思维方式在时时变化这样一个事实。它也能很好地解释不同文化间的一些明显的概念间的差异，因为正是由于不同语言和文化里的概念差异才导致不同语言讲话者间的观念差异。这就是美国语言学家萨丕尔-沃尔夫假说的语言相对论思想。

（3）认知假设强式（strong form of cognitive hypothesis）。该假设认为认知决定语言习得。一个人往往先有思维活动，然后才知道如何用语言表达。思维可以独立于语言之外，而语言仅是一种符号来表达和传输思想。人们表达思想的通道还有别的方式，例如，非言语信号、手势、面部表情等。

（4）认知假设弱式（weak form of cognitive hypothesis）。该假设认为，当人的认知能力发展完善时，它使我们得以理解和创造性地运用语言结构。语言和思维始源不同。在初始时期，人的大脑中存在一个前语言思维（pre-linguistic thought）和前智能言语（pre-intellectual speech）时期。随着小孩年龄的增长，达到了前运算阶段（pre-operational stage），这时，思维可以借助言语形式表达，言语内化为思维的一部分。研究结果证实在婴幼儿的肌肉活动阶段确实存在前语言思维时期。换一个角度来看，幼儿不懂意思却能背记下来很多东西也能说明前智能言语时期的存在。另外,还有非智能言语时期和非语言思维时期。幼儿能使用一些词语却不知什么意思可以说明非智能言语时期的存在,而任何智力想象的图景都可以作为婴幼儿的非语言思维时期存在的佐证(王立非,2000)。

4. 跨文化英语教学

(1)跨文化英语教学的认识过程。

在过去20年的外语教学研究和实践中,我国学者已经逐渐认识到文化学习的重要性。然而,一直以来,外语教学和跨文化交际的研究分属两个不同的学科领域,外语教学和文化教学没能有机地融合在一起,致使我国的外语教学始终处于低效率的进程中。我们一贯把培养外语学习者的听说读写能力放在首位,期望学生将来能够和操母语者(native speaker)水平相当。从语音、语义、语法等语言本身的角度来说,这个目标可以理解,然而当我们认识到多数操母语者可能长期生活在单语言和单文化的环境中时,这个目标就值得重新定位了。而一旦我们致力于跨文化英语教学,培养具有跨文化交际能力的人,那么,学生不仅掌握了两种文化知识,更重要的是他们能经历、体验文化调适的过程,从而在交往过程中驾轻就熟,顺利达到预期的交际目标。从这个意义上讲,把提高学习者的跨文化交际能力作为外语教学的目标,能够更好地满足社会对外语人才的需要(孙玉,2006)。

那么,如何实现跨文化英语教学呢?我们知道,语言与文化、语言教学与文化教学有着千丝万缕的联系,因此,实现跨文化英语教学首先要注意文化背景知识的教学。文化背景知识可以分为两种:知识文化和交际文化。所谓知识文化,指的是两个不同文化背景培养出来的人进行交际时,对某词、某句的理解和使用不会产生直接影响的背景知识,如中国人和英美人不会对"书"的理解产生误解。所谓交际文化,指的是在两个不同文化背景熏陶下的人,在交际时,由于缺乏有关某词、某句的文化背景知识而发生误解。这种直接影响交际的文化知识有时显得非常重要，因为它直接决定交际的成功与否，如中国人对待英美国家来中国旅游的老人，就不能时时说他们年岁大了，处处帮助他们。那样的话往往会遭到不友好的答复，原因是，英美国家的人把"老"等同于"无用"。从长远观点看，知识文化对交际能力的培养大有裨益，绝对不能忽视。但在介绍知识文化时，一定要遵守一条原则——控制。因为介绍多了不但增加学生的负担，而且挤掉了语言技能训练的时间，甚至可能把语言课教成知识介绍课。知识文化的内容是有限的，受到所涉及的两种文化的社会背景影响和制约。而交际文化则随所涉及的社会文化背景的变化而变化。如中国人学英语，这时的"交际文化"是以英美文化和中国文化为背景的。目前，教学中介绍文化背景知识常采取如下方法：①把文化背景知识放在课文讲解部分中加以介绍，使文化知识和语言素材融为一体；②把所要介绍的文化背景知识分成若干片段，分散在各课之间，完全用母语单独介绍；③把重要的文化知识内容直接用所学语言素材编成课文。

学生在英语学习中犯交际文化方面的错误，原因有二：一是教师未处理好语言与文化的关系，将教学重点放在语言形式上，而没有认识到外语教学绝不仅仅是要求学生语法形式正确。教师必须使学生了解英语国家的文化、风俗、习惯等。二是教师及学生对于中国及英美国家在语言文化上的差异不熟悉（舒白梅，2002）。因此，在教学中，英语教师应努力做到对两种文化熟悉、敏感，通过文化来教语言，只有如此，学生的英语交际能力才能真正得到提高。

（2）跨文化英语教学涉及的内容。

跨文化英语教学的总体目标是提高学习者的外语交际能力（语言文学目标，初级目标）和培养学习者的跨文化交际能力（社会人文目标，高级目标）（孙玉，2006）。外语交际能力与语言要素关系密切。就语言要素与文化的关系而言，语音与文化的关系最不密切，语法次之，而关系最密切、反映最直接的是词汇（胡文仲，2004）。跨文化交际能力则涉及更宽泛的内容，不仅涉及语言、文学作为其基础和媒介，而且还涉及语用规则、交际风格、非言语交际，等等。下面就跨文化英语教学中文化与各个要素的关系进行简要论述。

①文化与语言要素。在英语的语言要素中，虽然语音与文化的联系不是非常明显，但是英语语调在交际中的作用已受到语言研究者的普遍关注。英语是非声调语言，它的词没有声调，但句必有语调。英语的语调正如汉语的声调一样，在言语中的作用是非同小可的。英语语调的突出特点在于它的音域宽大、调型繁复和变化细腻，这些特点不仅仅是英语本身的语言特点决定的，其实也是英国历史、自然环境、文化和民族特征的反映。

语法最能体现语言的民族特点，因为语法是语言的组织规律，是本民族成员或语言社团成员共同遵守的语言习惯或约定俗成的规则，它的本体存在于本民族成员或语言社团成员的心理之中，它反映着本民族成员或语言社团成员的文化背景、民族心理、思维习惯和表达方式（何善芬，2002）。

英语词汇可以分为一般词汇和文化词汇。文化词汇是指特定文化范畴的词汇，它是民族文化在语言词汇中直接或间接的反映。文化词汇与一般词汇的界定有以下两点：一是文化词汇本身载有明确的民族文化信息，并且隐含着深层的民族文化的含义。文化词汇的另一特点，是它与民族文化，包括上面所说的物质文化、制度文化和心理文化有各种关系，有的是该文化的直接反映或间接反映，有的和各种文化存在着渊源关系，如来自文化典籍的词语和来自宗教的词语等。文化词汇有时与一般词汇难以辨别，如各种颜色词，这时从语义入手能较好地处理二者的关系。英国学者 Geoffrey Leech 在他的《语义学》中提出，词义可以分为七种主要类型，即概念意义、内涵意义、风格意义、感情意义、联想意义、搭配意义及主题意义。在从事跨文化教学时，不仅要注意词的概念意义，更重要的是需要随时随地注意词的内涵意义（胡文仲，2004）。

②文化与文学。在对英语的文学作品教学时，引导学生关注作品内含的文化知识，有利于唤醒学生用英语理解作品的敏感度，从而调动他们理解作品的兴趣，更确切地把握作品中人物的情感和作品要表达的内容。教学中，可以采取下列文化阐释的视角：价值观视角、风俗习惯视角、人际关系视角、词汇的文化内涵视角，等等。

③文化与语用规则。与语言规则相比，语用规则的掌握要困难得多。其原因是，迄今为止还未有人能对某一语言的语用规则进行完整的总结。对于语言规则人们比较自觉，而语用规则在大多数情况下人们并不自觉。例如，在不同的文化中有不同的称谓体系。事实上，在同一文化中称谓形式也在不断变化，并且存在地区差别。与汉语称谓比较起来，英语中的社会称谓变化不大，显得比较稳定。但观察近几十年英语称谓的使用会发现，以名相称愈来愈普遍，特别是在美国，这一趋向更加明显。例如，有的年轻教授上课第一天就告诉学生用名字称呼他，但也有不少教授不喜欢学生以名相称。自然，若是在正式场合或是双方地位悬殊，以名相称显得不妥。对于某个特定的人应该如何称呼要考虑他的职业、职位、年龄、相互关系、场合以及他个人的爱好与习惯。尽管称谓方式有一定的灵活性，但有些是英美人不能接受，甚至会引起反感。例如，在英语国家里用姓作称呼只限于很少的几种情况：教师对于小学生，教练对球员，监狱看守对囚犯等（胡文仲，2004）。

英语的语用规则表现在英语文化和生活的各个方面，不断随着社会的发展而变化。由于英语语言享有的国际地位和我国全方位地对外开放，英语文化的影响在我国也是深远的，导致汉文化中很多语用规则的变化。变化不仅可以从日常生活中的问候方式、打电话的方式、购物环境、休闲样式等中觉察到，在正式场合，如重要会议的程式、商贸交往的方式等中也能使人很明显地觉察到。所以，在跨文化教学中，语用规则应时时给予关注。

④文化与交际风格。所谓交际风格，即人们在连贯地表达思想时，除了使用词汇反映文化背景以外，表达方式、说理方式、思维方式无不表现特定文化的某些特点，这些特点统称为交际风格。例如，许多学者对美国人与日本人的思维模式进行研究后发现，美国人组织思想的方式是为了明白直接地把自己的意思传达给对方，犹如一座桥，其间没有什么隐晦曲折的地方；而日本人则采取迂回、隐含的方法，常常不将自己的意思表达清楚。所以，美国是"低语境"（low context）的国家，一切都要用语言讲清，而日本是"高语境"（high context）的国家，许多意思都包含在语境之中，不需要每一点都明白无误地讲出来。

在价值观念上，美国人与中国人有着明显的不同。在交际风格上表现为：美国人认为先把自己的观点鲜明地摆出来具有说服力，而中国人认为先与听众建立一种和谐的关系，把材料一点一点地讲出来，最后画龙点睛才具有说服力。中国人重视和谐的人际关系，不愿意与他人形成对抗。由此可见，交际风格与深层文化密切相关。

大量研究材料证实，东方/亚洲人的交际模式倾向于归纳法，即从个别到一般；而西方/欧美人的交际模式倾向于演绎法，即从一般到个别。二者真正的分歧在于对礼貌的不同看法。东方人出于礼貌的考虑，不愿意自己认定有权提出某种看法或把某一看法强加于对方，因此习惯于用归纳法提出自己的看法。西方人在遇到难办的事时也会使用归纳法（胡文仲，2004）。

可见，在跨文化英语教学中，对英美人的交际风格进行介绍说明也是一种提高学生跨文化意识的有效手段。

⑤文化与非言语交际。日常生活中，交际行为可分为言语行为及非言语行为，以非言语行为进行的交际称为非言语交际。非言语交际的类

型在中西文化中处处都有应用。非语言/言语交际行为主要分为有声和无声两方面。有声非语言分为辅助语言（音调、音量、节奏、停顿、沉默）及类语言（呻吟、叹息、叫喊、哭泣）；无声非语言即体势、衣着、饰品、礼物、时间、空间等。

非言语交际表现在时空、身体行为、声音行为、外表形态等方面，非言语交际已经得到广泛的重视。其重要性主要体现在对言语行为所起的辅助作用上。它可以强调、补充、替代、修正言语行为。当言语与非言语发生矛盾时，人们倾向于相信后者，缘于后者表达更加真实有力。大多数人的共识是，非本族人所犯的词汇和语法错误是可以原谅的，而非言语行为是内心的真情流露，所犯的错误是存心的。而且语言越流利，水平越高，所犯的错误或发错的不得体非言语信息引起的文化冲突越严重。因此，在跨文化英语教学中，应注意尽可能地阐明由于文化差异而产生的非言语交际行为的不同种类，这对提高学生的跨文化交际能力也是非常重要的。

（3）跨文化英语教学的原则。

跨文化交际能力的培养，应以人的建设为根本，以人格的基本取向为目标。跨文化交际能力的促成有不同的渠道和层面。教学中，不能仅仅关注对学生进行与跨文化相关的技能/知识训练，更为重要的应是，在技能/知识训练的基础上，加强学生跨文化交际能力的全面发展。跨文化交际能力的培养首先是、根本上是一种素质教育，而非技能/知识教育；是潜能全面发展意义上的 education，不是 training（高一虹，2000）。为此，在跨文化英语教学中应遵守下列两个原则。

①坚持文化对比、求同存异。文化差异是造成跨文化交际产生困难的根本原因。跨文化交际能力的培养归根到底是增强学生对两种文化的理解与评判能力。只有在引领学生对两种文化从多角度进行对比中，学生才能进一步理解文化之间的差异，加深对双方文化所具有的特点的认识。

跨文化交际从本质上看交际各方是平等的。世界上各种文化无优劣之别，作为文化的观念形态当然不能例外。但是，由于在跨越文化障碍方面最难以跨越的是观念上的差异，而观念的差异又是全方位的，因为各方的文化自成系统，所以在某一种文化中长期生活过的人步入另一种文化系统时，将在一系列问题上存在原则分歧。解决上述问题的有效办法就是学会换位思维、求同存异（顾嘉祖，2000）。

②注意知识传授、重在能力。人们习惯于把跨文化英语教学理解为对涉及英语文化的语言知识的学习，好像跨文化交际能力的培养就是对文化外在表现的形式进行熟悉。这其实是一种错误的认识。对涉及英语文化的语言知识学习只是培养学生跨文化交际能力的教学途径，它不能等同于跨文化交际能力。这里存在一个跨文化交际的悖论，即跨文化交际能力的培养意味着文化知识和概念的传授，而僵化的文化差异概括又会给交流制造障碍（高一虹，2000）。因此，在教学中，教师既要注意多方面地向学生传授知识，同时又要注意启发他们批判性地对待知识，以便在深刻领会的基础上全面提高跨文化交际能力。

第九节 监察理论

Krashen（1981，1982）提出的二语习得理论包括五个假设：学习-习得区别假设、自然习得顺序假设、监察假设、i+1 输入假设和情感过滤假设。他的理论一般被统称为监察理论。

一、学习-习得区别假设

Krashen 认为，学习（learning）和习得（acquisition）是成人的两种不同的获得外语/二语的方式。学习是有意识地、外显地理解和运用语法规则进行外语学习的活动；习得是接近于儿童学习母语的自然的、无意识的、内隐的语言获得过程，在这个过程中学习者其实仅仅意识到自己在用外语交际，却没有意识到他们在学习该语言。

学习-习得区别假设是其余四个假设的基础。Krashen宣称，有意识地学习语言知识只能用来对通过习得获得的语言进行监控、修正，而自由的、流畅的语言交际能力只有通过潜意识的习得才能培养。他还宣称，初学者如果过分地注意语言规则，那么他很可能终身无法获得自然的、流利的语言运用能力。也就是说，无意识地在语言运用（语言交际）中习得的语言能力才是最有价值的，而有意识地获得的语言知识价值有限。这一假设遭到了不少研究者特别是广大外语教师的批评。在中国的英语教学中，大部分学生接触英语的途径主要是在课堂上，他们无法获得充分的自然习得机会，而中国照样培养出了许多优秀的外语人才。

但另一方面，由于中国的英语教学传统和过度的应试倾向导致了中学阶段的外语教学过分重视语言规则知识的学习，忽视了语言运用练习。中国学生能否具有自然流畅的运用外语的能力确实是目前中国外语教学最严峻的挑战之一。所以，如何创造接近真实的外语交际环境，帮助学生获得大量真实的口头和书面语言输入，鼓励他们大胆使用外语，就成了决定外语教学改革成败的最关键的因素之一。从这一点说，提倡自然的习得对中国目前的外语教学现状能起到矫正的作用。

在语言交际中，我们不可能时刻想着语言规则，我们对规则的运用绝大多数情况下都是下意识的，也就是说达到自动化水平的语言知识才能在语言交际中自由流畅地运用。比如游泳的要领背得再熟，如果这些技术动作不能达到自动化水平，在水里还想手、脚的动作要领，肯定是要呛水的。在国际学术会议上，我们见到有的中国学者在回答提问时，结结巴巴，不是他们的语言知识不足，而是运用不够，没有达到自动化的水平，所以连连"呛水"。

二、自然习得顺序假设

Krashen认为，学习者是按一定的、可以预见的顺序学会外语/二语的语法结构的。学习环境和学习者的智力、努力程度可能影响学习的速度，却不能改变这种习得顺序。自然习得顺序假设已经通过许多实证性的教学研究得到证实，并在教材编写中得到运用，优秀的外语教材都应该遵循这一原则。教师在授课时也不能忽视这一顺序，不能像语文教学一样，跳过某一篇课文。其次，如果学生还没有掌握当下的学习内容，教师就不能为了"赶进度"而匆忙学习新内容，这样会造成学生学习困难。

三、监察假设

习得在外语学习中起主要作用，是形成自由、流畅地进行外语交际能力的主要途径。有意识地学习而得到的语言知识（主要是语法知识）只能起到对语言运用进行监察、修正的作用。监察过程的出现要满足三个条件：学习者有充足的时间，而非急急忙忙；学习者已经掌握了相应的语法规则，否则他就不可能意识到自己的错误；学习者对语言形式产生注意。

值得一提的是，Krashen认为监察作用有限。但我们认为，在中国，英语作为外语学习的环境中，由于缺乏大量地道的语言模仿对象，学生在输出语言时自我监察的作用就很大了。比如，在中学阶段，老师经常提醒学生培养时态意识、单复数意识、性别意识等，就是要学生通过自我监察形成正确的语言习惯。

四、i+1输入假设

i+1输入假设（input hypothesis）又叫可理解性输入假设（comprehensible input hypothesis）。i代表学习者目前已经具有的语言水平，1代表一个适当的常量，不能太大。这个假设就是说语言输入（学习的语言材料，如听到的对话、阅读的文章等）要稍微比学习者目前的语言水平高一点，学习者通过上下文、背景知识和自己的认知能力可以理解这些语言输入，同时习得新的语言内容。这一假设和苏联心理学家维果茨基（Vygotsky）的"最近发展区"理论，以及我国古代教育家朱熹的循序渐进的学习原则是不谋而合的。

i+1 输入假设对我们进行课堂教学的启示是，老师备课不仅要熟悉教学材料（教材、实验设备等），了解学生的现有学习水平也是至关重要的。不少老师治学严谨，对教材熟悉到了能背诵的程度，教学效果却不好，不受学生欢迎，主要的原因是他们的大脑里想的都是知识，没有人，没有学生！要达到良好的教学效果，我们要在充分了解学生现有水平的基础上，因材施教。教学内容既要有挑战性（否则不能促进学生语言能力的提高），又要在学生接受能力允许的范围之内。教师还可以根据情况增减作业，或布置弹性作业（学生根据自己的能力选做适合自己的练习）以达到作业练习适合不同水平的学生。此外，输入的信息还要充足。我们鼓励学生阅读地道的英语名著简写本，如牛津书虫系列读物。一些资深英语教师针对初中、高中各个年级学生的词汇量和语法能力编写了一定数量的简写读本，语言地道、生动，是地道而难度适宜的优美的英语读物，而且有利于普及对世界名著的阅读。

五、情感过滤假设

Krashen 认为，真正的习得的发生要具备一定的情感条件：强烈的学习动机、较强的自信心和自我形象、心情轻松、焦虑程度较低。如果不具备这些条件，或者条件不够好，那么语言输入在作用于学习者时就被不利的情感滤网过滤掉了，无法促进习得。

这一假设给我们的启示是，在课堂教学中，老师应该利用各种方法，比如学习游戏（我们发现，即使是大学生对好的有挑战性的学习游戏也非常感兴趣）、笑话、幽默的语言等创设轻松愉悦的学习氛围，尽量避免当众批评学生、当众纠正学生的错误,以免引起学生焦虑或不自信的消极情感。

另一方面,如果学生的错误得不到纠正,就会固定下来,以后也很难纠正,即"石化"(fossilized)了。所以,适当地纠正学生的错误有利于其语言能力的发展。怎样叫适当呢?一般认为,学生的口误(slips of tongue)不必纠正,他们因为时间紧迫,或注意力集中在思考构思说话内容而犯的一些简单错误,他们自己很容易解决。学生目前尚无法理解的错误也不必纠正,因为他们只有在以后学习了相应的语言知识后才能解决。应该纠正的错误是学生近期容易犯的,自己又很难意识到,经过老师提醒或提示,他们运用已经学过的知识可以解决的错误。即使是应该纠正的错误,对待特别内向,或者自信心不足的学生,老师可以选择在课后纠错,或者以某种委婉的方式纠错。

第十节 中介语理论

中介语理论(interlanguage)是由 S. P. Pit 和 Larry Selinker 最先提出的,用来指学习者大脑中的独立的外语系统,是介于母语和目标语(正学习的外语)之间的一个连续体(continuum)。学习者学习外语的过程就是其中介语从母语一端逐渐向目标语接近的过程。研究者的研究目标之一就是发现二语/外语学习者所共有的中介语发展顺序。

研究者们批评错误分析方法把语言只是看作一个错误的集合,而不能对怎样习得二语/外语进行完整的描述。中介语理论就是要对二语/外语学习者在不同的发展阶段所建构的中介语的规则系统进行描述。

中介语理论受到母语习得顺序研究的启发。Brown(1973)等著名的纵向和横向研究都证明了儿童习得母语的一些重要词素遵循一定的自然顺序。Clark(1977)对他们的研究进行了总结,如表3-2所示。

表 3–2　以英语为母语的词素习得顺序

词素	例子
现在进行时 –ing	He is sitt*ing* down.
介词 in	The mouse is *in* the box.
介词 on	The book is *on* the table.
复数词尾 –s	The dog*s* ran away.
不规则动词过去式	The boy *went* home.
所有格 –'s	The girl*'s* dog is big.
非缩写的系动词 be	*Are* they boys or girls?
冠词	He has *a* book.
规则动词过去式词尾	He jump*ed* the stream.
第三人称单数词尾	She run*s* very fast.
不规则动词的第三人称单数形式，如 has/does	Do*es* the dog bark?
非缩写的助动词	*Is* he funning?
缩写的系动词 be	That*'s* a spaniel.
缩写的助动词 be	They*'re* running very slowly.

比较经典的研究还包括 Klima 和 Bellugi（1966）发现母语学习中的否定句习得的三个阶段，如表 3-3 所示。

表 3–3　英语否定句的习得顺序

阶段	描述	例句
1	否定词放在句首或句末。	Wear mitten *no*. *Not* a teddy bear.
2	否定词放在句中，don't、can't 等以整体形式出现；出现了否定祈使句的用法。	There *no* squirrels. You *can't* dance. *Don't* bite me yet.
3	知道不否定词放在助动词后，但仍然会犯错误，如系动词省略，错误的双重否定等。	I *don't* have a book. Paul *can't* have one. I *not* crying. No one *didn't* come.

在母语习得顺序研究的影响下，二语 / 外语习得顺序研究得到了重视。习得顺序研究是以非计划的语言表达（unplanned language use）作

为语料来进行的。这可能是因为真正的语言掌握是要达到半自动化水平，即能在没有准备的情况下的即兴表达中运用。

在二语学习的早期阶段，一般要经历沉默期（the silent period）、程式化语言运用期（the use of formulaic speech）、结构和语义简化期（structural and semantic simplification）三个过程（Ellis，1994）。

一、沉默期

根据研究，多数在自然环境中学习外语的学习者都会经历一个沉默期。在沉默期，他们在为表达做准备：默默模仿、默默自语、体会发音和语法规律等。有的学习者的沉默期长达三个月甚至半年。在课堂学习中，沉默期一般比较短，因为每次学习的材料比较少，学生比较容易模仿，另外老师也会通过领读、提问等方式迫使学生张口。尽管如此，老师还是会经常发现有些学生在回答问题时沉默不语或者嘟嘟囔囔不知所云，令人着急。这时老师千万不能失去耐心，或者武断地训斥学生，因为学生在默默地或小声地自言自语，但他们回答问题有困难。这时老师可以给他们一些提示，帮助他们顺利度过沉默的准备期。沉默期的长短或有无与学习者的性格有关。外向的学生由于不怕犯错误，更注意意义传递，所以他们会大胆开口，很少沉默。而性格内向的学生则很注意表达的准确性，所以准备的时间相应比较长，更容易出现沉默期。

二、程式化语言运用期

Lyons（1968）认为程式化语言由作为整体学习，用于特定的情景的语言表达形式构成。这样的程式化语言可以是习语，如"as soon as""by the way"；也可以是固定词组，如："look at""look after""regard... as..."和"enjoy doing sth."等；还可以是固定句型，如："Do you know... ""I wonder... ""I don't care whether""I am sure that... "等。学习者并不知

道为什么要这样用,他们只是囫囵吞枣地记住并用于上次出现的类似的语境中。在我们的教学中经常会遇到这样的情况:有些短语解释起来挺麻烦,不如不解释,作为一个整体教学生,反而更有效些。等到学生有了充分的语言知识,他们就会自己体会其中的关系和组合的原因。另外,记住一定数量的程式化语言对语言的熟练运用有很大帮助。试想,学生为什么说"Good morning, teacher!"和"I don't know."时非常熟练,甚至脱口而出?因为他们这样说的时候根本就没有思考这两个句子的语法结构,而是将其作为一个整体,一个程式化的语言表达形式从记忆中拿出来,直接运用的结果。如果我们每句话都要考虑其语法结构,那么就只能断断续续边想边说,无法达到流畅的表达。所以,程式化语言运用是学习者在学习的初级阶段的一种自然的也是最经济的选择。

这给我们的启示是,对于小学生、初中生,鼓励学生记住一定数量的习语、固定搭配、固定句型有利于学生提高学习效率,同时增强语言表达的流畅性。

三、结构和语义简化期

学习者有能力处理一些语言结构,但在现实的语言交际中他们却宁愿使用简化的形式,例如下面的对话。

Teacher: Where are you from?

Student: Zhoushan.

Teacher: Do you like it?

Student: Yes.

Teacher: Why?

Student: Beautiful.

老师可以清楚地理解学生的意思,学生虽然只用一个单词来回答,但要传达的信息都传达到了。学生为什么会使用简化的语言形式呢?可能是为了安全,少犯错误,说的少,自然错的少;可能是使用完整的句子有困难,这些句子结构他们虽然理解,在写作中也能运用,但即时表达,由于没有充分的时间做准备,对他们来说仍然有困难;也有可能是学生性格内向,少言寡语,不喜欢多说话。但老师为了让学生得到锻炼,总是希望他们把完整的句子说出来。这时老师可以要求学生尽量使用完整句子,当学生使用简化形式后,老师再给他们两秒钟的时间让他们把完整的句子说出来。老师还可以从语用的角度给学生解释,如果每次都是单个单词的句子,会向对方传递这样一种信息:我对与你交谈不感兴趣!通过这样的要求和引导,学生就会更快克服语用简化期的心理障碍。

就具体的外语语言结构的习得而言,也有不少研究成果。例如,Johnston 和 Pienemann(1986)的研究很有代表性,如表 3-4 所示。

表 3-4 英语作为二语的一般习得过程

阶段	描述	例子
1	单个单词句;程式化语言	My name is ***.
2	SVO;复数形式	I eat rice. I like book*s*.
3	Do 放在句首;副词放在句首;否定词 + 动词	Do you understand me? *Yesterday* I go to school. She *no coming* today.
4	伪倒装;一般疑问句倒装;动词不定式	Where is my purse? Have you car? I want to go.
5	第三人称单数;do 作助动词	He works in a factory. He *did* not understand.
6	反义问句;副词修饰动词	He is Polish, isn't he? I can always go.

习得顺序的研究对我们的教学有什么启示呢?

二语习得有它自己的规律,老师不能拔苗助长,社会上的"速成班""一个月会说英语"培训等最多只能让学生记住一些程式化的语言,勉强应付一些打招呼、致谢等最简单的交际需要,离学会英语还差得远。老师不能受这些信息的误导。

另外，针对学生的错误和困难，老师不能失去耐心和信心，而是要善于发现学生所处的发展阶段及其特点，因势利导，用科学的眼光来看待学习的每一个过程。在学习内容安排上，也应该遵循二语习得的规律，科学安排进度。如果教材与习得顺序有不一致的地方，老师要能及时发现，及时补救，比如给学生补充一些欠缺的知识和练习。

此外，目前关于二语习得顺序的研究都是以自然学习环境下的习得为研究对象，至于中国学生在课堂环境下习得英语有什么特殊的规律和特征，研究还不多。中小学英语教师可以利用自己一线教学的优势，多观察，多记录，对中介语理论做出自己的贡献。

石化现象（fossilization）是中介语发展中的重要特征之一，也是研究的重点之一。它是外语学习中学习者的某些不正确的语言特征，如发音、用词、时态等方面的错误，成为其说话或写作等语言表达中的永久现象。许多外语学习者的外语学习都以某种水平的石化而告终。石化现象具体表现为：大部分的外语学习者都或多或少地带有自己的方言口音，或多或少地有遣词造句和句子结构不地道的现象等。除了少数长期生活在母语为英语国家的并把英语作为二语的学习者外，很少有人能达到本土人士的英语水平，特别是很难达到他们的地道程度。

石化现象的原因是多方面的。如母语的干扰、输入的质量不高、缺乏输入、缺少监控、对交际需要的满足度、认知的成熟度、不恰当的外部反馈、缺乏文化融入、想要保持自己的民族认同感／身份（identity）等。

比如有的外语学习者主要依靠自学，学习方式比较单一，主要依靠读书本。由于缺少正确的、足够的语音输入，这样的学习者很容易发展到一种读得懂，听不懂，说话别人听不懂的尴尬水平，他们的错误发音由于太多次的重复而被石化了。一些教学条件不太好的地区，老师的语音语调本身不标准，又没有充分地利用录音机、计算机等现代教学设备，

> 经典学习理论在英语教学中的应用

学生跟着老师像背诵汉语古文一样地大声齐读，结果很容易导致学生语音石化现象。这就是输入质量不高，输入量不足造成的。

另一种情况就是生活在英语国家的移民。他们有充足的语言输入，语言输入的质量也很高，但很少有人英语说得很地道。其中，有的人没有融入英语社区，交往的对象还多是本民族的移民，如唐人街的美籍华人中就有不少主要在华人圈里交往；还有的人有意识地保留自己的口音，以表现自己的民族特色。据说印度人更倾向于模仿印度英语口音，而不愿意说一口标准的美国英语或伦敦英语口音，也应该是这个原因。

我们对石化现象持理解态度，没有必要要求所有的学习者都以一口标准的地道的外语为学习目标。但外语专业学生应该减少石化现象，这一点应该没有什么异议。其他专业的外语学习者也应该避免过早、过多的石化，影响正常交际。

怎样减少石化，化解石化呢？目前还没有太多的研究成果。但根据已经发现的石化原因，有意识地增加高质量的语言输入，对学生的语言输出给予及时的有价值的反馈，通过听自己的录音和批改自己的作文提高学生自己语言监控意识和能力，增加学生对英语文化的认同，提高英语专业学生对自己专业的认识和对自己的要求等，都应该有一定的效果。

另外，在教学中，要善于运用录音机、计算机、视频等现代技术弥补老师外语不地道的缺陷，在说和写的练习前要确保有足够的听力练习和阅读练习。因为没有听和读就开始说和写，无疑是逼着学生输出"chinglish"（中式英语），诱发学生过早过多地石化他们的外语。[1]

---

[1] 本节内容参见罗毅.现代英语课程与教学论[M].天津：天津教育出版社，2009.

第四章　基于经典学习理论的中学英语教学实践

基于第三章所介绍的 10 种经典学习理论，我们在舟山市 7 所初级中学进行了相关学习理论的学习和教学实践研究，现将部分经典学习理论的应用研究介绍如下。

第一节 多元智力理论的教学应用

多元智力理论的应用研究案例来自两所学校。一是舟山市绿城育华学校（见案例 1），二是岱山初级中学（见案例 2）。

【案例 1】多元智力理论在初中英语教学中的应用

（研究教师及作者：舟山市绿城育华学校齐晶莹老师）

《义务教育英语课程标准》（2011 年版）明确指出，义务教育阶段英语课程总目标是：通过英语学习使学生形成初步的综合语言运用能力，促进心智的发展，提高综合人文素养。受升学压力的影响，目前初中英语教学主要围绕语言智力和逻辑数理智力为核心的教学目标，忽视学生在英语学习过程中其他智力的培养，使得英语课堂教学缺乏趣味性，降低了学生学习的兴趣和信心，不利于学生全面素质的提高。基于此，多元智力理论备受关注。

一、多元智力理论

多元智力理论改变了以语言和数理为核心的传统智力观，认为人的智力是多元的，包括语言智力、逻辑数理智力、音乐智力、空间智力、身体运动智力、人际交往智力、自我反省智力、自然智力。每个人都拥有独立存在的八种智力，且这八种智力在每个人身上的组合方式是多种多样的，智力的发展会随着社会环境和教育条件的不同产生差异。多元智力的核心教育思想是人的才能体现在方方面面，所以教育要保证学生在原有智力的基础上进一步提高，让学生变得更聪明。有些人在某一方面是天才，而在其他方面可能一无是处；有些人的各项智力可能都处于中等水平，但是如果他们巧妙运用多种智力，那么在解决问题的过程中也会表现得很突出。因此，要提高学生的学习兴趣，就必须努力创建生动活泼、生机勃勃的英语课堂。

二、多元智力理论在初中英语教学中的应用

英语课堂教学应该通过课堂这一平台来调动学生学习的积极性，引导他们主动参与课堂教学活动，通过合作探究发现学习的乐趣。英语课程不只是让学生学会课本中的英语单词和句子，会做练习题，英语学习也是理解和掌握语言符号、语言文化、语言能力的过程。因此，为了提高学生学习英语的兴趣，培养良好的学习习惯，我们尝试着把多元智力理论与英语教学进行有机结合，设计课堂教学活动。

1. 语言智力培养

语言能力包括语言接受能力和语言表达能力。在英语课堂中，教师经常使用不同形式的言语活动，如 Pair work、Group work、Discussion、Duty report,等等。我们常常通过2~3或3~4人小组合作完成这些任务。进行这类练习时，学生往往只有在理解对方话语的基础上，才能做出较灵活的应答。

例如，在进行初中英语八年级（下）Unit 1 2C 的 *Pair Work* 教学中，学生已经基本掌握了患病及给出建议的表达方法，在此基础上，学生就能很流畅地自我表达，给出建议，进行对话练习。

A: What's the matter?

B: My head feels very hot.

A: Maybe you have a fever.

B: ...

又如，初中英语八年级（上）Unit 5 Section A 中，在学生基本掌握句型 They're +adj... 后，组织学生进行 Group Work，然后展示。

Work in groups to give a report.

	Game shows	Sports shows	News	Soap operas	Sitcoms	Talk shows
☺☺	Tina	They are educational				
☺		Bob				
☺						
☹						
☹☹						

Report：I Love game shows, because they are educational. Bob...

2. 逻辑数理智力培养

逻辑数理智力指推理、运用和计算数字的能力，主要指的是数学和思维方面的能力（包括数学、科学和逻辑三方面领域）。然而逻辑数理智力并非只存在于数学、物理、化学等理科的教学中，也存在于英语阅读课堂之中。排序、分类、梳理、配对等活动经常用于英语阅读教学之中，旨在锻炼学生的逻辑思维能力。

为了帮助学生更好地理解课文，我们尝试运用图文结合的排序题型，让学生在阅读中思考，充分了解故事的来龙去脉，理解课文故事情节的发展过程。或是，我们可以提供给学生事件发展经过的句子，让学生根据句子进行排序。不管是图片还是文字，在一定程度上都可以更好地帮助学生了解文章大意。例如，初中英语八年级（下）Unit 1 Section A 3a。

Read Paragraph 2 carefully and put the sentences in the correct order.

1. Some passengers helped the driver to move the man onto the bus.

2. The driver stopped the bus without thinking twice.

3. He expected some passengers to get off and wait for the next bus.

4. Passengers all agreed to go with him.

5. The driver got off and asked what happened.

(key：2，5，3，4，1)

又如，初中英语八年级（上）Unit 8 Section B 2b。

Read the article and number the pictures. (1-5)

图 4-1　读文章排序

排列逻辑顺序是培养逻辑思维能力的有效手段。逻辑思维能力是发展学生思维品质的重要内容，也是英语学科核心素养的重要指标。因此，英语教学本身也肩负着培养学生思维能力的重任。

3. 音乐智力培养

英语课堂教学中运用音乐不仅有助于活跃课堂气氛，也可以有效地激发学生对英语学习活动的积极性，促进学生音乐智力的发展。在英语教学中，我们可以适当运用一些与音乐有关的活动形式，将音乐旋律与英语教学结合起来。

例如，在教授初中英语八年级（上）Unit 10 *If You Go To The Party, You'll Have A Great Time!* 这篇课文的 lead-in 的环节时，由于该课文与

if 条件状语从句有关，教师可以播放学生都很熟悉歌曲 *If You Are Happy*。当学生听到熟悉的旋律时，就会立刻引起共鸣，并激发对要学课文的极大兴趣。

音乐性的教学不一定非选择歌曲不可，同样可以选择一些有韵律的绕口令。如在教授 be 动词的使用方法时，可以给学生们教一段绕口令，如"我用 am，你用 are，is 连着他她它，单数 is 复数 are"。事实证明，全班的学生最后都能背诵这一段绕口令。显然，这就比单纯的灌输更能提起学生们的兴趣。

当然，音乐教学不能只存在于课堂中，我们可以把学生对于英语歌曲的兴趣延伸到课外，鼓励他们在课后多听英语歌曲，多唱英语歌曲，在体验英语旋律美的过程中培养学生的英语语感。

4. 空间智力培养

空间智力主要指学生对空间、色彩、线条和形状等的感悟能力，包括运用视觉手段和空间概念来表达情感和思想的能力。空间-视觉智力教学主要体现在利用现实空间和直观物体进行教学。在课堂上，教师可以多利用诸如视频、图片和 PPT 等手段，呈现语言项目或组织教学活动。这有助于吸引学生的注意力，提高他们的学习热情和学习效果。

英语教材中有很多与主题相关的插图，这些插图符合学生的认知特点，容易引起他们的兴趣。其实，学生观察图片的能力比老师想象的要强。很多时候在新课还没有开始的时候，一些学生就已经观察过书上的插图了，并且在插图旁边做出了自己的标识。所以我们就要认识和利用学生的认知特点，抓住学生的兴趣点，利用图片和概念图有效地开展英语教学。

（1）运用图片。

例如，在学习有关学科的新单词时，如果通过图文配对的形式来呈现新单词，可以激发学生的学习兴趣，帮助学生加深记忆，更好地识记这些单词，如图 4-2 所示。

经典学习理论在英语教学中的应用

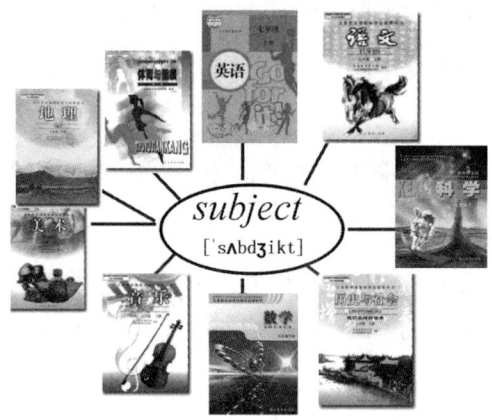

图 4-2　图片运用

（选自：初中英语七年级上 Unit 9 *My Favorite Subject is Science*）

（2）概念图

概念图通常是将有关某一主题的概念置于方框或者圆圈中，再用各种连线将概念连接，形成关于该主题的概念网。绘制概念图能调动左脑的逻辑和右脑的图像，使大脑得到充分的开发如图 4-2 所示。

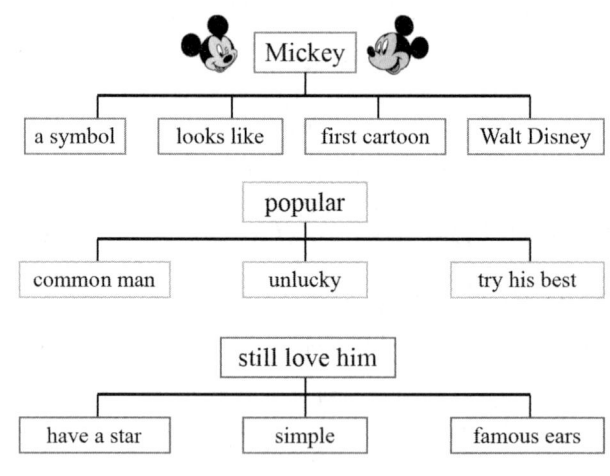

图 4-3　概念图

（选自：*Go for it* 八年级（上）Unit 5 *Do You Want to Watch a Game Show*？）

5. 身体运动智力培养

身体运动智力主要指控制自身肢体的运动能力。用运动肢体动作来表达个人的思想感情和解决实际问题的能力。有研究统计表明，在人的整个学习过程中，10%的知识是通过读来学习的，而90%的知识是通过一边做肢体动作，一边说来学习到的。肢体活动可以使学生在课堂中充满活力，集中注意力，提高记忆力。在初中课堂教学中，常用一些游戏来促进学生身体运动智力的发展。比如 Role play、Touch and Say，等等。对于一些词义比较明显的动词或短语，我们在课堂上完全可以采取表演的方式来进行教学，例如：run、hit、clean，等等。

6. 人际交往智力培养

人际交往智力能使学生有效地进行人际间的组织、协调，学会交往技能，可以帮助学生很快地融入环境和团体之中，向他人清晰地表达自己的意见、看法等。合作学习、同伴分享、角色表演等都可以作为教学活动融入英语课堂教学之中。

（1）合作学习。

合作学习是指将学生分成几个学习小组，通过组内成员的分工协作，共同努力，最终实现共同的目标。合作学习非常适用于英语课堂教学活动中。

（2）Role Play。

学生可以根据文本的内容自由构造角色，将原本比较枯燥的对话和课文，用生动的语言和肢体行动表达出来。教师应鼓励学生扮演角色或者模仿表演，使学生更加深入了解各个角色的形象特征，同时，在角色表演准备的过程中可以锻炼学生的人际交流能力。

例如，周五放学回家之前，你意识到自己要提前收拾好书包，带齐各科课本和周末作业回家。所以你收拾好后，请同桌帮忙检查。

学生们先通过小组分工合作完成任务分配、练习，然后通过表演的形式进行展示。

Homework	School things should	tick
English	English book	
Chinese	Chinese book	
	Chinese dictionary	
Math	Math book	
	Math exercise book	
	pencil case	
Others	clothes...	

Deskmate: You have a heavy bag. What...?
You: I have...
Deskmate: In what classes do you have homework?
You: Let me see... have... I don't have...
Deskmate: You don't ... homework.
You: ...I can take out...
Deskmate: ...

7. 自我反省智力培养

自我反省智力是指有能力认识到自己的优势和不足，并据此调整自己的行为。自我反省智力较发达的学生能正确地评价自我，有确定并追求目标的动机。他们能独立学习，激励自己持续学习与成长。

英语课堂上可以开展自我评价等教学活动，提供学生可以参考对照的自我评价表。在学生完成任务时，根据自我评价表里的内容进行比较、自我评价、修改和反思，达到帮助学生提高英语的目的。在讲授写作时，教师往往会提供学生作文的评分标准，帮助学生根据标准进行自我评价及改正。

8. 自然学家智力

自然学家智力指的是对各个环境中的大量物种——植物群与动物群进行认识和划分的能力。自然观察活动与大自然中的事物密不可分。在英语阅读教学中，教师可以将自然带进课堂，多给学生一些亲近自然的机会。例如自然主题研究、开展课外扩展活动等，借此机会培养学生的环保意识，明晰尊重自然的重要性。

（1）自然主题研究。

自然主题研究是指让学生围绕一个有关自然的主题，运用观察、调查、考察等方法，了解、研究这一主题。例如，初中英语九年级 Unit 13 Section B *Rethink，Reuse，Recycle!* 在学习完这节课后，可以通过小组合作的方式，让学生尝试收集这方面的资料，最后将研究成果与其他小组交流共享，并提出一些保护自然环境的有效建议，从而培养他们爱护自然、保护自然的意识。

（2）开展课外扩展活动。

尽可能给学生提供亲近自然的机会，让学生在体验中学习。例如，学习初中英语八年级（下）Unit 9 *Have You Ever Been To A Museum*? 后，可以组织学生进行一次旅游踏青。要求学生在旅游的过程中记录好自己去过的景点，参观过的名胜古迹，最后以文字的形式呈现出来，写一篇英文游记。

三、反思与建议

多元智力理论主张我们要全面发展学生的各项智力，然而以往传统的英语课堂都是以分数作为唯一的评价标准，这就意味着我们要逐渐转变我们的教育理念和存在的差异。根据多元智力理论，每个学生都有多元的智能。教师应该善于主动发现学生的优势智能，在进行教学设计时要考虑学生的智力情况，以学生为本，力求使学生的各种智能得到全面发展。只有在科学分析学生个体特征的前提下，给予每个学生针对性的指导，鼓励学生积极参加英语课堂活动，才能提升他们学习英语的积极性和兴趣。

1. 多样化的教学目标

基于多元智力理论的教学目标是，应根据学生的智力结构设计而呈现出差异性，从而满足不同智能结构学生的需求。但这并不意味着在每个教学单元中都要为每一个学生设计符合其智力优势的教学目标，多种教学目标的设置要立足于整个班级最大限度的发展。差异教学有别于个别化教学，它注重灵活的差异化，既注重个性，又不能忽视共性，追求个性与共性的统一。也就是说，差异教学并不是为每个学生制订相应的个别化教学方案，而是在班级的大环境下兼顾学生个体和整体的发展。那么，在设计教学目标时不仅要考虑学生的智力差异，还要将多项教学目标分别归类于知识与技能、过程与方法、情感态度与价值观三个维度中去，从而提出有层次的，符合学生认知规律的差异化教学目标。

2. 丰富的教学组织形式

运用共同学习、小组合作学习和个人单独思考相结合的教学组织形式。在进行小组合作学习时要注意弹性分组，即不是必须保证组内各种智力结构成员的平均分配，只要达到班级整体平衡即可。另外，在教学组织过程中教师不必全盘操控整个班级，可以把一部分任务交给学生完成，既能减轻教师负担，又能激发学生积极性。例如，课堂上每个小组选举出一名学生作为组长，并且组长人选不固定，组长任期两周，可连任，组长人选由小组内部决定。组长的职责是基本掌握小组内部成员智力结构情况，在小组讨论、回答问题、成果展示时通过衡量小组成员优势智力分布在与成员商讨后决定成员分工，选出进行回答、展示的人选。我们发现，学生们都有强烈的意愿承担组长职责，组员也能够积极配合，在一段时间磨合后，小组成员之间都了解和熟悉了彼此的智力结构，课堂相应环节反应十分迅速，学生能够"各司其职"。同时，小组成员间互帮互助，不仅强化学生优势智力，也积极发掘潜在的弱势智力，呈现整体均衡发展的态势，这就是设置弹性小组的目的所在。

3. 多层次的作业内容

在完成基础内容的教学后，教师应根据教学内容的难易程度布置相对应的练习题进行测试并指导学生分层练习。例如，在规定时间内完成要求的学生可以进入第二阶段的挑战性练习，未完成的学生则要继续完成其他的基础练习题；或是给出基础题、变化题和附加题等几组难度不同的题目，让学生根据自己的能力按由易到难的原则完成不同维度的题目。这样处理的好处在于，既满足了高层次水平学生的学习需要，又照顾到学习速度慢、需要反复多次练习的低层次学生。另外，教师在设计作业时也应考虑学生学习上的差异性，布置不同形式（包括口头和书面）、数量和难度的作业内容。作业的设计和布置要由浅入深，由易到难，由单一到综合，逐步提升。既要设计一定数量的基础知识和基本技能的练习，也要设计一些综合性比较强的练习，以提升学生的多种能力。

4. 多元化的评价

在实施多元化评价的过程中可能会遇到的问题主要是学生自我评价和同伴互评缺乏客观性。教师无法实时监控每个学生的学习过程和评价过程，而学生们也几乎是首次接触自评和互评形式，因此不可避免地出现学生评价呈现较强的主观性的情况。学生无法正确、清晰地看待和分析自身及同伴的学习状态，在评价时容易掺杂个人的主观情感，使评价失去客观性，也就失去了评价的意义。在这种情况下，就需要教师付出更多的精力和耐心，对学生评价进行积极的引导，指导学生如何从所列举的方面进行评价，在学生评价过程中监控把握评价的客观性。教师要运用多元智力理论，从多方面观察、了解、记录、分析每个学生的优劣智能，帮助学生扬长补短，同时加强对学生多元化的过程性、形成性评价，让学生明白正确评价的意义，使评价名副其实地成为促进每一个学生充分发展的有效手段。

四、结语

在日常教学中，教师应充分考虑学生的个体差异，并根据智力的差异，有计划、有步骤地制订挑战性的教学目标，提供开放性的教学内容，采用灵活多样的教学组织形式，设计可选择性的作业，并对学生进行多元化的教学评价。最后，作为学习的主体，学生应该对自己有正确的认识。每一个学生都应该认识到自己所具备的多种智力，看到并利用自己的智力强项，使自己的强项智力得到更好的发展，从而增强学习的自信心，努力使自己在原有基础上得到进一步发展。同时也要努力发掘发展自身的弱势智力，不求各方面平均发展，只求实现自身最大限度的进步。教师要以平和的心态接受学生的差异，真正确立以学生为中心的思想，努力探索差异教学，全面推进素质教育，培养学生英语学科的核心素养。

【案例2】基于多元智力理论的初中英语教学评价

（研究教师及作者：岱山初级中学陈琪老师）

根据多元智力理论，每个学生都有自己的优势智力领域，有自己的学习类型和方法，也有自己的弱项智力领域，也就是有待开发的潜能。我们看待学生时应清醒地认识到，每个学生都是几种不同智力不同程度的组合，关于学生评价的问题不再是一个学生有多聪明的问题，而是一个学生在哪些方面聪明和怎样聪明的问题（霍力岩，2000）。在当前的英语课程改革中，该理论无疑会给我们诸多启示。

一、评价内容的全面性和综合性

根据多元智力理论，教育不能只注重某一领域技能的发展，而应促进学生的全面发展。因此英语课程评价的内容也不应该只关注语言智力，还应同时关注学生其他智力的发展，所以在英语教学评价中，不仅要评价学生听、说、读、写方面的进展情况，同时也要评价学生其他各项智力的发展情况，如学生的学习兴趣、学习策略、情感态度等，以达到全面综合地评价学生的目的。英语教师在设计评价活动时应尽可能地根据实际情况把语言智力和其他智力的运用有机地结合起来，让每一个学生都能在完成过程中从不同智力方面体会到成功的喜悦。总之，评价的目的就是让教师看到学生的强项和弱项，从而做出合适的决策来促进教师的教和学生的学。只有通过涉及各项智力的评价活动，教师才能了解学生各项智力的发展情况，这样就能因人而异地采取各种适当的教学方法，让学生有发挥其优势智力，提升弱势智力的机会，让弱势智力得到适当的发展，从而实现人的全面发展。

二、评价项目的多元化

传统的教学评价注重学生对基础知识和基本技能获得的评价，主要看学生掌握书本知识的情况，具有很大的片面性和局限性。评价的根本目的不是为了决出学生在学习上的高低（虽然评价具有甄别与选拔功能），而是为了多渠道激励学生学习的信心，提高全体学生的文化和能力素养，促进学生的全面发展。多元智力理论强调人的智力是多元的，每个学生都有自己的优势智力领域，每个学生都有其独特的学习方式，那么评价学生智力发展就应全面考查其各项智力。教师应该从多方面观察、评价和分析学生的优点和弱点，并以此为依据选择和设计适宜的教学内容和教学方法，使评价切实成为促进每一个学生充分发展的有效手段。多元智力所主张的评估，突破了仅对学生成绩的关注，还强调关注学生的学习经验、体验和素养，同时也要关注学生的个性化发展和创造性表现。

三、评价方式的多样化

传统的学习测试过于注重纸笔测验，试题形式也以标准化试题为主，缺少主观性、开放性试题，缺乏灵活性，忽视学生的个性发展和个体差异，并且对学生的实际操作和动手能力重视不够，这样不容易调动学生参与评价的积极性。Gardner主张评估应以人为本，尊重学生智力发展的多样性，尊重学生智力组合的差异和特色，评估应该是持续的、动态的。所以，数学建模活动、科技小论文、调研报告、网上评估、档案袋评估等方式都可以尝试运用，以实现评价方式的多样化（李永斌，2009）。马丽群（2019）从以下5个方面提出了评价方式的多样化。

（1）情景体验活动。创建一个仿真的情景让学生在英语课堂上进行模拟活动，既可以使学生对他们要完成的任务和需要解决的问题有所了解，又可以培养学生实际运用英语的能力，提高英语水平。

（2）实践行为过程评价。课堂教学中让学生进行个人或小组活动，通过观察学生的参与程度和行为表现来考评学生的学习技能、行为和进步。

（3）作业评价。作业分为书面作业和口头作业，如要求学生用所学的单词和时态写一篇文章或进行口头对话。通过书面作业可以全面地看出学生对教学内容的理解程度，而口头作业则能清楚地反映学生对所学交际项目和话题的掌握运用程度。

（4）考试评价。考试是一种较为严格的具体评价方式，是一种定量评价。它根据一定的目的，按照一定的要求进行命题，通过学生解答问题的过程与结果，考察和掌握学生的发展情况。

（5）学生成长记录袋。教师在教学中使用成长记录袋这一评价手段，可以使学生有目的地收集自己的作品，让学生明白他在某个领域或某个方面所付出的努力和取得的成绩。记录袋可分为不同的种类，可以是关于学习进展、课堂表演、测试评价、小组活动等方面的记录，也可以是学生一些有创意的作品、考试试卷、小测验、家庭作业，以及同学、教师、家长的评价等。使用记录袋最主要的作用是评价学生的成就，据此可看出他们在各方面的进展，增强他们的自信心，同时使学生积极参与评价并主动进行自我评价，增加教师、家长和学生的互动，增强学生在学习上的责任感和主人翁意识。在此基础上可在课堂教学中设置过程性评价表格，帮助学生对认识自身的表现有更好的依据。

表 4-1 过程性评价表

评价项目	评价情况	评价标准(10分, 7分, 4分, 1分)	等级标准
课前准备	学习文具和用品带齐情况(包括预习作业)		总分： 等级： 80分～60分为A 59分～33分为B 32分～17分为C 16分以下为D
发言	踊跃情况，声音是否响亮		
Free talk	语言流畅，语音优美，语调自然，表达完整		
小组合作和竞赛	是否积极主动，勇于探究，思维活跃，善于合作		
听写练习与训练	是否达到自身水平		
上课思想，遵守纪律	是否集中思想，适时做笔记		
反馈练习及巩固练习	是否当堂独立完成，不会是否补救		
归纳总结本课主要内容			

四、评价方式选择和设计的个性化

多元智力理论认为，作为个体，每个人都同时拥有相对独立的九种智力，这些智力在每个人身上以不同方式、不同程度的组合使每个人的智力各具特点。所以，教师应根据学生的年龄特征、智力差异和学习习惯差异采取适当的评价手段。在日常的形成性评价中，教师应允许学生根据自己的特长或优势选择适合自己的评价方式。如在英语教学中，由于每个学生的基础不同，对于同样的教学内容，教师在对学生进行评价时，就应根据学生的具体情况采用不同的评价方式，争取让每个学生都能体会到成功和进步的喜悦。无论是那些会读几个单词，还是那些会写一篇长篇英语文章，或是那些会唱几首优美的英语歌曲，或是那些会表演一段英语短剧的学生，教师都应该以赏识的眼光来评价不同能力的学生（吴志宏、郏庭瑾，2003）。

例如，人教版 *Go for it* Unit 7 *What Does He Look Like* 第三课时，教学目标为帮助学生使用正确的英文表达来描述一个人的外貌，而相关词汇与句型以导学案的形式引导学生在课前进行学习。同时，在教学过程中，教师对教材内容进行了一定程度的改编，并以小组形式展开。下面就音乐、语言、逻辑-数理、视觉-空间、人际交往及自我反省这6种智力在该课的运用进行具体剖析。

在完成导入环节后，教师呈现 Lady Gaga 的图片及本班学生的对比图，然后引导学生运用所学的形容词或短语对 Lady Gaga 及学生的形象进行描述，帮助学生巩固所学目的语。多个环节后，教师引导学生听录音完成相应的练习。期间，在遇到学生较为生疏的句型时，教师在引导学生得出正确句型后，带领学生齐读该句型，加深印象。

学生课堂反应都很积极、热情。但在教学期间，教师可以发现学生反馈的不同程度，所反馈的句型、对话都不相同。对于不同程度的学生应采用不同的标准进行评价，因此个性化评价很有必要。

五、评价目标的多元化

教育评价的目标应该是多元的，除了用于必要的甄别和选拔外，还应当很好地发挥评价的改进、激励、发展等功能，以对评价的结果进行鉴定和反馈，诊断被评价者存在的问题和不足，发掘适合评价对象的教育方法，促进他们的发展和被评价者潜能、个性、创新性的发挥。另外，还应利用评价检验教师的教学效果，以调动教师教学的积极性。

新课程提出了"为了全体学生的发展，为了学生的全面发展，为了学生的个体发展"的教育理念，多元智力发展理论为实现"三个发展"，尤其是为个性化教育提供了一个开放的平台。在这个平台上，教师可以实施民主性、主体性、创造性、和谐性的个性化教学，满足学生个性化的学习需要，使每个学生在"因材施教"中受益，得到最大限度的发展。事实上，世界上没有两个人具有完全相同的智力，人的各种智力水平各不相同，各种智力的组合与操作方式也各有特色。教师应注意个体能力倾向的差异，正视"尺有所短，寸有所长"的客观事实，分析学生的需求，组织开展能够展示学生多方面能力和特长的活动，消除不同层次学生之间的隔阂，让所有的学生得到全面的发展（吴志宏、邬庭瑾，2003）。

对于多种智力，如果说哪种智力重要，哪种智力不重要，片面地训练或发展某一种智力是不可取的。各种智力在个体的智力结构中都占有重要的位置，处于同等的地位。多元智力理论对英语教师提出了更高的要求。首先，教师应更新知识结构，善于学习，接受新的教育理念，了解新的教学动态。其次，教师应具备全能意识与技能，创设能鼓励各种智力发展的学习环境，满足不同学生的需求，因为教学中教师的身教最有说服力，最具示范性。再则，教师之间必须加强团队合作。多元智力理论下的教学评价需要教师的多元化教学技能，而教师个人能力毕竟有限，很难集全能、多面于一身，客观上要求不同或相同学科教师之间的团队合作，共同探讨多元智力的课程设计与实施方案，集思广益，优势互补，实现教与学的最优化。

第二节　掌握学习的教学应用

【案例】浅析掌握学习理论在初中英语阅读教学中的应用

（研究教师及作者：舟山市第一初级中学胡高择老师）

在初中英语教学中，阅读教学是非常重要的组成部分，但是现在初中英语阅读教学中存在一些问题。从教师的角度来说，虽然进行了各种学科的改革，但是教师的教学观念并没有跟上时代的步伐，教学方式过于单一，阅读策略和技巧的讲解不足，对不同性格的学生关爱不够，对部分学生有错误的阅读习惯没有及时纠正。从学生的角度来说，初中生掌握的英语词汇较少，阅读习惯不良，阅读兴趣及语言文化背景知识匮乏等问题较为突出。严峻的现状不仅严重影响了学生学习英语的积极性，也使得英语教学质量长期滞后。我们将布卢姆的掌握学习理论应用于初中英语阅读教学中，为教师开展阅读教学提供一些有益的启示，改变现有的错误观念和教学策略，更新教育评价机制，切实有效地提高英语阅读教学质量。

一、掌握学习理论的理论基础和实施过程

1. 掌握学习理论的主要理论基础

掌握学习理论是布卢姆在长期教学实践和多次教育实验中，综合学习其他教育学家的理论成果，并结合自己对教育的亲身体验，逐步形成的一种重要的学习理论。其中最重要的理论基础是卡罗尔的"学校学习模式"，其核心观点主要包括两个方面。一方面，只要具备足够的学习时长，所有学生都可以掌握、理解任何学习内容，完成高级学习内容的潜质并非只是高能力学生的专利；另一方面，学生学习成功度的差异只是表象，其深层原因可归因于学习上的时间投入与所需必要学习时间成本的差异（刘晨来，2016）。基于这一核心观点，布卢姆认为，学生学业成绩正态曲线并不是什么神圣的东西。教育在本质上是一种有目的的活动，我们努力使学生习得教师所必须教授的事物（钟启泉，2007）。只要教师为学生提供充足和合适的条件，95%的学生都能达到掌握知识的程度。人本主义心理学是掌握学习理论的又一重要理论基础。人本主义认为，有些掌握学习理论家谋求将掌握学习理论与人本主义融合。因为其中很多概念是从经典的或新经典的人本主义思想中推演出来的（韦伯，2016）。布卢姆认为应当给予学生足够的信任和支持，在教育中学生是主体，要强调对学生创造力的培养和自主性的发展，抛弃原有传统的教学中存在的弊病。

2. 掌握学习理论的实施过程

（1）"掌握学习"的准备阶段。

在真正的掌握学习过程之前，教师首先要做的工作是确定掌握学习的目标，并在此基础上对教材进行排序以便教学，根据教材单元目标，制定相应的诊断性测试、形成性测试和总结性测试。

（2）"掌握学习"的实施阶段。

教学前，教师应当先让学生适应自己的教学习惯，并在学生掌握了解后，对学生进行诊断性测试。通过教学之前的诊断性测试，教师可以了解学生已有的相关知识基础和情感准备状态，从而可以根据每个学生的状况和特点安排单元学习。每施以一个单元的教学，教师应及时安排形成性测试，通过形成性测试迅速了解学生对于知识的掌握程度。对于没有通过形成性测试的学生，教师要及时帮助学生分析失败原因，并提供适当的矫正措施。得到一定的矫正之后，学生接受平行性测试，直到达到掌握知识的程度。在一定阶段的教学过程结束之后，教师要对学生进行总结性测试，为学生划分等级，但是等级评定要以掌握学习为标准（郝倩倩，2018）。

二、掌握学习理论在初中英语阅读教学中应用的意义

1. 有利于阅读方式的改变和学习效率的提高

在整个英语阅读教学的过程中，教师可以在不同的阶段对学生运用不同的测试手段，保证自己对学生的情况了如指掌，进而帮助学生跨过学习障碍，使得学生的学习顺利进行，一定程度上提高了学生的学习效率。

2. 有利于学生自信心的增强

教师在学生遇到困难的情况下依旧能耐心地指导，在形成性测试中未通过的学生依旧可以通过他人的帮助来最终达到掌握学习的目标，这就使每位学生都能体会到学习成功的喜悦，进而对学习有更加浓厚的兴趣，增强了学习自信心。通过掌握学习，逐步学会学习，掌握学习技能，这无疑有利于学生养成终身学习的习惯。

3. 有利于达到阅读教学中的情感目标

布卢姆认为，教学活动的整体目标包含认知、情感和动作技能三个领域。情感目标是传统教学中最易被忽视的目标，掌握学习理论能够帮助初中英语教师关注阅读中的情感目标。英语阅读是情感因素的载体，教师要从掌握学习理论出发，从情感维度对教材进行系统剖析，以把握阅读材料中的情感成分，学生在教师的引导下进一步发现和感受文本中的情感力量，情感感知力可得到有效提升。

4. 有利于英语阅读教学评价的合理化

掌握学习理论认为，教育评价应该具有鉴定、导向、改进、激励、管理等功能，它要求发展每个人的能力，是以目标达成度为中心的评价（戴宁、曹辉，2016）。掌握学习理论强调在整个教学过程中要综合运用诊断性评价、形成性评价和总结性评价。诊断性评价可以在教学之前了解学生是否已经达到既定标准以及达到的程度，了解学生相关知识基础的掌握情况，对症下药，为后续学习奠定基础。形成性评价在英语阅读教学中不容忽视，学生对英语学习的兴趣、学生对于异国文化的理解、学生在英语小组学习中的参与程度、学生在阅读中形成的价值观等因素都需要通过形成性评价来测量，形成性评价真实地反映了学生学习发展的过程。总结性评价是为了了解学生掌握目标的程度，考察学生的发展水平（李喜凤，2013）。这三种评价方式运用在教学中，既能提高学生的学习效率，又能达到合理评价学生的目的。

5. 有利于在英语阅读教学中进行因材施教

掌握学习理论主张教师依据教学目标，从优、中、劣各水平学生的实际情况着手，进行不同层次的教学、辅导和相应的检测，使所有学生皆能有兴趣，有所得，在各自的"最近发展区"得到最充分的发展。在初中英语阅读教学中，因为学生智力发展、知识储存、学习兴趣等存在不同，所以不同的学生对英语阅读的学习状况有很大的不同。教师在面对这些性格有差异和学习能力有差距的学生时，应当在尊重学生的前提下，采取一定的方法缩小学生之间的差距。

三、掌握学习理论在初中英语阅读教学中的具体应用

1. 改变传统的教学观和学生观

在教授英语阅读的时候，教师应当首先注意语言的交际功能。教师不仅要使学生懂得阅读素材中相关语言的用法，更需要让学生明白如何运用这些知识，实现自己在实际生活中的语言交际能力。其次，教师要积极关注学生对于英语学习的心理态势，充分调动其内驱力，通过设置既有新奇性又有挑战性的任务来使学生感受到英语学习带来的愉悦。根据掌握学习理论，初中英语教师需要面对的是自己全部的学生，并且是平等地对待他们，对每个学生都要给予信任和鼓励，矫正他们的不足，不断地改进自己的教学方法，因材施教，让学生成为学习的主体，使每个学生都能在英语阅读学习中取得最大的成功。

2. 课程设计

根据掌握学习理论，对于英语阅读的教学，教师可以拆分为一个小单元，进行读前、读中和读后三个教学活动。例如，对于初中英语 Go for it 八年级上册中 Unit 4 How Do You Get To School 的 Section A 部分的教学来说，就可以按照读前、读中和读后三个阶段来进行教学。在"读前"教学活动中，首先，可以设置一定的语境环境，将生词导入，帮助学生扫除词汇障碍，同时提供一些相关语境来帮助学生熟悉重点词汇。其次，教师在进行阅读教学之前要给学生介绍相关的社会文化背景知识，如介绍不同国家的交通规则，让学生对所学知识有更进一步的了解，激发学生的阅读兴趣。在"读中"活动中，教师可以让学生听读课文，了解文章的主旨大意，然后让学生快速阅读，做一些有关该部分文章的判断正误题目，让学生仔细阅读，填写有关阅读细节的表格题目。在"读后"

活动中,教师可以让三位学生分别代表课文中三个不同国家和地区的学生,让其他学生询问这三位同学的上学方式,这样可以帮助学生不断地增加记忆力,达到互动与交流的目的,做到活学活用。

3. 教学方法设计

在初中英语阅读教学中,教师要善于根据阅读材料的类型采用多种多样的教学方法。掌握学习理论强调学生在学习中的主体地位,教师可以引导学生进行自选阅读,然后教师再检查学生的自由阅读情况,组织学生对自己的阅读过程和阅读收获展开讨论。初中英语 Go for it 七年级下册 Unit 6 It's Raining 的 Section B 部分中,就可以采取合作阅读的方式。合作阅读分为四步进行。第一,读前准备。让学生询问同伴喜欢什么天气及其原因,讨论四季的天气状况和各季节经常开展的相应活动,激活相关的知识背景,小组成员进行信息共享,引导学生对材料内容进行预测。第二,细节阅读。学生主动对教材进行自我分析,区分知识重点和难点,从而为进一步的学习制定规划。第三,大意理解。组织学生进行分组讨论,总结主要意思,力图让学生自己组织语言介绍阅读材料的中心内容,小组间进行交流学习。第四,巩固。扩充学生的知识,促进学生的理解,可以通过双人对话的形式描述有关季节的图片信息,增添课堂的趣味性。

4. 反馈和评价

掌握学习理论尤其强调形成性评价的重要性,在英语阅读教学中实施形成性评价,主要是让学生反思和调控自己的学习过程,分析自己的成绩与不足,明确努力的方向。形成性评价不仅要包含对学生阅读知识的考查,也要测量学生在英语阅读学习中的品德、个性、情感发展状况。但是由于课堂教学时间有限,形成性评价并不一定是通过书面形式的测试,教师也可以通过随时提问的方式来了解学生的掌握情况。在一节英语阅读课堂学习评价中,可以采取分等的方式,评价内容应全面,包含课前准备、阅读理解、能力提高和情感态度等方面,同时形成性评价中还应包括学生的自我反思以及教师和其他同学的评语。教师要重视评价对学生学习和教师教学的反馈作用，通过"反馈与矫正"环节使学生学习中出现的问题及时得到补救，使整个学习进程呈螺旋式上升状态。

四、结论

英语阅读是英语知识综合能力的体现，而阅读则是促进知识与能力转换的重要环节，能力形成是一个渐进复杂的过程。为了最大程度提高初中英语阅读教学质量，必须采取行之有效的教学策略，而掌握学习理论便提供了这种合适的教学策略，有效克服了传统英语阅读教学中存在的顽疾，对充分发挥学生的主观能动性，增强学习能力等方面具有指导意义。在借鉴掌握学习理论的同时，为了培养出更多的优秀人才，我国的教育工作者仍然需要不断地总结和探索，创建出符合中国教育实际，具有中国特色的教育理论。

第三节 建构主义的教学应用

建构主义与社会建构主义的教学应用研究来自2所学校。一是岱山高亭初级中学（案例1），二是嵊泗海星中学（案例2）。

【案例1】建构主义视域下初中英语教学中学生自主学习能力培养

（研究教师及作者：岱山高亭初级中学沈萍萍老师）

英语作为一门外来语言，不同于其他学科。我们的教学既要符合外语的特点，又要体现个体学习者的知识建构和新课改模式所倡导的"自主学习"。而建构主义强调学习者的主动性，认为知识是学习者在一定的情境中通过与环境的相互作用和与他人的合作，利用学习者的个人经验逐步构建的。这一教育理念正符合培养自主学习能力这一目标。这就要求我们英语教师能够在建构主义视域下设计出符合学生自主学习特点的有效的教学活动。

一、倡导自主学习的理论依据

建构主义学习理论认为,认识是一种主动、积极而不断建构的活动,发展是一个积极建构的过程,儿童要通过自己的活动,才能建构他们的智力的基本概念和思维形式。同时它又认为,学习者的知识应该是他们在与环境的交互作用中自行建构的,而不是灌输的(陈越,2002)。因此,建构主义教学理论特别侧重于学的方面。"自主学习"不是由教师直接告诉学生应如何去解决面临的问题,而是由教师向学生提供解决问题的有关线索,并要特别注意发展学生的自主学习能力。建构主义学习理论开创了学习理论的新领域,推动了教学理论的发展,并对形成新的教学模式起到了指导作用。

二、自主学习方式的特点

自主学习即学生依靠自己的努力,自觉、主动、积极地获取知识。它强调教学过程中"以学生为中心"的教学模式,而教师的任务则侧重于启迪、引导与开发。在国内外学者的研究成果中把自主学习概括为"自我导向、自我激励、自我监控"的学习。通俗点讲,自主学习,就要达到"想学""会学""能学"。具体说来,它具有以下几个方面的特征(陈春英,2013)。

1. 有目的地学习,也就是"想学"

学生在学习之前要确定学习目标和学习内容。自主学习的目标可以是学生在课堂上要学习的内容,可以是在课堂学习过程中生成的问题,也可以是学生在生活中遇到的问题。这些是学生自主学习方式的动力源泉,也就是学生"学"的需求。

2. 有选择地学习,也就是"会学"

学生在确定了学习目标之后,会根据自己的实际情况选择解决问题的方法，可以是查阅资料，也可以是动手实验，还可以是同学之间或与老师进行讨论。由此，学生学会怎样去学。

3. 有创新地学习，也就是"能学"

自主学习要求学生积极发展各种思考策略和学习策略，在解决问题中创新学习，也就是学生有能力学好。

三、如何设计符合自主学习的教学活动

培养学生的自主学习意识和能力是摆在教师面前的一个艰巨而又意义深远的任务。教师的教育不仅是教知识，更是培养人，培养积极向上的人，要帮助每个学生以最好的心智发展。学生"自主学习"的教学模式不应仅仅是帮助实现教学目标的工具，而且要遵循现代学生认知的发展顺序，帮助学生实现认知的飞跃。当学生在完成自发的学习活动需要帮助时，教师应该寻找机会，运用脚手架方法帮助学生迈向更高一级的技能及知识水平（南敬实，2006）。教师只需给予足够的协助，或只是留意学生的意图和努力，需要时不露痕迹地助其一臂之力即可。学生犹豫时，教师应给予鼓励，激励学生锻炼技能。教师在实际教学中设计的活动应该是学生能够接受、愿意接受、主动探求的形式，要符合自主学习的特点，让学生真正从"要我学"变为"我要学"。

1. 创设趣味性活动，激发自主学习的兴趣

子曰："知之者不如好之者，好之者不如乐之者。"从中可以看出，学习兴趣的因素仅次于学习习惯。同时我们的教学实践也证明，浓厚的学习兴趣可以使学生对学习充满热情，主动克服各种困难，全力以赴实现自己的学习愿望。只有当学生喜欢学、要求学，有迫切的学习愿望时，才能自觉积极地投入到学习活动中去。因此，教师应创设各种趣味性活动来激发学生自主学习的兴趣。

笔者曾观摩过这样一节课，教师的教学任务是对 hair/eyes/nose/

mouth 几个单词的学习，经过图片示范、跟读、指认等几个环节后，学生已略显疲倦。以前学生学过一首英文歌 *Head Shoulders Knees and Toes*，于是老师请一名学生到前面来唱这首歌。当学生们听到这首英语歌时，都大声跟着唱了起来，形成了一个大合唱，唱完之后，老师就提出这样一个问题："同学们能不能做一个小小填词家，按照这首歌的曲调，把今天新学的单词填进去，创作一首新歌呢？"老师话音一落，教室里顿时热闹起来，学生们都兴奋地大声地试唱起换词后的新歌。

Hair eyes nose mouth, nose and mouth,

Hair eyes nose mouth, nose and mouth,

Hair eyes nose and mouth,

Hair eyes nose mouth, nose and mouth.

在这个活动中，真正体现了学生的自主性，每个同学都以积极的心态投入到了英语的学习中去，很好地巩固了新单词，有效地达成了这节课的目标。

2. 选取生活话题，培养自主学习的能力

要培养学生的自主学习能力，就要从学生的实际出发。"从学生实际出发"即为"根据学生现有水平和生活经验，用符合学生认知能力和接受能力的教学活动来授课"。

例如在教授 *Go for it* 八年级上册 Unit 2 *How Often Do You Exercise?* 的频度副词时，我利用了一件学生非常熟悉的东西——课程表。上课时，我请学生拿出课程表，询问学生每周有几节语文课，几节英语课，几节电脑课，几节音乐课。由于各门学科每周的节数不同，于是我非常自然地引出"usually, often, always, sometimes, never"等频度副词，并列表展示，学生一目了然。贴近学生生活实际的引入让学生更容易理解，感知更为深刻。其实不仅是引入，其他的教学活动都应该紧紧围绕学生的实际情况出发。通过学生熟悉的生活话题，我们可以慢慢培养学生"想学""会学"的能力。

3. 建立小组合作，增加自主学习的机会

在当前新课改模式下，我们把班级所有的学生按照优中差的搭配，6人一组建立了学习合作小组，开展组内的互帮互助，并进行组与组之间的竞争。课堂中对话的操练活动先在组内进行展示，然后每组派出组员进行全班展示。让全班同学进行点评，这大大增加了同学们的学习机会。例如，在教授七年级下 Unit 4 *Don't Eat in Class* 这一课时，我设计了一个活动，让同学们在课后为自己理想中的学校制定校规。写出来后，每个组请一名同学在课内朗读展示，并对其他组进行点评。课后全体同学都踊跃参与，因为他们都有话可说。组员们互相合作，想规则，查单词，记录，朗读。课内展示的同学认真朗读，其他同学都侧耳细听，努力找出存在的错误。这样的合作活动既活跃了课堂气氛，又切切实实让学生掌握了知识点，更重要的是增加了学生自主学习的机会。

4. 注重文化语境渗透，发散自主学习的思维

建构主义认为，学习总是与一定的社会文化背景即"情景"相联系的。有效的教学应该和社会文化环境相联系，离开了社会文化环境的知识学习是无效的（曹莹，2009）。读前环节是阅读教学中思维活动的开始，教师只有加强学生新旧知识之间的联系，触及学生的最近发展区，才能达到真正开启学生思维的目的。思维的大门一经打开，那迎接我们的将是一片广袤的可塑时空。

例如，在初中英语 *Go for it* 八年级 *A Country Music Song Changed Her Life Forever* 教学中，涉及美国乡村音乐。针对学生对美国乡村音乐背景知识比较缺乏的情况，教师可以利用幻灯片或影像资料让学生了解和熟悉乡村音乐的背景，并通过音乐激发学生的好奇心。通过"What do you think of the country music？"的问题和学生共同交流讨论，为读中阶段的活动做好准备。这些信息可以包括：

（1）The origin of country music.

（2）Country is a traditional kind of music from the southern states of America.

（3）In old days, country music is about friends, family and the beauty of nature and the countryside.

（4）Some successful musicians in American history.

……

这些基本信息，有利于学生对文章进行预测和推理，这是激发学生求知欲的一种有效途径，能更好地开启学生思维的大门，培养学生的逻辑推理能力，同时也是建构思维课堂的重要手段。

5. 给予科学的指导方法，提高自主学习的效率

建构主义认为教学应当指向最近发展区的上限，儿童只需通过与指导者的密切合作便能够实现目标。有了充足、持续的指导和锻炼，学生能够组织并掌握完成目标技能所需的动作序列（陈越，2002）。随着指导的继续，重点逐渐由教师向学生转移。教师的讲解、提示和演示逐渐减少，直至该学生能够独自展示该技能。目标一旦实现，就能成为发展新的最新发展区的基础。因此，给予学生科学的指导方法，有利于提高学生自主学习的效率。

（1）指导学生有序预习，明确自主学习的方向。

英语学科教学，预习是一个十分重要的环节，学生预习的好坏，对课堂教学的效果有着很重要影响。要提高自主学习的效率，就要教会学生怎样预习。这就要求教师在设计预学提纲时应该给出学生预习的目标和重难点，让学生在预习时有目的和方向，告诉他们每一步需要做什么，有了明确的方向，学生自主学习的效率自然就高。

（2）帮助学生总结学习方法，逐步形成一定的自主学习能力。

初一的新教材非常重视音标的学习，音标学得好与差会直接影响以后的学习。所以在音标教学时，一定要让学生耳听（听示范发音），眼看（看老师嘴巴的形），脑思（想发音方法），口模仿（模仿语音、语调）。学生掌握了学习方法，形成了调动多种感官学习的好习惯，积极性、主动性会大大增强，学习就水到渠成，事半功倍。另外，还可以通过举办"学习方法交流会""看谁的学习方法好"等活动，帮助学生总结学习方法。

学生只有掌握了正确的学习方法和手段，才能真正实现主动获取知识，提高能力，当好学习的主人，从而保证自主学习顺利、有成效地进行。

6. 运用现行教材，搭建自主学习的平台

现行教材不仅要求学生掌握英语知识，而且要将基础知识转换为语言技能，并发展成为运用英语进行交际的能力。要实现这一目标，我们需要调动起学生的学习积极性，培养学生的自主学习能力，让学生主动地张开嘴巴，自主地去模仿、表演对话等才能达到交际的目的。现行教材每单元都提供了交际话题与语境，这就为学生的自主学习提供了很好的平台。教师要创设丰富多彩的语言环境，吸引和鼓励学生积极参与课堂语言的实践能力。

我在教授七年级上关于颜色的内容时，给学生布置了一项任务——运用刚学的颜色词给自己的老师和同学选择服装。学生对这一话题特别感兴趣，讨论的兴致很高，有的同学爱开玩笑，专给男生选女生的 skirt, blouse 等，还有的同学说错了都特别有趣，一个女同学说："I think Miss Shen can wear a white blouse and a long white skirt." 我笑着对她说："I like white. I like your clothes for me. But the skirt is short. It can not be long. If you want me to wear a long skirt, that is a dress, I think." 边说边做着手势，让其他学生明白她的意思，同学们都笑了。通过富有挑战性、创新有趣的服装搭配这个活动设计，让学生愿意主动参加，为自主学习和探究学习提供了平台。这样，学生也真正地用上了所学的知识，他们就会有成就感，从而提高积极性，更加自主地去学习。

7. 及时合理的评价，提升自主学习的空间

评价是自主学习过程中非常重要的一环，贯穿于自主学习的始终，其主要目的在于监控学习者自主学习的过程，并对学习者的自主学习进行有效的反馈，促进学习者发现自主学习过程中的优点和不足，提高自主学习的效率（南敬实，2006）。

在课堂上，当学生通过自己的自主学习遇到困难时，要多鼓励引导；当解决问题时，要加强表扬；当自主解题出现错误时，要赞赏他们勇于自主学习的好表现。另外，我们在教学过程中启用课堂评价表，把学生的课堂表现根据学习程度的不同，按不同分数计分。就算有个别学习不佳的同学，通过小组同学的帮助，在课堂上都能积极发言，主动参与合作。全面的评价方式帮他们找到了自信心，获得了成就感，也让他们有了学习的动力，从而让自主学习有更大的发展空间。

当然，要设计符合学生自主学习特点的英语课堂教学活动还应考虑活动的实践性、交际性、探究性和延展性等多种因素。因此，教师要从不同学生的生理、心理发展的需求及特点出发，依据知识的难易程度和学生的实际水平，精心设计教学活动，做到适时适度，切实可行并富有成效。唯有如此，才能真正促进学生自主学习，让自主学习有更强大的生命力。

【案例2】合作学习在初中英语写作教学中的应用

（研究教师及作者：嵊泗海星中学傅华一老师）

一、合作学习的定义及意义

庞国斌、王冬凌（2013）认为，合作学习是指以分组合作为形式的课堂教学，通过组别同质、组内异质的程序、方法和合作式人际交往促进学生认知、情感的教学策略。实际上，合作学习体现了"以生为本"和"以问题为导向"的教学思想，通过学生互动式的问题探究，以群体动力形成学习环境，促使学习者在相互促进、相互激励、相互补充中共同完成学习任务。

合作学习起源于美国，由教育学家 David Koonts 在教育实践中发现总结并倡导实施，是一种将学生分成若干小组，通过组员互学、互助、互评的形式，进行组别良性有序竞争的学习模式。在该模式中，学习任务为组员的共同目标，小组以任务分解的方式对目标进行攻坚，通过研究、分析，自行完成各自任务，再将各自任务进行整合，通过合作模式在组内和组别间进行沟通和交流，实现学生间的相互交流和激励，进而在整个班集体内形成积极的学习氛围。通过合作学习中的合理评价，学生能够在积极主动参与学习的过程中，提升沟通、交流水平和自我反思能力。

二、合作学习对于初中英语写作教学的必要性

英语写作是英语学习中极具实践性的重要环节，也是学生应具备的一项基本技能。通过对合作学习的研究，对传统讲授教学方法弊端的分析，写作教学改革势在必行。传统的写作教学模式只是老师给出作文题目的材料，先进行一些讲解分析，学生开始模仿写作，老师再进行批改。教学模式呈线性状态，相对单调乏味，学生对写作能力的认知较片面，难以激发学生的写作兴趣。而在合作学习中，轻松、愉悦、互助的学习氛围有助于学生充分发挥主观能动性完成写作任务。教师通过旁观和差别化的指导和帮助，适时纠偏或给予鼓励，沟通更为实时、有效和顺畅，学生也更为自信和自主。由此实现教学模式由单一式向复合式转变，教学理念由以教师为中心向以学生为中心转变，教学目的由传授知识、技能向培养语言实践应用转变，学习方式由被动填鸭式向自主合作式转变。

三、合作学习在英语写作教学中的具体运用

1. 小组建设：合理分组，形成合作基础

科学合理分组是实现合作学习效能最大化的先决条件。无论合作学习

组织形式怎样变化，"组间同质、组内异质"是合作学习的根本原则。通过将男生和女生，以及学习能力高和低，性格内向和外向等异质学生进行合理搭配形成若干学习小组，从而在性别、性格、学习、交流上形成多向互补，通过平等而又竞争，各抒己见而又求同存异的学习方式，培养学生的综合素质，养成良好的学习习惯。

2. 明确选题，为写作指明方向

良好的开始是成功的一半。好的选题能够激发学生的兴趣，为英语写作进行良好的铺垫，提供合适的切入点和突破口。选题既可取于教材之中，亦可来源于教材之外，但无论如何选题都要紧贴教材内容，都要符合学生的实际情况，使学生能够产生共情，代入情景之中，充分运用所学的知识，紧紧围绕选题书写相关内容。例如，人教版九年级上册 Unit 1 *How Can We Become Good Learners*？这一单元，教师确定了写作话题 How to Learn English Well 之后，学生通过组内讨论归纳总结所需短语，如 make word cards，listen to the tape，work with friends，watch English movies，等等。

3. 组内讨论，培养写作思路

教师确定主题后，各小组围绕主题展开自由讨论：围绕主题交流相关词句；探讨文章体裁，写作技巧、方法、格式；研析多样化的人称、时态等；列出写作提纲、选择词语短语和确定重要句式；等等。围绕主题，学生通过讨论展开想象，碰撞出灵感的火花，在此基础上理清思路，明确目的和路径。小组成员可根据自己的想法，对写作进行充分阐述和相互补充。

例如，根据下表信息写一篇一篇不少于6个句子的英文寻人启事。

Name	Jack
Age	12
From	Zhoushan
Look	Short and fat, a long face, big eyes, a small mouth, short black hair
Clothes	A blue and black jacket, black trousers, white shoes, a yellow hat
Please call Mrs.Wang at 13657804830.	

根据这篇作文，小组要讨论的内容可以参考如下：本篇作文的主题是什么？是何种体裁？该如何写？用什么时态和人称？这种体裁的作文常用到的哪些句型？具体到这篇作文，还会用到哪些句型？这篇作文涉及了哪几个要点？每个要点该如何展开？这篇作文大致分成几个段落？这样，学生的头脑风暴通过合作学习充分展现在英语写作中。在讨论过程中，组员可以合作起草文章的提纲和思考多样性的句型。题目可以是 Wanted/Find the boy 等，学习好的学生也会对组员进行好句分享，并纠正错误的表达方式。这样一来，在描述外貌时，小组内就可以运用多样化的句型。例如：His hair is short and it is black./He has short black hair.

教师作为英语合作写作的组织者和引导者，在强调学生间合作的同时必须充分发挥教师的主导作用，可根据学生的认知水平和学习经验确定可行的课堂教学目标。沈娟（2017）认为，教师要善于启发、巧妙引导，合理有效地把控学生讨论的话题走向，让写作教学中的知识重点与难点似"剥洋葱"般地逐层显现。在合作过程中，教师要在学生出现困难时及时介入和调控，及时诊断和处理问题，为小组合作增加"润滑油"和"助推剂"。

4. 初稿写作与自我修改

经过写作前期的热烈讨论激发各自的头脑风暴后，小组成员根据自己的构思、提纲和记录进行独立写作，较好地检验了合作学习讨论阶段的成果，有利于学生整合所讨论的知识，形成独立的思考，而且也能让学生独立有效地完成整篇短文。这样尤其有利于成绩中下等的学生动笔写作，不会出现常见的无从下笔现象，并且能够促进学生完成整篇短文。初稿完成后，要求学生进行自我修改。

5. 组内互相评价，共同修改和分享

自我修改后，通过组内相互评价和修改写作，起到互相学习借鉴，取长补短的作用。

在学生完成组内评价后，教师要对合作过程进行点评，对文章的主题、结构、内容等方面进行客观评价，以提高学生的写作水平。例如：在人教版七年级下册 Unit 12 *What Did You Do Last Weekends* 写作中，教师可设置 6 个不同的周末活动：① An interesting weekend，② A special weekend，③ A busy weekend，④ A terrible day，⑤ An exciting day，⑥ A boring day，并为每个活动配 3 幅图片，要求每个小组选择其中一个活动进行写作，并为各小组展示"作文小组评分表"和范例，然后写作中指导每个小组讨论所需时态和段落结构，再指导小组成员搭档描述一幅图片，并表述情感。之后，要求各小组将 3 幅图片的内容进行整合，并使用合适的连词使其连贯。写作任务完成后，要求各小组根据评分表进行修改。最后将每个小组的作文终稿在电子白板上展示，供全班欣赏、纠错和评分。

四、初中英语合作学习教学存在问题分析

曹书香（2017）对合作学习教学存在问题教学了分析，认为在初中英语教学实际应用中，合作学习难以达到预期效果，流于形式而问题颇多。学生异质分组不合理，职责任务不明确，合作意识欠缺，参与热情不够、热度不强；教师组织、指导、参与不力，情景创设不够，评价方式和实施方法单一乏味，缺乏对初中生学习特点的足够认识等。

1. 学生的主观能动性还不足

该问题主要源于学生对合作学习模式不够了解，找不准角色定位，未摆脱原有认知，缺乏参与课堂活动的敏感度，组员之间配合不力、沟通不畅，对知识的理解、掌握和吸收不够充分，未能充分发挥合作的效能。

2. 教师的安排和执行力不够

当前教育方式仍较传统，教师在教学中传道授业解惑的传授者的角色定位根深蒂固，缺乏和学生的沟通交流，不能有效鼓励和发挥学生在

合作学习中的主体作用,从而造成学生出于误解或惧怕出错而不敢积极主动发言,无法形成良性参与的合作情景。

3. 合作学习创设不科学

部分教师对合作学习模式缺乏深入足够的了解,以及对应用中存在的问题缺乏足够的预案和应对措施,便仓促推行,不仅使学生无所适从,教师自己也难以掌控,导致合作学习的积极作用无法充分展现,学习效率降低。

五、合作学习的实施策略

1. 提升站位转变观念,优化教学提高效率

开展初中英语合作教学的前提是教师对合作式教学本质有根本性了解。很显然,目前多数教师对合作式教学这一先进教育理念和教学模式的认知尚处于知其然而不知其所以然的程度,虽跟风者众、模仿者众,但缺乏足够的理论支撑和充分深入的了解,仅简单地认为合作式教学即学优生帮助学困生,通过结对帮扶的形式实现全体学生英语水平的提升。事实上,合作式教学模式是一个多赢的过程,既为学困生提供了提升的空间,也满足了学优生的学习需求,有利于其英语运用与表达能力的提升。不仅如此,小组合作中的资源共享、信息交换和情感交流,有利于弥补学生在学习、情感、认知中的空白点,从而提高学生的综合素质。打铁者,自身更要硬。作为一名初中英语教师,要充分认识合作学习在英语教学中的重要作用,深入研析掌握合作学习的内涵、具体应用、情景创设和指导把控,通过课下观摩请教、视频教学揣摩、专家讲座讲学等方式,不断累积和丰富合作教学经验,自觉将自己的教学风格融入合作教学实践中,在提高自身专业素养和教育水平上下功夫,以过硬的业务素质和扎实的理论功底积极吸取消化先进教育理念,并具体运用到实际教学当中,通过初中英语课堂教学效果的优化促进学生综合素质的全面发展(张

键飞，2018）。

2. 科学调配合理分工，激发兴趣调动热情

良好的开端是成功的一半，科学合理的分组分工决定了合作式教学的成败。在初中英语教学中，学习小组由 4 至 6 人组成为佳，人少则难以营造合作讨论的氛围，人多则雨露不均旱涝两重。因此，应科学调配各组组员，从每名学生兴趣爱好、学业水平和学科特点等方面综合考虑，并根据每一位学生的个体差异性和性格特点，有意识地将性格外向、参与性强的学生分配到各组，以达到鲶鱼效应。在组内分工环节，要根据每名学生的学习能力、理解接受能力等，结合英语学习的特点借助教师的力量进行合理有效的分工。可根据学生的认知能力进行有效搭配，让每一名学生都能在小组合作中找到自己的位置并发挥自己的作用，都能够成为小组合作的主角并享受合作的过程。如此，小组成员以共同的学习任务为目标，通过相互帮助、协作和补充来达成，充分体现集体的智慧和力量，并在集体效应带动下激发学习英语的兴趣，调动起学习的热情。可见，合理而科学的教育方式和教学手段能够有效弥补先进教学设备的不足，激发学生学习的内生动力，促进学生学业水平的提高。

3. 创设生态彰显主体，增强合作激发竞争

将课堂还给学生是"以生为本"教育理念的具体体现。英语合作学习通过创设以学生为主体的生态课堂，在教学目标的激励和鼓舞下，以思维碰撞的方式激发学生学习的积极性，唤起求知欲望，主动投入到对英语知识的探究中，使英语这门极具实践性课程焕发出蓬勃的生机和活力。陆莲枝（2017）认为，合作学习的过程也是师生双向交流互动的过程，教师可通过层层设置问题的形式，由浅入深、由表入里地层层贯彻教学意图，引导学生通过组内沟通交流和组别讨论研析的方式碰撞出思维的火花，增强学生合作意识，激发学生竞争意识。

例如，在教学 *Will People Have Robots*？一课时，可以充分利用学

生丰富多彩的想象力这一特征,通过能够抓住学生思维沸点的内容进行导入:"同学们,《变形金刚》系列电影很酷很炫,相信大家都看过吧,想必对里面的机器人印象深刻。同学们,你们能否就机器人对未来的影响开展联想和预测?请在叙述中运用 be going to do 这一句型。"这一导入接近学生生活实际和兴趣沸点,能够激发学生表达欲望,另外通过相互叙述补充和完善自己的知识结构,产生共情效应,围绕共同的兴趣点不断强化合作求知意识,并在与其他小组的竞争中凝聚团队意识,增强集体荣誉感,以此推动合作式教学在初中英语教学中顺利实施。

五、结语

学生英语写作水平的提升关键在于勤思勤写,因此教师要鼓励学生在小组合作中充分思考、大胆创作,指导学生围绕贴近学习和生活的素材,充分运用教材中的词汇和语句,使其心中有数、言之有物、笔下有神。尽可能不要让学生的写作思维局限在教师划定的条条框框内,而是让其自由表达、合理想象、大胆实践,以达到经历、经验和体验的目的。在合作完成英语写作的过程中,通过思想交流碰撞,写作水平低的学生获得了宝贵的经验和知识,而写作水平较高的学生也获得多样性启示和更宽阔的写作视野,有助于组员写作水平的有效提升,最终实现共赢目标。合作学习将教师的教学活动和学生的学习活动进行了有机结合,让师生互动更为顺畅有序,还有助于教师实时了解掌握每一名学生的写作能力,并通过总结式的讲解让学生更好地掌握英语语言的特点,从单词到形态,从句式到篇章,由易至难,循序渐进,进而提升学生的英语写作能力。

初中英语写作教学与合作学习的有机融合,是英语教育教学的一大跨越,既遵循了新课标对初中英语课程的要求,又充分体现了以学生为主的教育思路,有力地促进了师生、生生间的沟通、交流与合作。通过英语合作写作教学,使学生掌握和熟练运用写作技巧,有效提高学生的写作水平,让学生体会到成果的可贵和成功的喜悦,从根本上促进英语教学目标的达成。

第四节　系统功能语言学的教学应用

系统功能语言学对改进英语教学,提高教学的有效性具有不可忽视的作用。系统功能语言学有关语篇、体裁、语境、语域、语言潜势的理论对英语教学具有直接的应用价值,并对语篇解读和建构施加约束力。本节我们主要讨论语境、语域、主位-述位结构在英语教学中的应用,体裁分析和语篇理论的英语教学应用分别在第六节和第七节专门讨论。

系统功能语言学在英语教学中的应用可着重以下几个方面。

一、语境在英语教学中的应用

Halliday 系统功能主义的一个重要理念体现在对语言环境和语言层次的认识方面。他认为,语言的功能离不开语言使用的环境,即离不开语言的社会文化语境和情景语境。这两个层次是语言之外的层次,是影响语言内部结构的层次,是语篇生成的"原动力"(Halliday & Matthiessen,1999)。他将文化语境定义为,一定的社会—历史及意识形态产生一定的语篇,反之亦然(Halliday,2002)。情景语境配置有三个变量:语场、语基和语式。他进一步发展了语境理论,认为情景语境三要素是在语境组合中一起发生作用,并提出了"一对一"的对应关系。语场、语基和语式分别影响语言的概念意义、人际意义和语篇意义。概念意义、人际意义和语篇意义又分别影响话语参与者对及物性系统,语气,情态系统和主位,信息系统的选择。Halliday 强调语境对语言意义具有制约作用,认为语言的功能是指语言单位在一定语境中的作用,语言意义是情景语境要素交互作用的结果(肖好章,2009)。J.R.Martin 和 David Rose

(2007)认为，文化语境是社会中人们所有的文化图式知识，即语类，语篇类型是图式结构（schematic structures）（肖好章，2009）。

系统功能语言学非常重视语境的作用。语境分为上下文、情景语境和文化语境。上下文是语篇内部的环境；情景语境是语篇产生时的周围情况、事件的性质、参与者的关系、时间、地点、方式等；文化语境是语篇的社会背景，即说话人所在的言语社团的历史文化和风俗人情，属该言语社团的人一般都能理解其在语篇中的意义。这三者都有助于理解语篇的意义和交际意图，从而使语篇保持连贯（胡壮麟，1994）。因此在英语教学中，我们要重视不同语篇的语类结构在语篇解读和建构中的制约作用，同时还要对词汇、句法、语气、情态等作出符合情景因素的选择，使其更好地实现语篇功能。

基于系统功能语言学的语境观，我们认为英语教学应该重视语境的作用。具体体现在以下几个方面。

1. 重视语篇的语类结构

系统功能语言学将文化语境视为语类，语类是语篇的类型，是以语类结构潜势来体现的，而语类结构潜势就是语篇的语类结构，即组成语篇的必要成分、可选成分及顺序。语类结构对语言的理解和应用具有重要作用，它对语篇的解读和建构施加约束力。也就是说，语类结构式语篇的宏观结构，是文化语境在语言使用中的反映。因此了解语篇的语类结构对分析语篇、理解语篇和建构语篇意义重大。例如，英语通告的语类结构是：

heading ^ body (the purpose; the detailed information; the rounding off remarks) ^ signature ^ date

请看例文：

NOTICE

An English evening is to be held in the School Hall on Friday, May 15, at 6:30 p.m. The program includes songs, story-telling, cross-talk and short plays. All the students and teachers are warmly welcome.

Students' Union
May 10, 2019

又如,英语"接受邀请便条"的语类结构是:

date ^ addressee or salutation ^ showing thanks ^acceptance of the invitation(=purpose)^closing form^ signature

请看例文:

April 15

Dear Julie,

Thanks for inviting us to your barbeque. Joe and I will make it to your house this weekend. We're looking forward to seeing some of you old friends that we haven't seen for several months. Is there anything I can bring with? We'll see you at about 2:30 p.m. on Saturday. Thanks again.

Yours,
Amy and Joe

同样,我们也可以利用语类结构来分析文本。例如,人教版小学《英语》第六册48页,要求针对学校的邀请写一个回复。我们仍然用上述"接受邀请便条"的语类结构对文本进行分析。请看下列让学生完成的语篇:

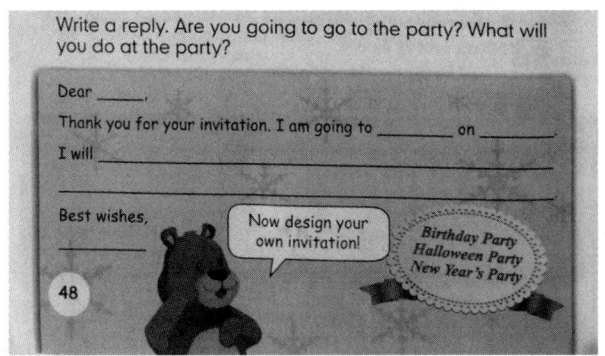

图 4-4　摘自人教版小学《英语》第六册，第 48 页

可见，这个让学生完成的语篇除缺失语义成分"date"之外（我国中小学英语教材中的书信、便条类文本格式普遍省去"日期"），其他均符合英语"接受邀请便条"的语类结构。然而，中国学生写此类便条时往往缺失语义成分"showing thanks"。因此，写作教学中强调语类结构，有利于学生写出符合英语图式的作品，提高交际效果。

2. 注重英语教学语境化

赵晨（2012）的研究证明，词义与语境紧密相连，每一次的学习会把一个词的形式和语境中的某个概念语义特征连接起来，随着学习次数的增加，该词的语义就被解构为一个个的概念语义特征；每一次的使用会使拼写表征和语义特征之间的连接强度增强。语言水平不同，使用歧义词的频率也就不同，而使用频率的差异最终导致语义表征的变化。也就是说，语境强弱在不同水平的英语学习者的歧义词加工中起不同的作用。强语境可以提高高水平学习者对歧义词次要词义的激活阈限，从而和主要词义展开竞争，进而完成词义的选择。但强语境不影响低水平学习者对歧义词次要词义的激活，因为即使语境强烈偏向次要词义，次要词义也没有得到激活。这充分说明目标词之前的语境逐步激活了高水平学习者次要词义的概念语义节点，这种激活在次要词义的概念网络的不同节点之间扩散，以致最终激活次要词义。因此，提供语境化的英语教学有利于促进英语学习效果。下面我们讨论语境对语言知识和语言技能教学的启示。

（1）语音。

①教授语音时，应做到音不离词，词不离句，句不离篇。

例如，在教 /i:/ 之后，应该将其置入单词之中进行训练（如 Peter, meat, eat, each），然后置于句子或语篇之中操练，如：

Peter need eat meat each meal. He feels pleased when he eats meals with meat.

②在语境中体验和训练音素。

音素在不同语境中，音长会呈现出一定的变化。在话语交流中音的长短视表达的需要而变化，如果灵活调整音长，有利于表达说话人的主观态度，产生一定的修辞效果。如 Don't cry，说话人说得短促响亮，表示语气坚定的命令；如果说得缓慢而低沉，表示发出威胁。在一定情况下，延长辅音也可以达到表态和表义的效果。如 Turn down the radio, please. 句中 please 的摩擦辅音 [z] 适当延长，烘托了不耐烦或恼火之意。有时故意拖长某个音素，使词义走向反面，产生某种感情色彩，或是赞许，或是挖苦，或是戏谑（秦秀白，2002）。在语境中体验和训练音素有利于在真实语境中把握语言的功能，形成语感，提高语言的运用能力。

（2）词汇。

词汇与语境的关系密不可分，离开了语境，词语就毫无意义可言。

①在语境中学习和运用词汇。

英语单词大多是一词多义，或称同形异义词。例如 fire，中国学生习以为常地将其等同于"火"（the condition of burning）。但在不同的语境中其意义就不尽相同，下列只有 G 句中的"fire"才具有"火"的意思。

A. Tom hardly worked in the workplace, so he was **fired** by the boss. (dismiss)

B. They did not **fire** at the enemy until they approached. (shoot)

C. "**On fire**!" cried the woman, taking a bucket of water and rushing into the house. (burning)

D. A kettle was boiling over a **fire** on the ground outside the tent. (a mass of burning material)

E. Entering the kitchen, she saw a gas **fire** beside the dining table. (stove)

F. He never listens to his colleagues' advice that he shouldn't quarrel with his boss. He is **playing with fire**. (taking great risks)

G. Horses are afraid of **fire**. (the condition of burning)

②在语境中呈现词汇。

所谓语境指的是上下文，即词、短语、语句或篇章及其前后关系。由于社会文化环境和地理环境的差异，不同文化历史背景的人所形成的思维方式各有不同。反映到语言中，同一词汇在不同的语境中会有不同的意义。例如，英语中 uncle 一词可代表汉语中的舅舅、伯伯、叔叔、姨父、姑父，要想了解这个词到底代表哪种含义，只有依靠上下文才能确定。教师可以先提供一个语境，让学生猜测词义，再提供正确的词义。

③根据语境猜测词义。

根据语境猜词就是根据一个词所处的具体的语言环境，运用有关线索，如同义词、反义词、举例、定义等推测词义，也可以运用逻辑推理、生活经验、普通常识等推断词义。如：You shouldn't have blamed him for that, for it wasn't his fault. 通过关联词"for"引出的句子所表示的原因（那不是他的错），可猜出 blame 的词义是"责备"。在阅读过程中难免碰到生词，教师要鼓励、培养学生通过语境猜测词义的意识，而不是碰到生词就查词典。根据语境猜出来的单词会记得更牢，因为学生在猜测过程中要付出认知努力，这样就会形成明显的记忆痕，进而促进词汇的记忆和保存。

（3）语法。

①在语境中学习语法。

语法结构要在一定的情境下学习。有研究认为，选择什么样的句式或者什么样的词取决于语用意义，以及社会、文化环境。其关键是说话者和听话者如何在社会和文化环境下创造以及协商意义。例如，在教 might，may，can，must 等情态动词时，教师可先精讲各自的含义：may（might）表示"可以"或"可能"，can 表示"能够"或"可能"，must 表示"必须"或"一定"。另外，当用于"推测"时，它们的"可能性"依次逐级增强（might → may → can → must）。教师可以根据需要设计如下案例：John 房中保险柜里面的一笔巨款被盗，Kate、Tom 和 Jack 三位都是警方的嫌疑人。Kate 是 John 的同事，了解 John 的活动规律；Tom 是 John 的好朋友，有 John 家门的钥匙；Jack 是 John 的中学同学，惯偷犯，能进入 John 的房间。教师可以让学生们扮演警察的角色，分组讨论"Who is the thief？"并尽量使用以上情态动词。为了破案，"警察"们可能会对案情作如下讨论：

"As John's workmate, Kate knows when John leaves home and when he comes back, so it might be her."

"No, it can't be Kate, because she can't enter John's room."

"Because Tom can enter John's room, it may be him."

"It may not be Tom because he and John are good friends."

"It must be Jack because he often steals something and he can enter John's room and we can tell the footprints on the floor are his."

"I agree. It must be Jack."

这样，学生通过将 might，may，can，must 等词运用于语境中，加深对这些语法知识的理解，为在以后的语言交际中更好地运用这些词奠定了基础。

又如，现在进行时可以用来表示将来的行为。那么它与 be going to 以及 will 加动词原形表示将来有何区别？中国英语学习者用现在进行时表示将来的情况较英语国家人士少得多，原因是中国英语学习者不谙它与 be going to 以及 will 加动词原形表示将来的区别。如果我们在教学中能够设置适当的语境，使学生在语境中体验它们的区别，那么他们就能在真实的语言使用中得体地应用它们。例如：

A. There are some clouds in the sky. It is going to rain this afternoon.

B. There are lots of clouds in the sky. It will rain this afternoon.

C. There are lots of dark clouds in the sky. It is raining this afternoon.

通过上述句子所呈现的语境，学生不仅知道 be going to +verb，will+verb 和 be doing 都可以用来表示将来的动作，而且还明白它们发生的可能性不一样，即 be going to +verb，will+verb 和 be doing 表示将来所发生事情的可能性依次越来越大。知道了这些区别，在表示将来很可能要发生的行为时，学生就会大胆地使用现在进行，更好地实现交际功能。

再如，教师可以提供下列语境，让学生选择最佳答案填空：

Today is Li Ping's grandfather's birthday. Li Ping has a birthday cake in his hand. He ＿＿＿＿＿＿ his grandfather.

A. is going to visit　　B. will visit　　C. is visiting

可见，该情景语境提供了 Li Ping 要去看他爷爷的足够信息，为学生选择答案 C 提供了充分的依据。

（4）听力。

听力理解的图式包含语言图式、内容图式和形式图式。语言图式是指听者或读者所掌握的语音、词汇及语法等方面的基本知识；内容图式指听者或读者对世界的认识（比如风土人情、习俗、民俗等），对相关材料的话题即题材的熟悉程度和相关的背景知识；形式图式指人们具备的有关篇章组织和构成方面的知识系统。三者相辅相成，缺一不可。

在英语和其他各种语言篇章中，每一种文章体裁总是遵循一种约定俗成的模式和范式，含有一些可以识别的文体特征。例如，记叙文按时间线索组织材料；在论说文中，人们会期望作者论证一种观点能否成立。学生可以驾轻就熟地利用这些文体模式所提供的线索来辅助听力预测及理解。比如，在听一篇新闻报道时，他会期望在文章开头部分获得最主要的信息，因为这种"倒金字塔式"的结构是大多数报道应遵循的"套路"。

（5）口语。

多给学生创造在真实的语境中说英语的机会。如角色表演、英语角、英语短剧表演、志愿者活动、与外国人交流等。角色表演是现代英语课堂教学最常用的体现学生参与语言交际的活动之一。角色表演时，要鼓励学生进入角色，做到"假戏真做"。英语角能够给学生提供真实语境下的语言操练机会。英语角具有真实的交际性，且规模可大可小，可以是全市英语学习者和英语工作者参与的大型英语交际活动，也可以是学校或班级内以师生为主要参与者的语言实践活动。英语短剧表演是将叙述性语篇改为对话式语篇，并让学生分角色进行表演。英语短剧表演可能比单纯的角色表演提供更多的角色机会，同时要求学生更深刻地理解文本，并对文本进行语类转化，使其符合口语表达。志愿者活动和与外国人交流更是直接的语言交际活动。自愿为外国人当导游，能够大大增加在真实语境中使用地道英语的机会。

（6）阅读。

有项研究从研究的分类和语境线索两个方面对近几年NEMT阅读理解题中根据上下文推测词义的题目进行分析，从而为一线中学英语教学提出阅读教学建议。①学生在平时应该通过广泛阅读来拓展自己视野，积累相关的经验知识。②教师在对学生进行词义猜测策略训练的过程中，应该时刻提醒学生将语篇看成一个整体，因为语言线索不仅仅存在于与目标词毗邻的句子当中，而且还有可能存在于更宏观的语言层次中，如写作目的等（杜应东、刘湘雅，2012）。

所以，英语教师在实施英语阅读教学时，应该将阅读教学重心由微观层面向宏观层面转变，即由关注字词句、语法的讲解逐步转向对语类结构、语篇发展模式、文体特点、主题中心等的关注。让学生通过阅读，收获的不仅是输入性知识本身，而是更多的能用以转化为说、写等产出性知识，进而达到"以读促写，以写促学"。

（7）写作。

文化语境是以语类结构体现的，语类结构对语篇的建构具有制约作用。例如，语篇的续写，既要关注语类结构，又要审视情景语境和上下文，从而补全语篇的语义成分，并在语气方面与原文保持一致。语类结构规定着语篇的发展方向和行文模式，情景语境要求词汇、结构和语气的选择符合作者与读者的社会关系和亲疏距离，上下文要求语篇前后的信息链完整，符合逻辑，能够满足读者的期待。

二、注重语域对英语学习的作用

中国英语学习者历来重视词汇和语法的学习，但这种学习往往是孤立进行的，不能与英语语言的语域自然衔接，这不仅是学生语域意识淡薄的结果，也与在英语写作中教师缺乏语域评价观不无关系。系统功能语言学将语域等同情景语境的配置，即语场、语旨、语式。英语学习中学生不能正确区分正式词汇与非正式词汇，口语体与书面体以及各种语域特征，因为长期以来，学生一直把注意力集中在语法错误分析上，却未充分注重语法正确的表达中仍存在语用得体性的问题的结果。鉴于此，一方面，英语教师应把学生的注意力适时从抽象的句法变换引导到区分在不同语域中遣词造句的得体性上来，即注重语篇的交际意图，明白作者与读者的社会距离和亲疏关系，注重语篇的正式程度以及自然性和连贯性。另一方面，英语教师也要树立语域意识，将语域因素纳入学生习作的评价之中，进而提高他们的语域意识。例如，"so""and""but"常用于口语语体；"therefore""moreover""however"常用于书面语体；"What can I do for you? / Can I help you?"经常用于购物情景中；"What's wrong/the matter with you?"常用于看病的语境中；"Excuse me! How can I get to...? / Where is ...? / I'm looking for..."常用于问路的情形中。

此外，还需注重语言结构与社会功能相结合。中国学生往往孤立学习词汇、结构和句法，忽视这些词汇、结构和句法所产生的社会功能，因而缺乏实际运用语言的能力。因此，在英语词汇、结构和句法教学时，不要孤立进行，要将其与功能相联系，强调语言结构服务于社会功能，进而有效地促进交际目的的达成。一些表示时间和次序的语篇标记语具有叙述、说明和议论功能，使用时容易混乱。例如，at first，then，at last 等，具有叙述功能，常出现在叙述文体中；first，the next step，finally 等具有说明功能，常用于说明文；in the first place，to begin with，first，second，third（firstly，secondly，thirdly）具有说服功能，常用于议论文之中。还要对词汇、句法、语气、情态等作出符合情景的因素选择，使其更好地实现语篇功能。例如，演讲语篇往往具有劝说意图，因此词语的选择要突出肯定的语气，如"certainly""can""enable"" true"等，避免使用"maybe""may""perhaps"等带有不确定性的词语。

三、注重主位-述位结构衔接在英语教学中的运用[①]

主位-述位结构衔接对提高英语写作教学质量具有建设性意义。正如第三章第七节所述，主位-述位结构有三种基本模式。

（1）前句的主位继续成为后句的主位，可表示为 T1 → T2。

（2）前句述位中的某个内容成为后句的主位，可表示为 R1 → T2。

---

① 参见罗毅.英语衔接模式与中学英语写作教学[J].山东师范大学外国语学院学报（基础英语教育），2003（2）.

（3）前句中主位和述位的内容一起成为后句的主位，可用 T1+R1 → T2 示意。

语篇的主位结构的安排不是随意的，而是要为一定的目的服务，受题材的制约，如介绍人物的生平时，要使用有标记的主位，即以时间状语作为主位。所以在写作教学中要注意主位结构的安排，使之最能体现作者意图。虽然以语法主语作主位的语篇主位结构容易产生和解读，但适当地变换主位，即使用有标记主位，会增强文体效果。

下面是对学生作文中的几个实例分析。

【实例1】The young lady is strange. It is said that she is very rich.

分析：后句的主位 It is said 属于小句主位，它与前句没有联系，所以缺乏连贯性。如改为：The young lady is strange. She is said to be very rich. 就连贯了。因为它符合语篇模式（1），即"T1 → T2"

【实例2】That was a beautiful lake. Lots of people were fishing in the boats. There were many boats on the lake.

分析：例2的主位结构混乱，如改为以下结构就连贯了：That was a beautiful lake. On the lake there were many boats. In the boats lots of people were fishing.

它们的结构如下：

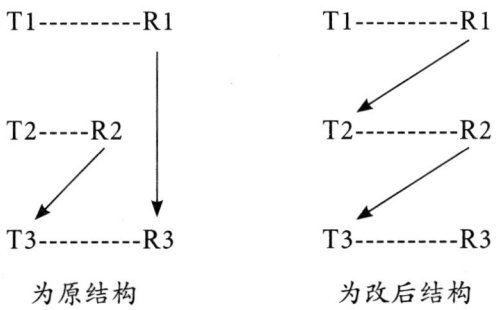

为原结构　　　　　为改后结构

【实例3】Under the tree there was a beautiful car. The dean of our department was in front of the car.

分析：后句的主位与前句无关，因此不连贯。如改为下列结构就连贯了：Under the tree there was a beautiful car. In front of the car was the dean of our department.

它们的结构如下：

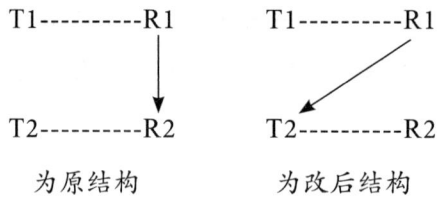

为原结构　　　为改后结构

在分析相邻句的主位连接结构之后，语篇的整个主位连接模式也就不难理清。例如：

【实例4】(1) In 1946, the first computer ENIAC was invented. (2) Ever since then machine translation has brought new landscape into scientists' sight, but at the same time great challenges as well. (3) With modern computers as a powerful tool, computational translation can perform interlingual task to break language barriers and speed up information exchange between peoples. (4) Many experts devote themselves to this frontier of modern science. (5) They hold a strong belief that somebody in the next century, all peoples will be free from communicative problems...

实例4句(1)的时间状语位于句末才能和占据句(2)主位的时间状语照应。调整句(2)的词序，使 new landscape 占据末端信息中心，因为句(3)就是 new landscape 在语义上的扩展。按照 T1 → T2 的主位连接模式，句(3)的主语仍然用 machine translation，把状语 with modern computers as a powerful tool 插在主语之后，使各成分的信息逐渐增高。句(4)改用和 devote to 有互易意义关系的 draw 来使主位、述位互易，让 many experts 成为句(4)的末端信息中心和句(5)的主位，形成

R1→T2 的主位连接模式。试改例（4）如下：

（1）The first computer ENIAC was invented in 1946.（2）Ever since then machine translation has brought into scientists' sight great challenges and, at the same time, new landscape as well.（3）Machine translation, with modern computers as a powerful tool, can perform interlingual task to break language barriers and speed up information exchange between peoples.（4）This frontier of modern science drew many experts.（5）They hold a strong belief that somebody in the next century, all peoples will be free from communicative problems...

它们的结构如下：

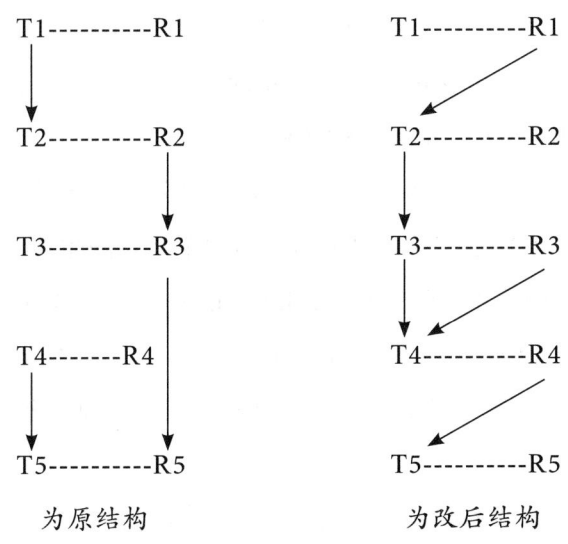

为原结构　　　　　　　为改后结构

显然，例（4）修改后的主位-述位结构完全符合语篇的基本模式，因而语篇也就显得更加流畅、通顺和连贯。

在现行中学英语教材中，通过主位-述位结构衔接实现语篇连贯的例子很多。例如，外研社《英语》初中一年级上册 Revision module A，Reading 部分：

My Uncle Simon（T1）is next to my aunt Liz（R1）. He's 35 years old（T2）and he's a factory manager（R2）. He can play football（T3）but he can't play basketball（R3）…

这3句话是连贯的，因为其主位-述位结构符合T1→T2，即前句的主位继续成为后句的主位。

又如外研社《英语》初中一年级上册Module 3，Reading and writing部分：

In my classroom（T1），Jiang Li's desk is next to Wang Hui's desk（R1）. Wang Hui's desk is in front of Daming's desk（T2）and Jiang's desk is in front of my desk（R2）. My desk and Daming's desk（T3）are behind their desks（R3）. Sun Yong's and Zhang Ya's desks（T4）are behind our desks（R4）. Sun Yong's desk is behind my desk（T5）and Zhang Ya's desk is behind Daming's desk（R5）.

前三句的主位-述位结构符合R1→T2；第三句和第四句的主位-述位结构属于T1→R2，不属于基本模式；第四句和第五句的主位-述位结构符合T1→T2。如果将第四句调整为Behind our desks are Sun Yong's and Zhang Ya's desks. 使其与第三句形成T1→T2模式，并与第五句形成R1→T2模式。这样，整个段落中的句子都符合语篇的基本模式，也就更加连贯了。

再如，人教版初中英语 *Go for it* 中的一篇阅读语篇的第二段（主体段落）的主位-述位结构分析：

The bus driver, 24-year-old Wang Ping（T1），stopped the bus without thinking twice（R1）. He（T2）got off and asked the woman what happened（R2）. She said（T3）that the man had a heart problem and should go to the hospital（R3）. Mr. Wang knew（T4）he had to act quickly（R4）. He told the passengers（T5）that he must take the man to the hospital (R5). He (T6) expected most or all of the passengers to get off and wait for the next bus (R6). But to his surprise (T7), they all agreed to go with him (R7). Some passengers (T8) helped Mr. Wang to move the man onto the bus (R8).

这段话是连贯的。第一句与第二句的主位-述位结构符合 T1 → T2；第二句与第三句的主位-述位结构符合 R1 → T2；第三句与第四句的主位没有联系，但第四句改用名词 Mr.Wang，重新启动话题，并与 T2 形成跳跃式衔接；第四句、第五句、第六句、第七句和第八句之间的主位-述位结构均符合 T1 → T2。

可见，语篇并不是一些在语法和语义上正确的句子的随意组合，句间的连贯仅靠词汇和语法衔接手段也不能得到保证，还要重视按主位连接模式来安排各个语义成分的序列，这样才能保证语篇的连贯性。在教学中向学生介绍一些语篇知识，在作文批改和评讲中引入主位-述位连接模式，有利于学生形成正确的写作图式，写出符合英语语篇模式的作文，从而提高学生英语作文水平。

第五节　图式理论的教学应用

图式理论的应用研究实例来自两所学校。一是舟山市嵊泗县海星中学（见案例1）；二是舟山市岱山初级中学（见案例2）。

【案例1】图式理论对初中英语阅读教学的启示
（研究教师及作者：嵊泗县海星中学郭双红老师）

《义务教育英语课程标准（2011年版）》（教育部，2012）关于阅读技能（五级）的目标描述为：学生能根据上下文和构词法推断、理解生词的含义；能理解段落中各句子间的逻辑关系；能够找出文章中的主题，理解故事情节，预测故事情节的发展和可能的结局；能够根据不同的阅读目的运用简单的阅读策略获取信息；能利用字典等工具书进行阅读；除教材外，课外阅读量应积累达到15万词以上。

从初中阶段阅读逐级目标的设定中可发现：学生的阅读能力要求不仅仅是读懂，而且要理解、分析、预测，能力要求递进并逐渐加深，并且还要教师逐步培养学生的阅读策略和阅读技巧。因此，在初中阶段，教师开展阅读教学时应该遵循学生认知发展和能力发展的规律，培养基本的阅读技能，让学生能通过阅读走进文本，学习语言知识，发展语言技能；通过阅读培养积极地情感态度，促进心智发展，从而实现自我发展。但是目前，初中英语阅读教学在很大程度上还是习惯以词汇、短语、句型结构和表层意义的理解为主，把时间浪费在机械记忆阅读材料中的语言知识上，很少通过语篇分析的方式，引领学生关注文章的总体篇章结构、主题、个人思想态度，限制了学生阅读素养的提升。那么如何引导学生在理解文本语言内容的基础上，思考分析隐藏在语言表层意思之下的深层意义，体验文本内涵，从而培养学生思考分析文本篇章结构、主题、深层意义的习惯与能力呢？笔者尝试图示理论与初中英语阅读教学相结合，以实现有效的文本解读，从而提高阅读课的教学效果，促进学生英语阅读素养的提升。

一、图式理论

图式理论最早是由英国著名心理学家F.C.Barlett于1932年在其著作 *Remembering* 提出并运用的。他认为图式是"人脑对过去的经验和反映的积极组织，对获得材料的重建和改造要受学习者先前经验的影响"。他的基本主张是，新的经验与记忆里所储存的相似经验的框架结构作比较而得到理解。Cook认为人不仅具有概念上的表征，即世界图式，还存在语言图式和语篇图式，也就是说，不同体裁或语体的文章总是存在着某种结构框架（Cook，1999）。Cook 对图式理论的发展丰富了连贯构建的解释，增加了语言图式和语篇图式，从而在肯定接受者现有图式对连贯构建的指导作用的同时，阐明了语言和语篇对接受者现有图式的影响。

J. Anderson 也进一步充实和发展了 Barlett 的理论，并认为图式是信息在长期记忆中的储存方式之一，是围绕一个共同题目或主题组成的大型信息结构。图式分为两大类，一类是形式图式，另一类是内容图式。形式图式包括有关语法结构的知识或有关不同类型原文的知识，如风格的差异，描述、记叙、说明、议论、故事、科学文献、报刊文章、诗歌等不同文体组织结构的差异等。内容图式就是包括有关事物、事件内容的知识图式（Brown and Yule，1983）。

二、图式理论与英语阅读教学

大量的认知理论表明，图式是认知的基础，在大脑中形成后会对以后获得的信息进行重组、理解和记忆。英语学习者头脑中已储存的知识对他们吸收新知识的方式和运用效果起着关键作用。20 世纪 80 年代，图式理论已经发展成为阅读理论的重要组成部分。为了更好地把图式理论运用到语言教学领域，应用语言学家经常把图式分为三类：语言图式、形式图式、内容图式。语言图式指的是语言、语法和词汇以及一些连接装置，比如替代、省略、连词、词汇连贯等，语言图式在对文章进行编码和解码的过程中起着重要的作用。形式图式指的是读者对文章体裁和篇章结构的了解程度，设计文章的行文、谋篇及结构等知识。内容图式指的是语言的意义和文章内容的背景知识，与话题紧密相连。语言学习就是建立在这三种图式的基础上的。

图式理论对新知识结构具有预期、推理、过滤、筛选、调整、改造、派生、迁移的作用，那么运用图式理论进行教学的过程就是不断发展学生思维能力的过程，因此英语阅读教学中图式理论的运用就尤为重要。在阅读教学过程中教师积极调动学生的背景知识，缩小不同学生图式背景的差距，并有效实现语言图式、内容图式和形式图示的相互作用，克服学生在认知学习上的差距，促进知识体系的形成，都需要教师在课堂阅读教学中帮助学生启动和运用这三种图式。如在阅读前的预导活动中，进行预测技巧的训练、文体脉络的梳理、关键词语的提取、信息的衔接识别对比和归纳概括等，对文章进行解码，使文章信息与学生原有图式进行互动，进而培养学生的阅读素养。

三、结合图式理论的初中英语阅读教学的实践

1. 读前预导，激活文本背景图式

不同的学生对于不同文本材料的熟悉程度、接受程度都会不同，尤其是在学生对背景知识了解很少，对阅读材料内容比较生疏而材料语言又难懂的情况下。那么教师该如何帮助学生快速适应相应文本材料，理解文章信息内容呢？此时，读前预导就显得尤为重要了。读前，教师可以从语言图式、内容图式和形式图式三方面，通过创设情景等帮助学生激活并建立相应的背景图式，为走进文本做好准备。

九年级 Unit 9 阅读文本 *Sad But Beautiful* 的主人公是中国著名民间艺人瞎子阿炳，文本介绍了他的音乐、生平以及成就。笔者在读前先播放了用各种民乐合奏的《青花瓷》视频，用轻快悠扬的音乐吸引学生快速进入课堂。之后进行任务一头脑风暴：folk music instrument，让学生快速激活原有的乐器知识储备，为接下去的学习做准备。任务二，听经典民乐片段说出名字以及听的感受，这一任务结合内容图式，该阶段刚好在学民乐相关曲目的学生能快速反应。同时描述听的感受，为接下去文本阅读做了两大铺垫和阅读准备：（1）运用语言图式做好情感描述类词汇的准备；（2）运用内容图式激活二胡这一民乐给听众的特别感受。任务三，继续将图式理论结合到读文本材料中，看图片、读标题进行预测。以

问题"What can you see in the picture? How do you think the man feels?"引导学生通过观察图片来描述场景和感受,以及读题目预测文章内容。通过一系列的视频情景观看、头脑风暴游戏、读图读题预测,充分运用图式理论三方面帮助学生建立起二胡以及阿炳这一主人公的相关背景图式,为解读文本做好铺垫。

再如九年级 Unit 6 阅读文本 *An Accidental Invention*,这一课讲述的是中国茶的相关历史。笔者也将图式理论三方面结合到读前预导的各任务中。首先以中国最具有代表性的发明物引课,用熊猫卡通形象图示吸引学生参与课堂,快速调动气氛。读前任务一,根据图片和题目预测本文主题。任务二,茶叶知多少,根据图片猜测茶叶名称。在教师的引导下,学生激活脑海中原有的一些茶叶知识,根据颜色进行辨析,增长了生活经验。任务三,茶叶知识问答。

(1) Da Hongpao tea belongs to_____.

(2) Where was Pu-erh tea mostly produced?

(3) Which tea is produced most in China?

(4) The benefits(益处)of drinking tea_____.

通过选择答案,激活更多与茶叶相关的背景信息。

2. 读中引领,构建文本理解图式

真正走进文本,理解文本内涵包括理解语言(词汇、语法、结构)、内容(话题、主题、信息)以及思想、情感与态度。教师要在阅读活动中结合图式理论的三个方面即语言图式、内容图式、形式图式,引领学生有效地进行理解图式的创建,从而实现关注篇章,梳理主体脉络,聚焦语言,运行归纳演绎,感悟主题,理解文本意图的目的,从真正意义上让学生与文本对话。

(1) 关注篇章,梳理主体脉络。

Go for it 教材中有一类描述性的阅读文本,主题为人、地点、节日。

这类文章结构分明、主线清楚。速读（fast reading）和略读（skimming）能帮助学生迅速了解文本的整体构架。如初中英语八年级（下）Unit 9 阅读文本 Singapore——A Place You Will Never Forget! 这是描写旅游城市的语篇。通过速读，让学生用一个词来概括每段的主旨要点。以词概括段意的设计能培养学生快速阅读文本材料获取所需信息的能力和概括能力，同时做好文章结构上的梳理及引导，使学生条理分明。

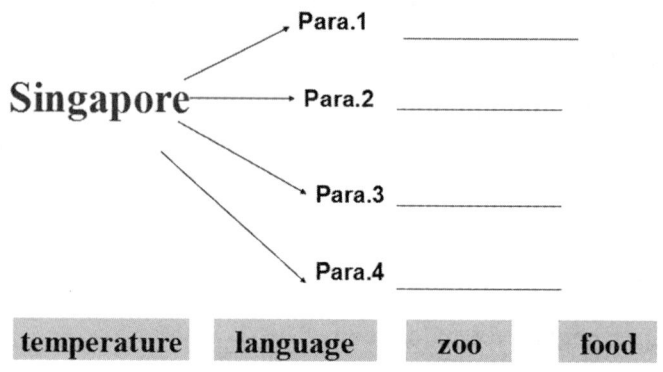

再如初中英语七年级（下）Unit 4 的阅读课 Rules, Rules, Rules 文本内所涉及的 rules 较多，教学时笔者就采用了如表 4-2 所示的表格。通过找读（scanning）让学生填入 beginning、ending、time 这些关键信息。填写表格的过程是学生跟着老师一起解读文本的过程。用图形还原文本框架，有组织地整理和输入，能把文本中的所有信息整理清楚，有助于学生在整体上把握篇章逻辑结构，也为后续对"rules"这一话题输出时能快速激活这一篇章结构。

表 4-2 文本解读

Beginning: There are too many rules!	
Time	Rules
Before	1. I must _____ at 6:00 and make my bed _____ 2. I can't _____ in the kitchen
Rules about school	3. I can't _____ school. 4. I can't _____ 5. I can't _____
Afrer school	6. I can't _____ after school. 7. I must _____ . 8. I can play it only _____ 9. After dinner, I can't _____ either. 10. I must read a book _____ I can watch TV. 11. I _____ go to bed _____ 10:00
Ending: Rules, rules, rules, it's terrible! What can I do?	

（2）聚焦语言，运行归纳演绎。

初中英语九年级 Unit 4 阅读文本 *From Shy Girl to Pop Star*，讲的是 19 岁的歌星 Candy Wang。文章中对比了 Candy 成为明星前后的生活，并给那些想成名的年轻人提出了她的建议。比较或对比是议论文、说明文或记叙文常用的写作方法。它通常将不同事物或同一事物不同的两面列举出来，加以对照，突出对比双方最本质的特征。因此我们要关注的不只是对每个事物的描写，而应是作者进行比较或对比的用意。根据 Candy 的描述设计下类列表归纳对比：

表 4-3 对比表

Advantages	Disadvantages

简洁的表格把文中当明星前后生活相关信息整理清楚。相比于文本

形式,图表更能使信息条理化、清晰化和对比化。可见,上表能让我们清晰地看到成名前后生活的不同,更让我们明白成功需要付出。

初中英语九年级 Unit 2 阅读文本 *Full Moon, Full Feelings* 讲的是民间故事——嫦娥奔月。语言重点就是文本讲述故事经过的精确动词,基于此可设计流程图,见图 4-5。

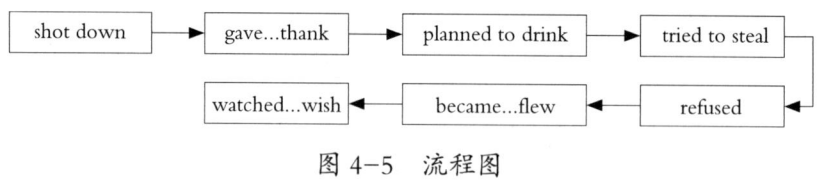

图 4-5　流程图

图 4-5 流程图用关键词或短语将较长的一篇文本故事进行简化归纳,突出了故事发展的脉络和本课的语言知识重点。同时以此流程图作为复述原文的提示,有利于将故事情节在学生脑海里再现,减轻记忆负担。复述的过程就是学生信息接收、重组、理解和记忆,并重新演绎表达的过程,是图式构建的过程。通过复述,不仅能使学生将阅读重心放在意义的正确理解和解读上,还能达到使学生灵活运用语言的目的。

再如初中英语九年级 Unit 14 阅读文本 *I Remember*,该文本体裁是诗歌,是一名即将毕业的学生对初中三年难忘生活片段的回忆,语句优美,内容朴实,情深意切,贴近每一位学生的学习生活,能引发情感共鸣。首先任务一,根据关键词"I remember",让学生进行头脑风暴,说说自己初中三年的难忘瞬间,为呈现诗歌里的初中生活片段做铺垫,打开学生的思维,并为自己的诗歌创作做准备。任务二,师生问答:① What kind of Writing is this? ② What is the main subject of this writing? ③ Who do you think the writer is? 引导学生关注文章体裁和写作目的。任务三,读诗歌找出押韵词。引导学生体会押韵的特点和位置,感受诗歌独特的结构特点。任务四,再读诗歌。配以学生自己的初中生活片段照片和优美的背景音乐,让学生再读这首诗歌 *I Remember*,引导学生联系自己的生活体验去感受诗歌的优美,去感受诗歌要传达的情感,从而激活他们的情感。任务五,创造自己的诗歌。这一个活动的目的是让学生不仅仅停留在感受上,更是让学生通过自己的创造,更真实地体会诗歌的体裁特点,以情应景,抒发自己对于过去三年的情感,激活脑海中原有的图式,以新的载体创建新的图式。

(3)感悟主题,理解文本意图。

深入解读文本,挖掘文本所蕴含的丰富信息,读出它们的逻辑关系、内在思想,从而引领学生从不同的视角理解和体验文本,给予文本生命,赋予课堂活力,使阅读教学变得立体和综合,最终实现提高学生英语学习兴趣和阅读素养的目标。

初中英语九年级 Unit 9 阅读文本 *Sad But Beautiful*,笔者在教学中设计了鱼骨图,引导学生寻找信息,以此勾勒阿炳的生平。鱼骨图可以直观地展现阿炳悲惨的一生,见图 4-6。

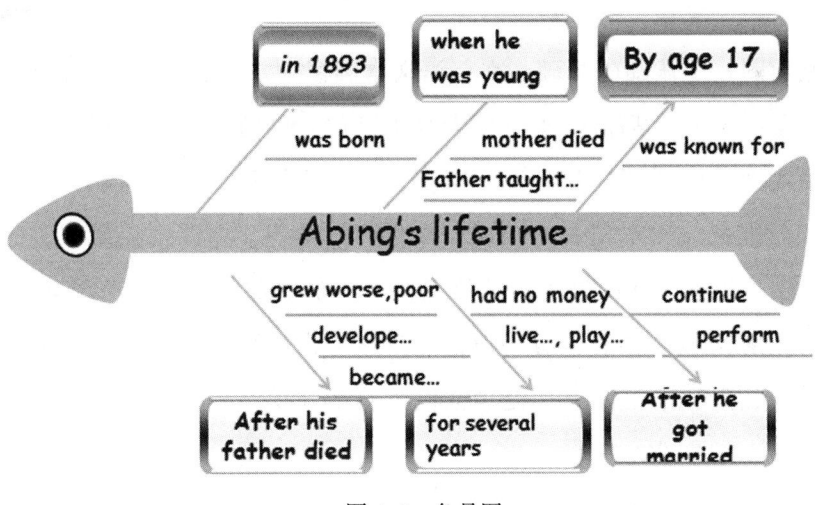

图 4-6 鱼骨图

图 4-6 的文本解读过程有利于引领学生进行阅读感知,因此,文本解读的不仅仅是内容,还有情感态度。再衬以那优美的乐曲,启发学生与教师一起挖掘阿炳身上值得学习的精神,一起体验、挖掘、品味文章

的深层思想。这一过程实现了引导学生在关注文本内容的基础上，同时也关注作者的表达意图即情感，实现思想情感和德育的渗透。

九年级 Unit 13 阅读文本为 Save the Sharks，这一话题涉及地球环境，与每一个人都息息相关。笔者尝试了头脑风暴图，见图 4-7。

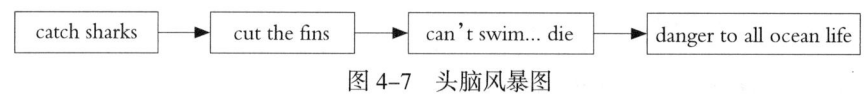

图 4-7　头脑风暴图

基于这一因果主线，对文本话题进行适当拓展，让学生讨论如何应对这一海洋生态平衡失衡现象，通过思考与小组合作讨论共享，体验文本承载的思想。通过比较、分析、欣赏并表达自己的思想。这样的教学设计能引导学生关注文本的话题指向，关注环境保护，让学生尝试批判性评价事件，并能提出积极性的建议，从而达到真正有意义的学习。

四、结合图式理论的初中英语阅读教学的反思

1. 工欲善其事，必先利其器

既然图式是认知的基础，在英语文本阅读中，对新文本信息的接受、解码、重组到储存都依赖于学生大脑中已储存的背景知识，那么教师自身就更需要广泛地阅读与学习，丰富自己的知识储备。在课前基于学生学情充分准备与文本相关的知识和文化背景知识，在课中提供相关的图片、音乐、视频、典故等生动的信息，并给予学生一定的时间参与讨论，激发学生对文本材料的学习兴趣，同时这样也容易激活学生头脑中原有的图式，加强和丰富图式，促进他们吸收新知识并加以运用，构建有效的文本解读背景图式。

2. 读书百遍，其义自见

运用三种图式帮助学生在读中实现新的理解图式，从而实现有效文本解读。那么对于教师自身而言，多读文本则是必备环节。"读书百遍其义自见"，要读懂文本中的意思，需要进行无数遍的阅读。当然，朗读必

须要有目的，这样文本解读才有效。对文本的仔细解读，不仅能帮助教师更好地理解文本意义和特点，更准确地把握教材要求，还能帮助教师选择恰当的阅读教学策略与方法，从而制定形式丰富的理解图式，引导学生理解文本内容，掌握语言知识的关键词。同时，文本的意识是作者和读者共同赋予的，多读可以让作者的写作思路、写作意图更为清晰。如此，理解图式才能真正发挥关注主题，理解文本意图的作用。

五、结语

根据图式理论，阅读教学能够扩充、激活、巩固和强化学生图式。教师需要激发学生的阅读动机，运用头脑风暴激活已有图式；通过增大学生的词汇量和句法知识，扩充他们的语言图式；培养学生良好的课外阅读习惯，扩大背景知识，丰富内容图式。同时，在阅读教学中，教师需要指导学生合理使用阅读策略，以标题和图片为切入点，将文本解读与背景知识相结合，初步构建文本框架，构建形式图式；通过聚焦语言，感悟主题，加大语言输入，强化语言综合运用能力，扩充语言图式，提高文本阅读的深度和效率，从而培养学生思维，提高阅读素养。

"授人以鱼不如授人以渔"，提高学生的阅读素养是阅读教学的宗旨。教师要改变自身传统课堂的主宰者、灌输者的角色，要用图式理论指导初中英语阅读教学，使阅读教学回归语言学习的本真，真正成为学生学习的促进者，提高学生分析问题、解决问题的能力，培养学生的自主阅读能力和批判性思维能力。

【案例2】浅谈图式理论对初中英语教学的启示

（研究教师及作者：舟山市岱山初级中学陈燕艳老师）

阅读理解是初中英语教学的一大难点。在初中英语授课中，图式理论的应用是当前教师提高初中生阅读素养的一种有效方式。

一、图式方法在课堂的实践意义

图式理论认为,学生依照自身的经验或者图式对文本的整体大意进行全新的立体构建,即可形成对文本的解读,且有助于对文章整体框架进行理解,这就是基于图式的阅读理解。对具体文字信息进行筛选后,学生自己开始在脑海中搜索之前相似的知识或经验,将新知识纳入已有的图式范围,进行内化,进而丰富现有图式。学生对阅读材料的理解是文本信息与图式知识互动的结果。学生的图式知识越是丰富,对相关阅读材料的理解就越容易。因此,要提高阅读能力,学生就得不断地学习知识,丰富自己的图式。

图式知识对初中英语教学具有重要意义。首先,图式教学为学生提供了快速而简单的语言学习方法。例如,在一个英语课堂上,如果老师想教给同学们"panda"这个词,利用图式知识是一种非常有效的方法。教师可以用下列语言激活学生的相关图式,给词汇学习提供语境,使学习变得更加容易。例如,A panda is an animal with dense fur. The fur is black and white. Pandas like eating bamboo, and they are rare animals in China. 通过这些描述,学生脑海中的"熊猫"图式已经展开,这样,图式实际上起到了"意义"与"所指"直接连接的作用,从而省掉去汉语"熊猫"媒介,这有利于培养学生的语感和用英语思维的习惯。

二、图式理论在英语教学中的启示

图式有助于文本解读,因此在英语教学中,教师应该注重学生图式知识建构,丰富图式内涵。

1. 在基础构架中丰富图式背景

语言的魅力其实就是其身后文化的魅力,学习英语如果能对其背景文化有深刻的了解,那么一定会对文章有更加深刻的认识。例如在教授"France"这个单词时,就可以引申到法国的著名建筑物卢浮宫、巴黎铁塔或者凯旋门这些建筑的历史文化。语言代表着其文化的产生和发展,所以加强对文化背景知识的学习,不仅能丰富学生的基础文化内涵,而且可以增加学生的世界知识。教师应该采用电子黑板等先进多媒体设备,展示不同国家的历史文化,加深学生对异国文化的认知。

2. 利用图式促进语言学习

杨萍、邓礼红(2007)认为,熟练地应用图式理论有助于语言运用能力的提升。图式知识不仅有利于学生增强词汇运用能力,还可以增强他们的语篇能力。语篇能力的培养有助于学生解读和建构语篇。

【实例1】以九年级 Unit 6 *When was it Invented*? 中 Section B 2b 阅读课文 *Do You Know When Basketball Was Invented*? 为例(见图4-8)。

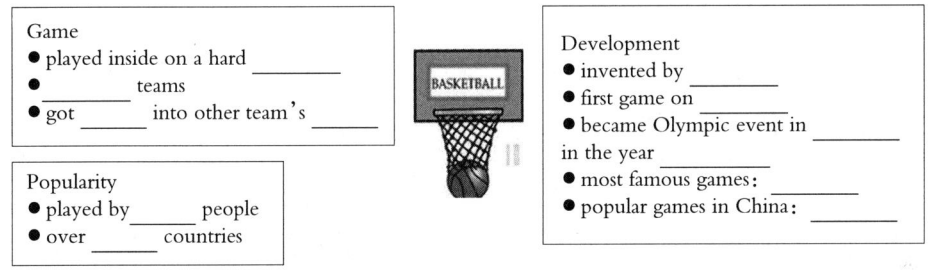

图 4-8　教材配图

图4-8的呈现激活了学生头脑中已有的关于篮球运动的图式。根据已有图式,学生可以尝试补全所缺内容,并对课文主要内容、文章结构安排有初步的认识。他们在阅读原文的过程中验证自己的猜测,修正相关信息。在学生学完文章后,教师再次利用该图来落实 Retell 任务。复述是一项较难的语言输出活动,然而,利用图式则能使这一活动变得较为容易。这是因为,图式不仅有助于呈现新的语言知识,而且有利于补全框架性知识,达到完形目的。利用图式知识,学生更能理解语篇结构,把握语篇意义,进而建构符合英语语篇图式的连贯语篇。

3. 提前预知学生的图式框架

张晖(2010)认为,当教授给学生统一的图式理论后,教师预测学生的主观图式方向会变得更加简单,这种预测对教师理解文章的基本命脉和掌握学生对文本材料的理解程度有很大的帮助。比如在讲授一篇阅读理解时,教师可以先以学生的思维角度去通览全文,猜测学生会以怎样的思路去理解文章,然后用图式理论,引导学生理解文章。这样,学生更容易开展阅读,老师更便于课堂推进,进而循序渐进地提升学生的阅读能力。

4. 分析语篇结构,理清文章发展脉络

理解语篇结构是阅读理解中的重要内容。阅读理解时,教师应该引导学生分析文章的整体结构,把握文章主旨、段落主题句、支撑句,理清文章发展脉络。

【实例2】以九年级 Unit 9 *I Like Music That I Can Dance To*? 中 Section B 2b 阅读文章 *Sad But Beautiful* 为例。

在让学生进行 Skimming 的这一环节中,笔者发现学生对归纳段落大意摸不着头脑,继而就呈现了以下内容:

Para.	Main idea
1	I was _____ by a piece of music.
2	Abing Lived a very _____ life.
3	Abing's musical skills made him very _____.

这样,既降低了任务难度,又节省了课堂时间,而且最重要的是,学生很自然地就能领会如何去归纳各段的中心大意,帮助学生更好地了解文章整体内容。紧接着教师追问学生:"How do you know? Can you tell me your reasons?"

然后要求学生通过小组合作回答下列问题:"Can you find out the supporting details in each paragraph?"

接着,教师呈现以下这样一张 PPT,其中的 supporting detail 要求学生自己找出(见图4-9)。

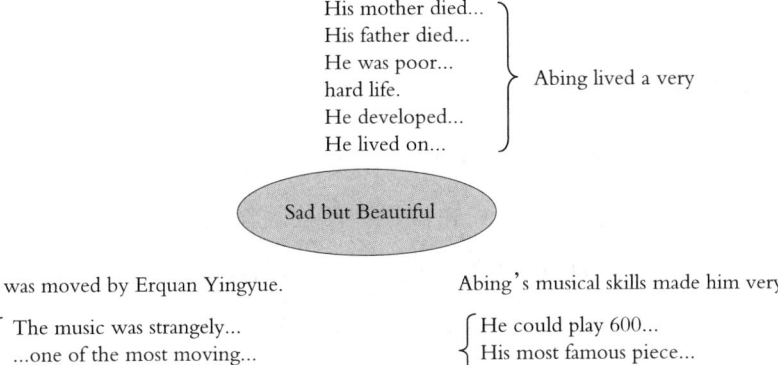

图 4-9 PPT 内容

接着，引导学生找出文章开头（Beginning）部分，即"I was moved by Erquan Yingyue"，分析主体部分（body），即 Abing's life，以及概括结论部分（conclusion），即 writer's opinion。最后在黑板上完整地呈现鱼骨图，见图 4-10。

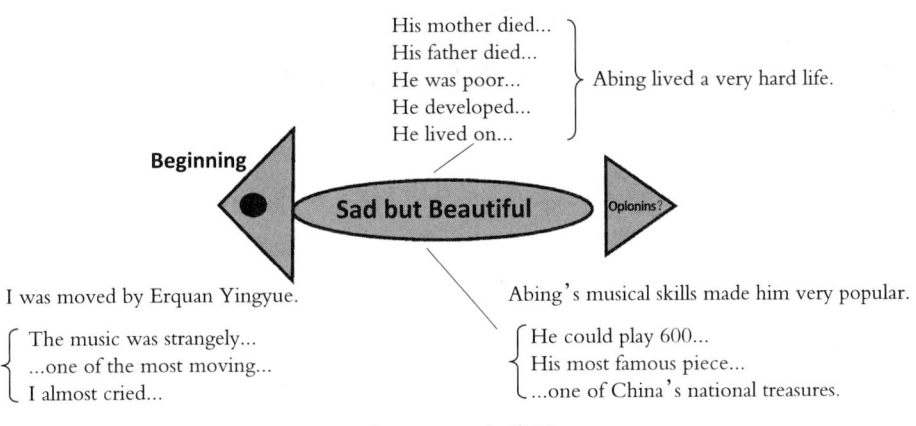

图 4-10 鱼骨图

图 4-10 鱼骨图实际上是一幅心理导图（mind map），它有助于学生梳理语篇结构，理清文章脉络，形成语篇图式，提高阅读效果。

实践证明，图式知识在初中英语阅读教学过程中为学生提供了一种简单而有效的思考与记忆模式。学生通过图式理解语篇，可以提高阅读能力和阅读效率。

三、结论

图式知识对英语阅读理解具有促进作用。在初中的英语阅读教学中，一方面教师应该利用学生的图式知识提高阅读教学的效率，另一方面教师要给学生提供体裁多样的课外阅读材料，不断丰富学生的图式知识，进而为高效地理解语篇提供图式支持。另外，教师要注重语言图式、形式图式、内容图式的有机结合，通过大量的课外阅读，总结、归纳不同体裁的语义结构，以便学生在脑海里形成相应的知识图式，为解读和建构英语语篇提供有效支持。

第六节 体裁分析的教学应用

这是一个来自舟山市岱山初级中学的应用研究。

【案例】过程-体载法在初中英语写作教学中的应用

（研究教师及作者：舟山市岱山初级中学袁舟叶老师）

一、写作与过程-体裁法

写作是什么？Badger 和 White（2000）认为，写作应包括语言知识、语境知识、写作目的和写作技巧等要点。语言知识和语境知识为学生提供了足够的语言输入，让学生有话可说。写作技巧训练让学生如何写作，写作目的训练让学生知道写什么，写给谁看，怎样写才合适得体（朱敏，2018）。在基础教育阶段，英语写作课同时扮演着工具性和人文性的角色，工具性强调写作培养语感、训练语言，而人文性要求写作贴近社会现实，关注道德情感。可见，写作是一项十分重要的技能，能够达到语言交际的目的。因此提供一种行之有效的英语写作教学方法是十分必要的。

英语写作教学中有三种常用的教学方法：结果法、过程法和体裁教学法，Badger 和 White 在 2000 年提出了一种综合的写作教学模式——过程-体裁教学法，它充分发挥了以上三种传统教学方法的优点。在英文当中，体裁凸显在实际生活中，对写作目的的反应。当学生知道了文章的体裁，就如同先掌握了文章的总体结构。过程-体裁法强调：教师在教授英语写作时应注重情景，并帮助学生了解某类文章的交际目的及社会语境因素，分析此类体裁的词汇、语法、篇章结构的特点等。

二、初中英语写作现状与原因分析

在教学中，写作一直面临着一个尴尬的局面。一方面，学生和老师都认同写作的重要性，不管是在实践应用上还是在考试评分上，它都占据着不可轻视的地位；另一方面，尽管课后学生要投入大量的精力、时间进行写作，老师却因为要把时间、精力花在词汇、语法、阅读的教学上，对写作往往是一笔带过。所有人都很疑惑，为什么学生明明已经背诵了大量的、好的短语、句型，一篇 80～100 词的文章却始终写不好呢？究其原因，笔者认为主要是以下几点。

1. 轻过程，重结果，缺乏主动输入

以考试为导向，导致学生的文章往往千篇一律，缺乏自己的立意。常常是作文题目里面就包含了写作的要点甚至观点，学生只需要做一个翻译官，作文批改也就变成了翻译批改与语法纠错。虽然这样的教学节奏速度快，但是所取得的教学效果并不是非常理想的。文章的逻辑性训练、句子和语篇的结构训练都显得微不足道。显然，这种教学方法不能有效地培养学生的写作能力，而且由于观点已被告知，学生鲜少需要有立意，缺乏主动输入的练习，导致在实际写作中，学生的论据支撑常常捉襟见肘。

2. 轻写作，重语法，缺乏实践操练

在时间分配和教学专注度分配上，写作往往是最被轻视的。每个单

元的写作训练有时被直接忽略，往往以一篇考试作文作为单元作文的训练。或是老师布置随意性较强，而且学生拿到的批改结果往往就是一个总的评价，导致学生的修改无从落笔。学生在进行写作练习时，大部分都只是进行词汇的练习以及语法的练习，导致学生根本不能完全理解英语的语句结构和语感。而老师在课堂上进行文章讲解时，也只专注于进行词汇和语法的讲解，很少对文章中的思路和写作技巧进行讲解，导致学生在这一方面的能力越来越差。所以，很多学生的英语文章，给人一种胡拼乱凑的感觉，并不清楚文章到底在表达什么，这也是由缺乏英语写作实践造成的。

三、过程-体裁法在英语写作中的实例研究

过程-体裁法的实施可分以下三个阶段（王子荣，2018）。

1.写前的信息输入。包括：阅读范文，使学生明晰本文的体裁，滋生对该体裁的敏感性；分析范文，特别是话题相关的词汇、句型，语篇输入；模仿分析，共同合作，强化文体，巩固词汇、语法。

2.写作中的信息输出。包括：模仿写作，教师设计一个类似的话题，要求学生充分利用写前的输入来构建新语篇；独立写作，确定写作内容，进行第一轮创作；修改完善，发放写作评价表，结合自评、他评和教师反馈，再次修改文本。

3.写后的反思修改。教师可以建议每一个学生准备一个记录袋，里面包括：重要词汇、句型、语篇知识的习得；作文初稿、修稿和最终评价材料（任永东、张健，2014）。

现以人教版 *Go For It！* 八年级（下）Unit 6 的写作课和七年级（下）Unit 9 的写作课为例，探讨过程-体裁法在写作教学中的实施。

【实例1】

在课堂上，学生六人一组三人一排，沿课桌相向而坐，采用学习小

组的形式进行合作学习，具体实施步骤如下。

1. 阅读范文，明晰体裁。体裁主要分为以下几种：首先，一般特殊类型，也就是文章开端做成概括，然后在文中利用实际的例子进行说明，证明概括的原因，最终总结完成文章。其次，问题解决类型，先提出问题，然后分析出现问题的原因，再对问题进行评价或者说明结果，这样逻辑思维会比较清晰。最后，设定真实型，也可以概括为观点的分析类型。在写作中先提出一个他人的结论，在中间阶段对这个结论进行反驳或者赞同，最终表明自己对这个结论的态度，支持或者反对。本课是一篇故事叙述，要求描写一个中国古代的经典故事。故事叙述体裁的段落发展模式属于一般特殊类型，其语篇结构通常为三段式：第一部分是介绍（introduction），介绍故事的要素和故事的起因。第二部分是主体（body），是故事的起承转合，特别是故事的高潮。第三部分是结尾（conclusion），简洁评价故事对读者或作者带来的影响和意义。学生可选的故事有"Nu Wa Repairs the Sky""Hou Yi Shoots the Suns"以及"Journey to the West"等。

2. 具体写作，句式表达。第二阶段就是英语文章的写作与加工阶段，掌握了整体架构，还需要实实在在的语句和词汇来完成。过程法教我们要先模仿。在初中英语写作阶段，先看一些优秀文章中的句子，掌握常用句式和典型词汇。*Go For It* 八年级（下）Unit 6 要求写一个古代的经典故事。从《愚公移山》课文中，我们可以借鉴和采用的词汇和句型有：Once upon a time, there was a...He/She is the main character in...First...Then...Finally...This story reminds us... 以及 as soon as , unless 和 so...that... 然后在这个基础上进行内容的补充，因为英文写作不是一成不变的，要贴合题目要求，要符合客观实际，绝对不能完全照搬。在熟悉句式词汇后，尝试自己创作，就可以做到合理的创造性写作，完成整个写作过程。

3. 根据标准，修改润色。为了不断提高英语写作水平，还应该不断地修改。教师先列出写作评价标准或细则，如"1（内容）7（语法）4（连贯）2（书写）"原则。首先，让学生自己修改自己文章；其次，由同伴互改并写下对文章的改进建议；然后，教师可用多媒体把学生具有代表性或典型性作文和句式展示出来并加以反馈点评；最后，学生再次完善自己的文章并定稿。通过修改让句式结构更合理，让写法更地道，让词汇使用更加灵活贴切。修改是英语写作能力提升的有效方法之一。

4. 写后教学反思。过程-体裁法注重课后的教学反思，它可以有效地使学习过程与学习评价达到标准化统一。比如故事叙述型文章如何谋篇布局，如何积累相关词汇、高级句型，如何挖掘故事的深层含义，同伴如何互改文章，好词好句如何迁移，如何完成文章的衔接过渡等。

【案例2】*Go For It*! 七年级（下）Unit 9 *What Does He Look Like*? 写作课

阶段一：阅读范文，明晰体裁。

1. 体裁分析

本单元的写作主题是描写人的外貌，是一篇描写文。描写文要抓住人物的外貌、性格、喜好特征等方面展开，使用主题句（Topic sentence）和支撑句（Supporting sentences）。为使人物更形象、生动，还可借助具体事例刻画人物（时莹莹，2017）。

2. 教学过程

Step 1：复习2b课文，导入作文话题。

T：Yesterday, we learned a passage about "An Interesting Job". What is it?

Ss：A police artist.

T：Yes. Look at the three photos. Can you describe the men in your own words?

S1：The first man is of medium height and young. He has long straight brown hair and big eyes.

S2: The second one is tall and thin, and he has curly blond hair.

S3: The third one is short and heavy and he has short black hair.

T: What do you think of the job?

Ss: It's interesting/difficult/challenging...

T: And if we are good at describing, we can help police artists do their job more easily and better.

Step 2: 头脑风暴。

T: Write more words in each box.

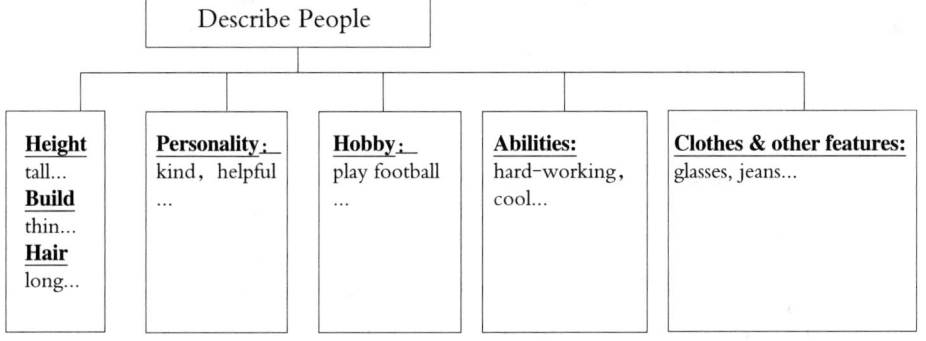

图 4-11　流程图

Step 3: 展示 Section B 3a 的课文，帮助学生理解描写性文字。

T: Read 3a and answer the following questions.

（1）Who is Bill's best friend?

（2）What does he look like?

（3）What does he like to wear?

（4）Why does Bill like him?

Step 4: 分析文章的框架结构，见图 4-12。

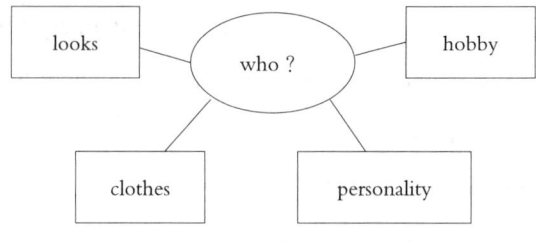

图 4-12　框架图

Beginning：Bill's best friend.（Introduction）

Main Body：Jack's looks/clothes.

Ending：The reason Why Bill likes Jack（personality and hobby）.

Step 5：对范文进行体裁分析。

T：Is the passage narration, description or argumentation?

S：Description.

T：What is the purpose of this passage?

S：To introduce Bill's best friend to readers.

[设计意图：指导学生分析文章的体裁、写作目的和目标读者。]

T：How do you organize such kind of passage? Now, please discuss with your classmates and fill in the form.

Result from Group 1：

Topic sentence	Supporting sentences
Let me tell you what he look like.	He is very tall and handsome. He has straight brown hair and doesn't wear glasses. He usually wears jeans, a T-shirt and sports shies.

内容	语言形式
时态	一般现在时态
形容词短语	tall and handsome; cool and fun
动词短语	wear jeans; be good at
连词	first of all; because

句型		Let me tell you what he look like. I like him because...

[设计意图:从范文入手,指导学生分析文章的遣词造句和结构。]

阶段二:具体写作,句式表达。

Step 6:头脑风暴。

T:Think about four questions.

Q:What is your friend's name?

Q:What does he/she like to wear?

Q:What does he/she look like?

Q:Why do you like him/her?

Step 7:列出提纲。

T:Please write down the key words of each question.

Step 8:写下初稿。

学生初稿范例:

① My best friend is Sherry, ② Let me tell you what she look like. ③ First of all, she is medium height and long hair. ④ She always wear T-shirt and skirt in summer and a gray coat in winter. ⑤ She don't wear glass and I don't wear them, too. ⑥ I like her because she always helps me with English and help me in my life. ⑦ I very thank her. ⑧ She is good at speaking in public so she is so friendly.

阶段三:根据标准,修改润色。

Step 9:同伴批改。组内成员交换初稿,并根据写作评价表提出修改意见。

表 4-4　初稿反馈表

	Full mark	Your mark	Reason
Content（main points）	7	5	回答了四个问题，内容比较合理。 句⑧事件描述与评价不符。
Language （word，sentence，grammar）	7	4	语法错误： 句③描述身高，应为 be of medium height；描述头发，应为 sb+have/has+adj.+hair. 句②、④、⑤三单。 句⑤ too 使用不当。 句⑤ glass 单词拼写错误。 句⑨中式英语。
Organization （linking words，coherence）	4	3	句⑧连词使用不恰当。 句式较单一。建议使用：not only...but also... 句子⑥⑦⑧表达的语意不明确。
Handwriting & punctuation	2	1	句①应用"."。

［设计意图：鼓励学生小组合作批改同伴的习作。提供写作评价表，让学生实实在在进行批改任务。］

Step 10：根据小组的反馈表，进行独立的习作修改。二稿上交，并在教师的指导下，进行润色修改。

学生定稿范例：

① My best friend is Sherry. ② Let me tell you what she looks like. ③ First of all, she is of medium height and she has long hair. ④ She always wears T-shirt and skirt in summer and a gray coat in winter. ⑤ She doesn't wear glasses and I don't wear them, either. ⑥ I like her because she is brave enough to give a public speech.

⑦ And I am always thankful to her because she helps me not only in my study, but also in my life.

四、过程-体裁法存在的问题与建议

虽然过程-体裁法在训练学生的写作上有很多优势，比如鼓励学生自由创作，训练学生举一反三的能力，但也不免存在一些不足之处。

从学生方面来说，首先，过程体裁法耗时长，完成一个写作任务一个课时是完全不够的。而且，对于不自觉的学生，就算教师要求他们课后完成对初稿和二稿的修改润色，他们往往也敷衍了事。最后，保证小组合作更有效率地进行，也需要学生的配合，否则只会流于形式。

对于老师来说，教师实施过程体裁法需要精心挑选范文，这给教师备课增加工作量；督促学生完成文稿的修改润色，制作成长档案袋等细碎工作又要耗费大量时间；而且，因为与标准的应试作文模式不相符，又常常让老师怀疑是否浪费了宝贵的教学时间。

基于以上问题，笔者从学生、教师两方面提供几点建议。

学生方面：（1）从只关注写作中这一环节，转换为关注写作前（分析体裁）—写作中—写作后（修改与评价）并重。（2）建立自己的成长档案袋，将初稿、修改稿、定稿都收集起来，见证自己写作能力的提高，增强自信。（3）不拘泥于考试作文，平常也可多用英语写作，比如用英语写日记、发邮件等。

教师方面：（1）在写前阶段，针对不同体裁的范文，分析范文的写作目的、写作对象、话题佳句等，引导学生思考更深更广，把一种体裁讲透，有利于以后的教学，提高教学效率。（2）小组合作备课，整合写作教学资源，不拘泥于教材资源。（3）实施教学时，要灵活分配时间。根据教学目标和重难点，结合学生的写作水平和知识结构合理安排教学时长。

五、结语

初中英语的写作教学，除了应付考试，更重要的是为了更好地进行情感表达，更好地展现学生丰富的内心世界，学会向这个世界确切地表达自己的真实想法并为他人所理解，这也是写作的终极意义。然而，就目前初中英语教学而言，写作的教学效果较差，所以迫切需要进行改革。将过程-体裁法融入写作教学中，是一次有益的尝试。通过实践，笔者发现它在提高学生写作能力和激发学生写作热情方面确实有一定的积极作用。

第七节　语篇理论的教学应用

语篇理论的应用研究案例有 3 个。案例 1 是主编罗毅撰写的讨论主题与主题句关系[①]，案例 2 和案例 3 分别来自舟山市岱山大衢中学和岱山初级中学。

【案例1】论英语主题句对文章主题的表达作用

写作作为英语教学的内容及手段，愈来愈受到人们的重视，然而如何提高学生写作能力的问题却一直困扰着英语教学界。众所周知，学生经过几年的写作学习与训练可以基本上克服语言知识错误，但是主题不明、层次不清的状况却难以改观。究其原因，就是学生对英语语篇特征不甚了解，不会用主题句概括段落主旨，不明白主题句的位置与其功能之间的关系，不清楚各个主题句之间的相互关系，因此写出来的文章往往中心不突出，杂乱无序，且带有浓厚的汉语语篇烙印。笔者发现中学生不会使用主题句的现象尤为突出。因此，有必要在写作教学中强化学生的主题意识，让学生懂得主题句是英语语篇中的脊梁和纽带，是突出主题、实现语篇统一性和连贯性的重要手段，从而提高他们的写作能力。

---

① 参见罗毅. 论英语主题句对文章主题的表达作用 [J]. 浙江海洋学院学报，2004（2）.

第四章 基于经典学习理论的中学英语教学实践

一、主题句与文章主题

主题（Thesis）是作者在文章中通过具体材料所表达出来的中心思想，是作者的见解、观点在文中的体现。主题是文章的焦点，是文章其他部分叙述的中心。主题是文章的灵魂，没有主题的文章不能称其为文章，而只是素材的无序堆砌（李振起、李凯源，1994）。因此，在构思或写作过程中提炼主题、突出主题是写好文章的关键。这也正是TEM-8写作明确要求学生必须在作文的第一部分点明主题（thesis statement）的原因。

语篇理论告诉我们，英语语篇的特征之一就是其统一性（unity）（胡壮麟，1994）。统一性与段落内容有关，它强调一篇文章只能有一个主题（thesis/central theme），且意义表达完整（丁往道等，1994）。而文章主题一方面由一句肯定陈述句来表达，另一方面又由分散在各个段落中的主题句来概括。也就是说，如果段落中的所有句子所表达的都是一个主题，那么该段落就是统一完整的；如果各个段落的主题句都是为同一个主题服务的，那么该文章就具有统一性。

主题句（Topic sentence）体现整个段落的主题思想（Central idea）。它由话题（Topic）和主旨（Controlling idea）两个部分构成。前者是话题的起点，后者是话题落脚点（Bander，1978）。例如：

（1）<u>The film</u> is **interesting**.

前者（划线部分）为话题，后者interesting（黑体部分）为主旨（以下皆同）。主题句有助于突出段落所谈论的题目（subject），但如果它所表达的内容过于宽泛，其下文的内容就难以把握，因此，也就无法实现语篇的统一性。所以，主题句所表达的内容必须明确具体，有所限定。请看下面两例：

（2）<u>Music</u> is **enjoyable**.

（3）<u>Music</u> arouses many **different emotions** in listeners.

例（2）中的enjoyable的意义就太泛了，例（3）中的different emotions就显得明确、具体，因而便于内容的把握。所以，根据例（3）中的主旨，我们就很容易想到用patriotism、encouragement、love等内容来对主题句的内容进行切题的阐述，不至于偏离主题。

由此可见，主题句中的主旨要比话题更为重要。首先，它是信息中心，承载着新信息。其次，它限定了之后所要表达的内容，是实现语篇统一性的重要保证。最后，它规定了下文的展开方式，对写作方法具有预测作用，是实现语篇的另一特征——连贯性的保证。例如：

（4）Japanese cars and Chinese cars are **different in many ways**.

当我们一看到这个Controlling idea时，马上就会意识到下面要用对比的展开方式展开段落，同时还会用first、second、third、while等词来组织段落。至于对比的内容可从汽车的形状、速度、耗油量、稳定性、舒适性或安全性等方面进行阐述。

然而，主题句不是孤立的，它与文章的主题和支撑句（developing sentence，简称DS）有密切的关系。它一方面服务于文章的主题，另一方面又成为段落中心，受支撑句的说明、阐述和解释。支撑句直接服务于段落主题，间接服务于文章主题。它们的关系如图4-13所示。

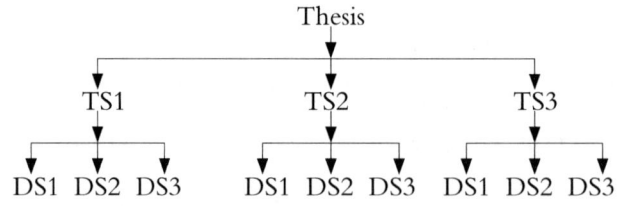

图4-13 语篇层次关系图

可见，文章主题与段落主题句之间的关系对文章完整交际意义的实现起着决定性作用，段落主题句之和应当等于主题范围及内容，因此，在写作时应避免文不对题、主题太大或段落主题超出文章主题范围等情况。同时还要注意主题句之间的内部逻辑关系，它们是语篇的骨架和动脉。

无论是写记述文、说明文，还是议论文，这一关系都不能忽视。段落主题句之间是方位关系，还是先后顺序的时间关系，或是前因后果以及各种逻辑推理关系，都应明确体现出来，这对构成文章完整意义起到很大作用。

二、主题句的位置与功能

英语主题句的位置虽然可以置于段首、段中和段尾，但在说明、议论的模式中，一般位于段首，而汉语段落中则没有段落主题，在主题外围团团转。也就是说，英语的思维方式属于直线型（straight line），即先表述结果，后陈述原因；而汉语的思维方式则是螺旋型（circular line）的，即先说原因后说结果。学生由于受汉语语篇模式的影响，用英语写出的语篇往往带有浓厚的汉语烙印（李德煜、张恩会，2004.4）。例如，就母亲就医需要借钱一事，以英语为母语的学生通常表述为：

Would you mind lending me some money? My mother is ill.

而以汉语为母语的学生往往要说：

I have a thing to need you to help. My mother is ill. She is extremely ill. The doctor says she has to be in hospital. But we have not enough money. So I come to…

这种表达方式虽然没有语法错误，但不符合英语的思维习惯，因此影响交际效果。

由此可见，让学生了解英汉语篇的差异，掌握英语语篇的特点，对突出文章主题是非常必要的。

主题句位置不同，其隐含的作用也往往有别。主题句置于段首，能起到紧扣主题、开门见山的作用，例如：

（5）Elephants are the biggest animals that live on land. When it is born, a baby elephant weights about 90 kilograms. That is a weight of a grown man. It is about 90 centimeters high. When it reaches the age of six years, it is about 180 centimeters high. At the age of twelve, it does not grow any more. It may then be 320 centimeters high.

主题句置于段中反映人们认识事物和提示事物本质的不同方法，则有承上启下之作用，例如：

(6) Some people burn dead bodies or bury them in the ground. However, different people dispose of dead bodies in different ways. For example, a religious group called the Parses exposed the dead on platforms for birds to eat.

主题句位于段尾可加强读者对中心思想的印象，有"画龙点睛"之效果，例如：

(7) With the development of computers, Internet has widely entered our daily life.

It's a fantastic information expressway that connects every corner of the world. However, like everything else, it has both positive and negative aspects.

三、主题句在教学中的运用

在写作教学中，教师要教授学生用主题句来提炼主题，尤其要重视情景作文的主题提炼，因为情景作文的主题隐含在图表、图画、提纲和短文之中，要通过认真思考和分析，才能找出隐含的主题。如可以让学生对下面的表格进行主题概括：

表 4-5 College Students Working as Part-time Tutors

Sex	Average Hour per Week	Average Pay per Hour	Number of Tutors	Whom to Teach
Male	7	15 yuan	45	adults
Female	9	13 yuan	22	children

(The total number of the classes investigated is 120, including 90 males and 30 females)

College Students as Part-time Tutors

From the table shown above, we can see that many college students participate in part-time work, mainly as tutors. The chart reveals that forty-five out of 90 males, or precisely half of the total, and twenty-two out of the thirty females, or approximately over 70% of the total, work as part-time tutors, with an average working time of seven hours per week for the males and nine hours for the females. The part-time tutors constitute around 56% of the college students. The chart also reveals that the average pay per hour for the females is 13 yuan, a bit lower than that of the males.（扬建华，2002）

该段第一句准确地概括了文章的主题，即许多大学生在做兼职家教。请比较下面的一段文章：

表4-6　Changes in People's Diet in China

Food \ Year	1998	1999	2001	2002	2003
Grain	45%	43%	42.5%	41%	41%
Milk	10%	11%	11%	12%	13%
Meat	21%	24%	26.5%	27%	25%
Fruit & Vegetables	24%	22%	20%	20%	21%
Total	100%	100%	100%	100%	100%

The periods of 1998—2003 saw great changes in the diet of the Chinese. Grain, which used to be the main food of the most people in China, is now playing a less important role. On the other hand, the consumption of high-nutrition food such as milk, meat has increased rapidly.

这段文章虽然没有用数字说明，但同样把主题概括得很准确，即如今中国人的饮食发生了一些变化。

在教学中，既要让学生树立主题意识，学会用段落主题句来表达主

题内容,又要让学生学会用支撑句来阐述、解释主题句。如让学生找出下列段落的主题句:

(8) In the United States, high schools and colleges have school songs too. Music is a part of the history of America. It expresses the problems and feelings of its people.

(9) In winter, Yellowstone Park is covered with heavy snow, but visitors still come to ski and skate. With clouds of steam above them and snow all around, Yellowstone's hot springs look even wonderful.

(10) Nearly all of our food comes from the soil. Some of us eat meat, of course, but most animals live on plants. If there were no plants, we would have no animals and on meat. So the soil is necessary for life.

(这3个段落的主题句依次位于段中、段尾和段首。)

还可以根据题目拟出主题句和支撑句,如:

Good and Bad Aspects of Internet

1. DS: Internet has become widely used.
   TS: It has both advantages and disadvantages.

2. TS: advantages
   DS1: get much more information
   DS2: enrich knowledge

3. TS: disadvantages
   DS1: computer viruses and bugs
   DS2: useless information and pornography

4. TS: In my opinion, it is like a double-edged sword.
   DS: make the best use of one edge

另外，我们还要注意主题句与主题句之间的关系。主题句之间可以是并列式、递进式或对比说明式。上述主题句之间的关系就属于对比说明式。对比说明式要求学生从正反两方面对事情进行对比阐述。下列则为递进式。递进式作文就是所给主题句的关系是层层递进，由浅入深。

Education

Education plays vital role in a person's self-development and self-accomplishment.

Education is vital to the development of a prosperous and powerful nation.

Education can be of great importance to the development of human culture.

而并列式则是指每一段的主题句的意思是平行的关系，没有主次之分，如：

Many people take stamp-collecting as their hobby.

Stamp-collecting is a rewarding hobby.

Unlike collecting paintings which is exclusively the rich men's privilege, collecting stamps is relatively easy to get access to.

综上所述，主题句普遍存在于英语语篇之中的现象不仅是英语语篇的基本特征之一，更重要的，它是文章主题和段落支撑句之间的纽带，直接服务于主题。因此，在英语写作教学中我们要注重培养学生的主题意识，让他们在写作过程中牢记写作目的，学会用主题句来表达段落的主旨，既要弄清主题句与主题、支撑句之间的关系，也要弄清主题句与其他主题句之间的关系。只有这样，他们写出的文章才能层次清楚、主题突出，符合英语思维习惯和英语语篇要求，从而真正提高英语写作能力，顺利实现交际目的。

总之，主题句对突出文章主题，实现语篇的统一性和连贯性具有非常重要的作用，我们在教学中应该给予足够的重视。虽然，并非所有的英语语篇都必须要有主题句，如记叙性和描述性的文章有时就没有主题句，其段落主旨是隐性的，需要读者自己概括，但是，主题句普遍存在于英语语篇之中毕竟是一个不容忽视的特征。因此，我们建议中国学生学习写作英语文章时应尽量使用主题句，使其结构符合英语语篇要求，以提高文章的可读性。然而，如何才能使学生在英语写作中熟练而得体地运用主题句仍是一个尚待解决的问题，所以，我们希望更多的中学英语教师能够参与讨论，使问题得以解决。

【案例2】语篇分析理论在初中英语阅读教学中的运用

（研究教师及作者：岱山大衢中学贺梦玲老师）

一、引言

学习语篇知识是发展语言运用能力的基础，语篇知识在英语阅读与表达过程中具有重要作用（教育部，2018）。语篇知识能帮助读者理解、分析文本结构，迅速把握文本主旨大意和段落大意，并识别文本内在衔接和连贯的手段及其使用的意义（Oxford & Scarcella，2003）。随着英语新中考的不断改革，中考对阅读能力的检测要求也越来越高，阅读题的设置由简单地从原文中找答案，逐步过渡到根据写作意图进行推理、分析、归纳等形式，即着重对深层理解力的考查。这就对学生的语篇分析能力提出了较高的要求，也就是说，学生需要熟知各类文体的结构特征，掌握和运用一定的语篇知识，形成针对不同文体的多样化阅读策略。

但传统阅读教学中，许多教师更关注文本中词汇、语法的学习以及文本内容信息的获取和加工，忽视语篇知识在语篇构成中的作用，致使学生对于文本的阅读大多局限于词汇与句子意义的理解和内容信息的解读，语篇分析能力不强，对于文本的理解不够透彻，对于作者的写作意图把握不够准确，阅读效率不高。因此，教师应在英语阅读教学中适当引入对语篇知识的学习和运用，帮助学生提高语篇分析能力，加深对文本的理解。

在传统的阅读教学背景下，学生更容易被话题、词汇和语法知识困扰，不能快速梳理文章主题和准确理解文本。在现行初中英语教材中，说明文也是常见的体裁，其涉及的话题广泛、生涩，语言难度较大，但说明文具有主题明确、结构清晰、语言条理性强、逻辑严密等特点，更适合利用语篇知识开展教学。本文将以一节说明文的教学为例，具体阐述在初中英语阅读教学中进行语篇分析的实践和思考。

二、语篇知识

语篇知识就是关于语篇是如何构成的，语篇是如何表达意义的以及语篇是如何使用的知识（教育部，2018）。语篇中各种成分之间存在复杂的相互关系，这些关系包括微观结构特征和宏观结构组织。语法结构、词汇以及句子之间的衔接手段都属于微观结构特征。而句与句之间以及更大语篇成分之间的逻辑-语义关系则属于宏观结构组织（程晓堂，2005）。其中，在中学英语阅读课文中语篇体裁、小句关系以及衔接与连贯属于较为常见的语篇知识，对于它们的学习和运用有助于学生有效地分析文本，理解语篇。

1. 语篇体裁

交际的目的决定了语篇的体裁，这使得某类语篇具有大体相同的结构，并且影响着语篇的内容和语言风格的选择（Kay & Dudley-Evans，1998）。例如，说明文旨在客观地说明某个事物或解释某种问题或现象，可分为问题型说明文和事物型说明文，可用以下模式进行分析：①问-解模式（problem-solution）；②问-答模式（question-answer）；③声称-反声称模式（claim-counterclaim）；④一般-具体模式（general-specific）。在一般-具体模式中，根据不同的写作目的，篇章有三种常见的形式：

general-specific 1-specific 2-specific 3- general; general-specific-more specific-even more specific-general; specific 1- specific 2- general（张应林，2006）。

2. 小句关系

小句关系是语篇中常见的一种宏观结构组织，是语篇中一个或一组小句与另一个或一组小句之间的逻辑-语义关系。Winter（1997）和 Hoey（1983）把小句关系归纳为三种：问题-解决方法（problem-solution）、假设-真实（hypothetical-real）、一般-个别（general-particular）（程晓堂，2005）。程晓堂、王琦（2004）在相关研究的基础上归纳出九种小句关系：次序关系、范围关系、一般-具体关系、层次关系、对照关系、问题-解决方法关系、依靠关系、假设-真实关系和扩展关系。

3. 语篇衔接与连贯

衔接是语篇的组篇机制，体现在语篇的表层结构上，它是有形的。Halliday 和 Hasan（1976）指出，当对语篇中某个成分的意义解释需要依赖于对另一个成分的解释时便出现了衔接。衔接手段可归纳为指称、替代、省略、连接和词汇衔接。连贯即语篇中的语义关联，是文章的无形网络，存在于语篇的底层（黄国文，1988）。它主要靠衔接手段、语境、修辞、想象等手段来实现。胡壮麟（1994）认为，衔接在连接句子的同时也是产生连贯的重要条件。因此，抓住这些衔接纽带有助于读者从整体上把握文章的层次结构，理解信息之间的逻辑关系，领会作者的思路。

三、语篇知识在初中英语阅读教学中的运用

教师可尝试在阅读教学中引入语篇知识，引导学生通过观察文章标题、插图、段落分布特征以及文本的体裁做出初步判断，借助相关体裁的语篇知识分析语篇结构，理解语篇主旨和作者的写作意图，并完善学生已有的语篇结构图式或形成新的语篇结构图式。在此基础上进一步研

读文本，通过分析语篇段落中的小句关系以及衔接与连贯手法，从宏观和微观两个层面分析信息之间的逻辑关系，提炼段落框架，梳理段落要点，概括段落大意。

1. 教学内容与学情分析

本课例选自人教版 *go for it* 初中英语教材九年级 Unit 5 Section B 2b 的阅读课文 *Beauty in Common Things*。课文介绍了中国传统艺术的种类和蕴意，第一自然段总起，对中国传统文化艺术作了总的介绍；第二、三、四自然段分别介绍了孔明灯、剪纸、陶土三种不同特色的中国传统艺术形式。该文本属于事物类说明文，其篇章模式为一般-具体模式（general-specific），适合用于训练学生运用说明文语篇知识来改进阅读方法，提升阅读能力。

九年级学生在母语学习中已经积累了一定的语篇知识，但尚不能有效地迁移到英语阅读之中。本节课中，教师将语篇体裁、小句关系、语篇衔接和连贯知识引入阅读教学，重点指导学生通过语篇体裁特征的识别和对上下文之间的语义联系和逻辑关系的分析，准确、深入理解文本主题与各部分之间、段落与段落之间以及句与句之间的逻辑关系，从而加深对文本的理解，并逐渐改进阅读方法，改善阅读效果。

2. 教学目标

根据对教学内容和教学对象的具体分析，基于本节课的学习目标，笔者设定了以下教学目标：

（1）理解本课语篇话题；

（2）理解说明文的篇章特点；

（3）借助语篇知识，分析本课语篇体裁特点以及段落信息关系；

（4）运用逻辑思维和批判性思维解释、反思本课主题和内容，并借助话题词汇、文本内容，条理清晰、逻辑连贯地表达观点；

（5）欣赏不同类型的中国传统文化艺术，从娱乐中获得知识和有益的体验，培养热爱传统文化艺术的态度。

3. 教学过程

Step 1：Pre-reading

（1）呈现图片，导入话题。

教师通过京剧片段导入阅读话题，之后，通过剪纸、孔明灯、虎头鞋等图片介绍中国传统文化艺术形式各自的特点和蕴意，激发学生的学习热情，激活和补充学生头脑中有关中国传统文化的背景词汇和表达，如 folk or traditional art，objects of beauty，special forms，the symbol of …，good luck and wishes 以及过去式被动语态的用法，为下一步阅读活动扫除部分语言障碍。

［设计意图：本环节旨在引出文本话题，激发学生的阅读兴趣，激活话题背景知识，为顺利、有效开展 While-reading 活动做好铺垫。］

Step 2：While-reading

（2）预测和验证文本体裁，形成新图式。

通过读标题、看插图和文章排版，学生可以猜测到本语篇为事物介绍类的说明文。接着，教师安排学生进行小组讨论，完成任务一：Discuss with your partners to figure out the structure of this passage. 在抽取两个小组分享答案后，教师作如下点拨：Generally，there are three parts in a passage，introduction，body and conclusion. But sometimes，there is no conclusion.

［设计意图：本环节旨在引导学生借助母语中的语篇知识预测新文本的语篇体裁，之后再验证对新语篇体裁的判断，调整并形成新的语篇结构图式。］

（3）根据体裁特征，归纳语篇主旨和作者的写作意图。

在确定本语篇为说明文后，学生根据说明文的结构图式判断信息分布的特点，并确定本语篇的主旨和作者的写作意图。师生对话如下：

T: Usually, where does the writer present the main idea and writing purpose in a passage?

Ss: In the introduction, normally the first paragraph.

T: Right. Then what are the main idea and the writing purpose in this essay?

S: The main idea is to introduce some different kinds of Chinese traditional art forms, and the writing purpose is to let people know Chinese traditional art, then value and protect them.

[设计意图：本环节旨在引导学生利用事物说明文的体裁特征，判断信息分布的特点，快速锁定首段，寻找段落主题句和目标信息，理解语篇主旨和作者的写作意图。]

（4）阅读语篇主体部分，辨识语篇模式。

T: How many traditional art forms are introduced here?

S: Three. They are sky lanterns, paper cutting and Chinese clay art.

之后，教师引导学生得出以下结论：The pattern of the passage is general- specific 1-specific 2-specific 3（见图4-14和图4-15）。

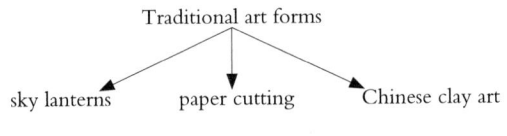

图4-14　传统艺术形式

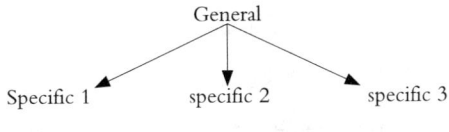

图4-15　段落发展模式

[设计意图：教材用三幅插图分别呈现三个段落。本环节中，教师引导学生关注课文排版的特点，结合语篇体裁特征，快速判断语篇模式。]

（5）研读主体段落，探索小句关系和衔接手段。

①利用小句关系，梳理段落信息。

教师介绍三种典型的小句关系：问题-解决方法关系、一般-具体关系、假设-真实关系。

学生阅读第二段，判断本段小句关系为一般-具体关系。在这种关系中，通常是第一个小句陈述一般的、概括性的或抽象性的内容，后面的句子进行具体描述、论述，或通过举例来论证；有时也会在论述的最后给出总结（程晓堂、王琦，2004）。教师指导学生梳理如下信息：第一句"According to Chinese history, sky lanterns were first used by Zhuge Kongming"提出本段要介绍的艺术形式——孔明灯；中间部分介绍了孔明灯的作用、制作材质及使用方法；最后一句"They are seen as bright symbols of happiness and good wishes"指出了孔明灯的象征意义。

之后，教师指导学生借助小句关系继续梳理第三、四段的信息，并完成任务二（图 4-16）。

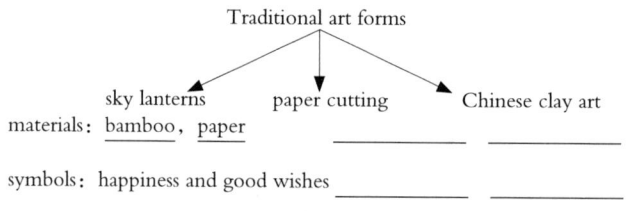

图 4-16　信息补充图

②回读第二段，探索段落内部衔接手段。

教师向学生提问孔明灯在本段出现的次数，学生仔细阅读后发现，在本段中，为保证段落的衔接与连贯，作者除了使用必要的连接词以外，还运用了指称（代词 they 指代 sky lanterns）和词汇衔接（sky lanterns 原词复现以及使用同义词）的手段，段落中虽出现了七次孔明灯，但读来并不显得重复、累赘。

在师生共同分析本段落衔接手段的过程中，教师呈现本段衔接手段，辅助学生在语境中理解衔接与连贯。

［设计意图：本环节中，教师引导学生识别段落衔接手段，体验语篇显性衔接和隐形连贯，并适时点拨写作策略。］

③小组合作探索其他段落的衔接手段。

师生共同分析第二段落的衔接手段后，学生小组合作梳理出第三、四段的衔接手段。

［设计意图：本环节旨在帮助学生迁移所学语篇知识，进一步体验衔接手段在文本中的运用。］

Step 3: Post-reading

（6）回扣语篇模式，对应结构与信息关系。

师生回顾语篇主要信息，建立与语篇模式的对应关系。

［设计意图：本环节旨在帮助学生搭建文本主要信息与语篇模式的对应关系，为课后概要写作作铺垫。］

（7）回扣主题，反思评价文本。

学生分组讨论以下问题：Why does the author use the title "Beauty in Common Things"？讨论中，学生归纳出三个中国传统文化艺术形式的共性，然后发现其与标题的内在联系：bamboo and paper, paper, clay 对应标题中的 common things; bright symbols of happiness and good wishes, symbols of wishes for good luck and a happy new year, the love that all Chinese people have for life and beauty 对应标题中的 beauty 一词。教师进而引导学生反思和评价文本，提高其阅读认知能力和欣赏能力。

［设计意图：本环节旨在培养学生的逻辑思维和批判性思维能力。学生通过概括、对比、分类探讨中国传统文化艺术形式的特点和共性，分析文本和主题的关系。］

Step 4: Assignment

(8) 教师布置作业。

Write a summary for this passage. Make sure your summary is coherent and logical.

［设计意图：本环节旨在通过概要写作促使学生内化并运用本课所学语篇，概括文本主要信息，进行连贯和有逻辑的表达。虽然这一任务对大部分学生来说有点困难，但不妨可以根据教师在课堂上展示的图式尝试进行概括。同时，教师要传授概要的写作方法，即强调：概括要抓要点（main points），要用自己的话写（use your own words），要连贯（必要时可使用连接词），字数不超过原文的三分之一。概要写作是提高学生的语篇综合认知能力和深层理解能力的有效途径。］

四、反思与建议

国内外的研究已经表明，在中学英语阅读教学中运用语篇分析理论是可行的，这与《义务教育英语课程标准（2011年版）》的理念相一致，与英语新中考提倡的深度解读文本，研究基于语篇的教学，整合读与写的教学模式相契合。更重要的是，语篇知识和语用知识作为英语知识的重要组成部分，替代了原来的话题和功能项目，构成英语学科核心素养的重要内容。

通过尝试语篇教学，我们优化了教学模式，提高了教与学相长的效果，具体表现有以下几个方面。

（1）教师自己在进行课堂设计时不再一味地侧重语法知识的讲解和句子的分析，把一堂阅读课上成翻译课，忽视语篇中句子之间、段落之间的层次关系及段落之间的逻辑关联，忽视对语篇的整体理解，而是会以语篇为基本单位，从篇章的整体出发，先分析理解篇章结构，而后分析句子与句子之间，段落与段落之间的衔接及逻辑思维的连贯，并围绕语篇的整体内容解释词句，分析人物性格或事物缘由，总结中心思想和写作技巧，从而使学生具有通览全篇的能力。教师在强调教授语言知识的同时，要更侧重于将语用知识、文体知识、文化背景知识传授给学生，达到内容与形式的统一，优化教学设计与教学效果。

（2）教师教学模式的优化也促进了学生学习的效果。教师引导学生通过标题和课文插图进行预测，借助现代化多媒体播放音乐、宣传片、电影等介绍语篇的背景，通过激发学生对语篇内容的原有知识调动学生的学习兴趣和欲望，将学生的被动阅读转化为主动地求知和交流，学生的积极性大大地得到了提高，课堂气氛也变得更加自由、宽松、和谐。通过对各种语篇结构的分析，学生能对文章的内容框架和作者的思维脉络进行提炼，对语篇结构、课文中心、作者观点有宏观的把握，为后面深化和细化的理解扫清障碍，学生不再依赖于教师的讲授，而是学会了自主学习，充分体现了学生在教学中的主体地位，充分调动了学生的主观能动性。

（3）通过语篇知识的教学与尝试，学生对语篇无论是宏观把握还是微观处理都有了一定的基础。通过抓文章文眼、找中心思想，抓文章要义、理清文章思路，强化理解、注重体验，让学生在阅读过程中能够找到明确的方向和目标，从而准确地理解作者在文章中所要表达的主旨和意图，学生的阅读水平、阅读理解能力、语篇整体感知能力、综合语言运用能力上都有了很大提高。

为了更好地将语篇分析理论运用于初中英语阅读教学中，笔者提出以下几点建议：

（1）现行初中英语教材中的语篇体裁和题材多样，内容丰富。教师应建立语篇意识，加强语篇知识学习，同时增进文化修养，丰富文化背景知识，从而更好地分析语篇语境，解读文本，对文本做出准确的反思和评价。

（2）语篇知识不是孤立地存在于语篇中，而是与语音、词汇、语法、语用有机结合共同构建语篇。运用语篇知识进行阅读教学不是对传统阅读教学的否定，而是合理的补充与完善。教师要研究不同文章的语篇特点，挖掘其中的语篇知识，根据文本内容适时、适量地选取语篇知识进行教学。

（3）运用语篇知识分析文本建立在构建主义的学习理论上，教师要了解学生已有的知识结构和水平，特别注意利用学生从母语中获得的语篇知识激活学生的背景图式，让学生在体验新篇章的过程中，自主验证已有图式的合理性，发现新篇章的特殊性，并加以修正、补充和完善，最终形成语篇知识体系和基于不同类型语篇的有效阅读策略。

（4）语篇知识涉及语篇宏观层面上的文体特征、结构框架，微观上的衔接和连贯。对语篇知识的学习和运用不仅能帮助学生构建不同文体相对稳定的语篇图式并迁移运用于新语篇的阅读中，而且有助于学生根据交流的需要选择恰当的语类，设计合理的语篇结构，规划语篇的组成部分，保持语篇的衔接性和连贯性（教育部，2012），从而促成学生写作能力的提高。

（5）各种文体的语篇不是决然区分的。有些语篇类型有明显的界限，而有些类型则没有决然的界限（程晓堂，2005）。利用语篇知识分析语篇时要避免绝对化，要全面分析与比较，客观归纳与总结，寻找语篇共性的同时，承认同类语篇的特殊性和不同语篇的相似性。

五、结束语

在英语教学中，应用语篇分析理论对提高学生的阅读理解能力有着重要作用。教师在帮助学生用语篇分析文章时，要避免"只见树木，不见森林"，应更注重语言形式、语言功能及文化背景等相关知识，而不是仅仅强调单词、语法或单句。运用语篇分析进行阅读教学时，不是一味地深挖、拓展，而应基于文本进行深入分析，同时教师应注重学生的主体性，吃透教材，个性化地解读文本。

【案例3】思维导图在初中英语阅读教学中的应用探究

（研究教师及作者：岱山初级中学邱雅老师）

近年，英语教学强调英语教育要倡导合作、交流、参与的学习方式，并且指出英语教学设计要有利于学生英语水平的提升，有利于学生自主学习能力的增强。教师在教学中的角色不再是知识的传授者，而是教学的引导者。教师要帮助学生通过自我探究发现知识、获取知识。思维导图教学模式能够将现代化的教学理念和教学实践有机结合，引导学生进行自主式探索，从而有效培养学生的思维能力和语言运用能力。

阅读教学在我国英语教学中具有特殊的地位。内容主要分为以下几类：主旨大意题，细节题，词义、句义题，推断题。从学生考试结果分析来看，细节题的得分率较高，而其他三类题的得分却不尽如人意。这与平时阅读教学中教师的教学方式是有很大关系的。在平时的教学中，大多数教师都是花费大量时间进行词汇语法的教学，导致没有太多时间进行阅读训练。碰到阅读时也是仅仅要求学生能够大致翻译出句子意思即可，并没有进行阅读技能和思维的训练。有的干脆实行题海战术，认为题目做得多就一定能够提高。然而题海战术效率太低，耗时耗力，无法引起学生的学习兴趣，不是长久之计，也更不可能达到课标所要求的五级阅读的标准。因此，提高初中生的英语阅读能力是一个急需解决的大问题。

一、思维导图模式的概述

1. 思维导图模式的内涵分析

思维导图（Mind Map）是一种图文并重的关系图，是利用发散性思维和跳跃性思维绘制的可视化、抽象化的思维结构（李娜，2012）。思维导图能够将各种信息组织汇总在一起，并且通过中心思想向外发散，实现创造性思维的拓展。思维导图模式主要是借助高效率和抽象化的思维表达方式，结合图文并重的思维表现方法，在大脑中建立一种记忆连接，包括关键词和图像等，从而开发大脑思维能力，拓展思维宽度。将思维导图运用于教学可以通过直观的意识引导，使每一个学生的个人特点得到充分的发挥。

2.思维导图模式的主要特征

在英语教学中，思维导图通常是以简单的单词或短语为中心，添加不同的词组以及与之相关的联想，简单来说，就是由一个中心节点散发主要分支，又从主要分支添加次要分支。思维导图的特点有两个，即发散性和图表化（王丽彬，2014）。学生结合抽象图表和形象图表完成思维引导，然后通过想象力和创造力探索语言的学习。思维导图的信息分化和知识结构可以帮助学生构建知识框架，将思维导图特征投射到学生学习中能够改变学生的思维习惯和学习方式。思维导图模式的具体特征主要表现为以下三点：以中央图像为中心；分支结构相互联系；图像和关键词能够形象地表达分支意思。

二、思维导图的作用

为什么要在英语教学中运用思维导图呢？它有自己存在的理论依据。思维导图是由英国头脑基金会的总裁，英国的"记忆之父"，著名大脑潜能和学习方法研究专家，世界记忆锦标赛和世界快速阅读锦标赛创始人——Tony Buzan发明。它与传统的直线记录方法完全不同，它看上去像一个人的神经网络图，能提高理解能力、记忆能力、逻辑思维能力和创造性思维能力（冯国俊等，2016）。它适合初中阅读文本和初中生的年龄特点。初中的阅读文本相对高中的而言相对简短、精辟，常是一些以意群为单位的文章，这就需要一种简洁高效的呈现方式把意群串起来，而思维导图可以较容易地做到。初中生大都是12～15岁的青少年，他们的逻辑思维正处在从形象到抽象的发展过程中，思维导图可以用图片、颜色和关键词的方式让学生快捷地理解并处理比较抽象和相对较长的文章。

三、思维导图与逻辑思维能力

思维导图，又称心智图，是由英国著名的心理学家及教育学家 Tony Buzan 在 20 世纪 60 年代提出的一种新的思维工具（葛旭红，2012）。思维导图通常将某一主题置于中央位置，主题的主干作为分支向四周发散，每条分支上使用一个关键词，各分支形成一个连接的节点结构，整个图形看上去就像人的神经网络图。而这种放射性思考的过程正是自我阅读的过程。不断提问的过程，也是不断与作者对话的过程。同时，由于思维导图充分利用了右脑的图像记忆优势，右脑的记忆效能为左脑的一百万倍。因此，教学中利用思维导图将文本信息转换为图形，使得知识结构更加清晰明了，有利于学生的判断、推理等逻辑思维能力的发展（钱宜璐，2015）。很多人认为提升逻辑思维能力只有对学理科才比较有用，其实不然，任何一门学科都需要学生具有良好的逻辑思维的能力，英语也是如此。

四、思维导图在英语阅读教学中的应用

那么，究竟该如何在初中英语阅读教学中有效地解读较长的文本呢？以下三节课例中都涉及思维导图的使用。案例展示课中，由于借班上课，教师与学生事先没有接触，老师不能设置问题让学生事先预习，尽管阅读材料篇章较长，教师们仍能恰到好处地利用思维导图，启发学生思维，循序渐进，使之在课堂上得心应手。

【实例1】老师通过现场剪纸时以与学生聊天问答的形式，呈现本课的主题"Chinese Traditional Art"，老师引导学生体会"beauty in common things"。本课围绕"思维导图的学习和制作"这一主要任务开展教学。老师通过提问的形式引导学生提取关键词，并在黑板上提供清

晰的思维导图板书，启发学生思考。然后基于第二段和第三段的内容，设置半控制性的活动，引导学生如何制作思维导图并启发学生了解关于思维导图构成的几个要素：图片、色彩和关键词。然后就四段的内容让学生分组合作完成文本的思维导图。老师最后呈现的文章内容思维导图以一个中国字"美"的形式而再次点出本课主题，启发学生去发现美，享受美和创造美。

老师在阅读课中以思维导图开展教学遵循了思维导图的科学理论依据，把内容和人的思维模式巧妙地结合在一起，形象地突出了思维内容的重心和层次，强化了学生的联想和对文字信息的加工记忆处理功能，培养了学生对文本的整体把握和分析能力，提高了学生阅读的技巧和能力。

【实例2】来自九龙坡天宝中学的唐棠老师以读促写，Go for it 教材的阅读和写作在语言特征和语篇特征上有很强的共性，阅读有助于写作。在教学中，在把阅读和写作结合起来的同时，通过"problem, facts and solution"思维导图理解文章大意，理清文章脉络，让学生明确写作思路。学生通过合作讨论，借鉴思维导图的结构，为后续的写作搭建支架。在引导学生通过阅读获取信息和处理信息的同时，利用思维导图帮助学生分析语篇结构，通过语篇分析来学习语篇的结构特点以及信息和思想的表现手法，从而达到以读促写的目的。

【实例3】老师利用思维导图帮助学生准确地进行文本分析和结构解读，循序渐进地让他们了解本篇文章的布局。学生逐步生成思维导图的同时，通过思维导图进行反思。引导学生对文本结构提出大胆质疑并进行优化完善，如引导学生给予一个合理的但不一样的ending，以此来培养学生的批判思维和逻辑思维能力。具体三处明显使用到思维导图的地方：Mind map——将描述一个地方的方法形成思维导图。Brainstorm——What else impressed you? 激发学生的创造性思维，让学生自己生成思维导图。Group work——Write down some things about Zhoushan. 学生根据思维导图填写信息卡。在读后环节中老师处理得非常到位，把本堂课推向了一个新的高潮。即老师引导学生把阅读文本的思维导图运用到为舟山代言的环节中去。老师在黑板上画出具有舟山特色的"鱼骨"形式的思维导图，把思维方式与地方特色联系到一块，形象具体地引导学生的思维，打开学生的思路，将所学运用到自己的家乡，潜移默化地将中外文化进行了联系比较，引导学生发现身边的美好，培养热爱家乡的情怀，使语言学习与文化意识巧妙地结合在一起。

五、在教学实践中利用思维导图培养学生逻辑思维能力

在英语阅读教学中，以 Tony Buzan 的图式理论为指导，就现行的人教版 *Go For It* 教材的阅读文章为例，运用思维导图进行读前、读中、读后的教学设计，可以达到培养学生阅读的逻辑思维能力。

1. 运用思维导图激发学生兴趣

在阅读中运用思维导图使学生产生阅读欲望，从而化被动阅读为主动阅读；同时，能使学生通过搜集了解与所要阅读材料相关的信息，激活头脑中已习得的知识，预测阅读材料中将要涉及的内容等。学生对文章主题越熟悉，阅读理解的难度就越小。以八年级上 Unit 8 *How Do You Make A Banana Milk Shake?* Section B 的阅读文章 Thanksgiving in the United States 为例，针对本篇阅读，首先利用 PPT 展示一幅感恩节的图片，接着，让学生展开讨论，说说和感恩节有关的事物。在学生说的同时，将他们所说的内容以思维导图的形式呈现。图像可以自动地吸引眼睛和大脑的注意力，触发无数的联想，是帮助记忆的有效方法。教师通过图片展示，形象、生动地引出文章的主题，激起学生无限的想象。教师紧接着通过问题 "What do you know about Thanksgiving?" 让学生说出感恩节的相关信息，激活学生已有的知识存储。在师生问答中引出会造成理解障碍的新词汇 celebrate、traditional、turkey，并添加到思维导图上，

同时把问答所用到的关键词 history、food、time、place 和 celebrate 也添加到思维导图上,既呈现了新的语言知识,也激活了学生已有的语言知识。这样不仅让学生熟悉了文章的主题,而且发散了学生的思维,使学生在接下来的阅读环节能更有效地理解课文内容。

2. 运用思维导图梳理篇章结构

阅读中的主要任务是通过引导,以层层递进的方式让学生从篇章中获取主要信息。教师应善于利用信息转换手段,有效设计任务和活动,帮助学生逐步建立思维导图。下面以九年级 Unit 6 *When Was It Invented?* 中 Section B 2b *Do You Know When Basketball Was Invented?* 为例进行说明。课本 2c 部分直接呈现了整篇文章的一个思维导图,对于学生来说,刚接触这篇文章就要将整篇文本转换成图式信息难度肯定较大。因此,可在要求学生完成 2c 前,将思维导图进行分解并让学生完成以下任务。

(1)略读,找出主题句。

通过略读,找出每段的主题句并圈出主题句的关键词或重要部分。同时告诉学生,主题句通常是段落的第一个句子,偶尔出现在句末或句中。通过找主题句可以快速地把握文章大意。学生通过略读很快找到三段的主题句:Basketball is a much-loved and active sport that is enjoyed by many for fun and exercise. /Basketball was invented by a Canadian doctor... The purpose of the game is... /It is believed that... 接着让学生找出这三个主题句的关键词或者自己概括,即:popularity,game rules,history/development。该任务可以使学生初步了解文章涉及的话题是篮球的发展史,从而快速地把握文章的大意,完成思维的第一级发散。

(2)利用思维导图解决问题。

将文本信息转换成图式后,充分发挥右脑的图像记忆效能,通过相应的练习,学生能够快速掌握本篇文章的内容。这里主要设计两个练习来提升学生利用思维导图进行逻辑分析的能力。

①通过回答以下问题，学生感受到思维导图清晰的思维模式，从而培养快速寻找信息点的能力。

A. Who invented basketball?

B. What are the rules of playing basketball?

C. When did it become Olympic event?

D. Why were the Berlin Olympics important for basketball?

E. Which groups are famous in America and China?

②词义替换，用文中的词或短语解释以下的词与短语。培养学生利用思维导图进行推理和寻找信息点的能力，enjoyed by many，over，called，cooperate，make one's dream come true。所给的词除了最后一个，都可以直接在思维导图上寻找到同义词及短语，这样设计的目的就是让学生了解文本的主要信息都可以通过思维导图体现，让学生养成最大限度地以最简洁的方式呈现文本信息的主要内容，便于查找和分析语言信息间的联系（钱佳，2016）。通过前两步引导学生构建思维导图，第三步运用思维导图，学生既了解了篇章结构，又突破了难词难句，可以站在作者的角度去理解整篇文章的内容。只需加以操练，学生的阅读思路就会更加清晰，逻辑思维的能力也会越来越强，不会因为某个生词和短语而阻碍阅读。另外，学生在制作思维导图的过程中通过亲身体会和观察知识点间的关系，可能会发现自己从未注意和意识到的某个方面，从而达到创新学习的目的。

3. 运用思维导图重组文章内容

为了加深学生对课文的理解，读后的知识重组不可或缺，视时间的多少可以采用口头及书面两种形式。以 *Go for it* 九年级 Unit 6 Section B 2b *Do You Know When Basketball Was Invented?* 为例，首先，学生先就完整的思维导图从篮球运动的规则、发展历程及受欢迎程度三个方面进行复述。接着，留下部分关键词，让学生根据思维导图的走向及关键词进行复述，这个过程既让学生去掉繁杂的信息抓住文章的脉络，又把词汇与短语放进一个语境当中，所有的词汇互相关联，有助于学生形成记忆的网络，从而帮助学生理清思路，抓住重难点。最后，删除思维导图，让学生根据自己记忆中的图式进行复述，进一步提升学生利用思维导图进行整体思维的能力。

实践证明，思维导图能够显著提高学生在英语阅读理解中的逻辑思维能力，为学生提供一种简单而有效的思维模式，能够培养学生的分析、判断、推理等思维能力，并将这些逻辑思维的各个方面有机结合，相互补充，从而让学生养成良好的阅读习惯，掌握阅读技巧，最终达到阅读教学的最佳效果。阅读是初中英语教学必不可少的一部分，学生阅读能力的培养是英语教学的重中之重。教师要在课本内容讲解的基础上加以创新，结合思维导图教学模式为学生梳理知识体系，改变学生以往的阅读习惯；让学生能够以科学的方式和清晰的思路完成英语阅读，并在过程中实现英语知识的积累；促进每一个学生阅读能力的发展，从而提升学生的英语阅读水平，提高整个初中英语教学的效率。

第八节 文化移入模式的教学应用

文化移入对英语学习效果的影响很大。良好的文化移入往往产生良好的语言学习效果，反之亦然。罗毅曾撰文讨论文化与中学英语写作教学[①]，现仍有一定的实用价值。

英语新课程将单一的语言目标转向多元的综合目标，尤其是将"文化意识"纳入目标范畴，体现了教育的社会学回归。文化意识体现英语

---

① 参见罗毅.文化视角下的高中英语写作教学[J].山东师范大学外国语学院学报（基础英语教育），2008（4）.

学科核心素养的价值取向,表明语言离不开文化。脱离了文化,语言就失去了思想性、人文性、知识性和工具性。然而,在英语写作教学中,我们发现与写作密切联系的文化恰恰是缺失的。文化的缺失正是中学英语写作教学所面临的一大难题。文化有其特殊性、个别性与地域性,无论是教育目的、教育内容,还是教育观念,均离不开文化对其的影响(姜勇,2007)。但时至今日,英语写作教学的文化意识仍然薄弱。本节将对文化与写作的关系进行探讨,以探究提高中学英语写作的有效途径。

一、文化与写作

文化与写作的关系密不可分,但长期被人们所忽视。陶嘉炜(1998)认为,活跃在作者心灵层面的写作文化可称之为"主体写作文化",凝结在文章中的写作文化则称之为"文本写作文化"。前者是作者感悟社会文化心理和写作文化心态,创造、更新出与以往有所不同的写作文化。它是文章形成的根据,对于写作能力的培养和获得最具意义。

文化是通过思维作用于写作的。那么,中西方人的思维差异是怎样的呢?最早对此进行研究的当属美国著名语言学家 Robert B. Kaplan,他于1966年收集到近600份非英语民族学生所写的英语作文,其中包括110份中国学生的作文,通过研究分析,发现不同母语背景的学习者的英语作文有着不同的语篇结构。他认为母语为英语的作文语篇结构呈直线型(straight),即先有主题(论点),然后提供论证,最后为结论;有着东方语言背景的英语作文的语篇结构呈螺旋型(circular),即作者不直接提出证明自己主题的论证来,而是在主题外围"打转转"。因此,Kaplan将汉民族学生的英语作文不尽人意的原因归为思维模式的负迁移(潘建,1999)。后来,一些学者相继对英语民族和汉语民族思维模式进行了对比研究,其观点与 Kaplan 基本一致(Bandar,1978;邢福义,1990;陶嘉炜,1998;彭宣维,2000)。不同的语言文化影响着人们的思维模式,而不同的思维模式也影响着语篇的信息内容和组织方式,这似乎是不争的事实(姚兰、程骊妮,2005)。可见,思维对人类的语言形式和修辞具有重要影响。思维与语言密切相关,语言受思维的支配,如果没有思维,语言就不会具备多功能性和丰富性。

然而,不同的语言文化是如何影响人们的思维模式的呢?不同的思维模式又是如何影响语篇内容及其结构的呢?有学者认为,基督教文化熏陶下的西方民族重阳刚,性格直爽,说话当面直述,不拐弯抹角。而中国民族性格,由于受儒、道、佛教的影响,偏于阴柔,重含蓄。这种文化差异反映在语言风格上就是,英语表达时先说重要、强调的,然后再解释说明或补上附加条件。所以往往是先提要求后解释,先说结果后述原因或先下结论后解释。与此相反,极讲究名正言顺的中国人写作时一般是先说原因后述结果或先作说明再下结论。同时为表达自己的通情达理,有理有节,往往是先解释前提背景,后提要求,采取回旋式的方法(赵秀凤,1999)。可见,植根于西方文化的思维模式是直线解析式的抽象思维方式;由中国文化孕育出的思维模式是迂回环绕式的形象综合思维方式。

此外,我国著名学者邢福义(1990)认为,汉族习惯于环型思维,先纵览全貌,得到一个结论,然后再反复证明这一结论,因此便有螺旋型表述。这种思维和表达方式也许在八股文中表现更为明显。旅美学者祁寿华(2001)认为,"八股文"作为文章的组织原则以四部式(four-part model)在当今颇为流行,即所谓的"起、承、转、合"。这里"起"意指为读者准备话题,"承"就是介绍并扩展话题,"转"意为转向一个似乎与话题无关的方向,"合"即为归纳文章。对许多讲英语的人来说,这样的组织似乎过于累赘,给其一种抓不住问题中心和不能有效表达的印象。相反,学者们认为,讲英语的人所使用的结构要直接得多,即"倒金字塔"的结构原则正是英语民族的思维和表达方式的极端(陶嘉炜,1998)。

二、文化对英语写作教学的启示

在明白中西方文化与思维、语言表达的关系之后，我们来探讨文化与英语写作教学的关系。对学生文化意识的培养仅仅停留在对异国文化的感知层面上是不够的，应从思维模式、图式、语篇结构的层次来理解。中学生正处于由经验型抽象思维向辩证思维迅速发展的时期，如果在这一时期能够从写作文化的视角来理解英语语篇，尽可能地减少母语辞章结构的影响，帮助学生建立符合英语民族思维方式的写作图式，使他们的习作符合英语族人的交际规范，这无疑能够为他们今后的英语学习奠定良好的基础。

《高中课标》要求教师在教学中树立语言与文化相互促进、相互渗透的意识，引导学生通过探索、体验、比较、对比等多种方式学习中外文化知识，实现将文化知识内化为具有正确价值取向的认知、行为和品格（教育部，2018）。这就要求我们要结合具体语境对学生进行文化教育，而不是仅进行纯语言教学。高中英语课程标准对表达性语言技能内容提出的要求是：使用衔接手段建立逻辑关系，提高表达连贯性；根据表达意图选择恰当的语篇类型，设计合理的语篇结构（教育部，2018）。那么我们怎样在培养学生文化意识的同时来达到提高他们的写作技能的目标呢？或者在写作训练的过程中怎样培养学生的文化意识？下面我们从东西方思维方式入手，探讨思维方式在语篇中的反映，并在培养他们文化意识的过程中有效利用思维方式这个桥梁，有意识地对学生加以引导，使他们时刻注意英汉语篇特点，养成用英语进行思维的习惯，从而写出符合英语思维模式的文章，具体做法如下。

1. 转换思维方式

中西方民族的不同思维方式不仅反映在英汉语篇层次上的结构差异，而且也导致了句型结构方面的差异，汉语句子大量采用兼动式或连动式结构，而英语却不然。另外，英美人重理性，强调逻辑思维，过渡性词语成为不可或缺的语言纽带。因此，在英语写作时，如果局限于汉语思维，句式单调乏味，缺乏连贯性，一连串的简单句会与地道英语格格不入。例如：

The teacher held a book in her hand, she walked into the classroom quietly, nobody noticed her.

这是一个典型的"串句"（run-on sentence），用逗号将从句隔开，看似融合，实际上不仅标点符号使用有误，而且带有浓厚的汉语思维痕迹。如果换用英语思维，将原汉语简单句转化为英语复合句，如：

Book in hand, so quietly did the teacher walk into the classroom that nobody noticed her.

这样，句子结构环环相扣，紧凑有力，自然流畅。

因此，中国学生需要了解这种思维模式的差异，按西方人的思维模式和篇章结构来组织观点、思想，这样，写作时才能关照"目标读者"的心理图式。

2. 增强语篇意识

语篇性强调文章结构的完整性与语义的连贯性，而语义的连贯性主要是由语篇的逻辑结构来体现的。我们在英语写作教学中，结合英汉语篇的不同特点，分析探究这些差异的文化渊源，注重培养学生的语篇意识。

（1）重视英汉语篇连接成分的差异性。

英汉语篇在连接成分的使用上有明显的不同，即汉语通常省略连接成分，而英语必须有连接成分，例如：

我困了，没做作业。

I did not my homework because I was sleepy.

I was sleepy, so I did not do my homework.

I was sleepy; therefore, I did not my homework.

这是中国文化重"悟性"，西方文化重"逻辑"，即"汉语重意合

（paratactic），英语重形合（hypotactic）"的典型体现（毛荣贵，2001）。如果汉语加上了"因为""所以"这样的连接成分反而显得累赘，而英语少了"because"" so""therefore"之类的词语就缺乏逻辑纽带。又如：下面是2008年英语高考作文（全国卷）的范文①：

Dear Peter,

I'm glad to receive your letter asking for my advice on how to learn Chinese well.

Here are a few suggestions. First, it is important to take a Chinese course as you'll be able to learn from the teacher and practice with your fellow students. Then, it also helps to watch TV and read books, newspapers and magazines in Chinese whenever possible.

Besides, it should be a good idea to learn songs, because by doing so you'll learn and remember Chinese words more easily. You can also make more Chinese friends. They will tell you a lot about China and help you learn Chinese.

Try and write me in Chinese next time.

Best wishes,

Li Hua
June 8, 2008

这只是一封回信，在提到对方来信之后作者给出主题句（黑体部分），然后用四个连接成分（划线部分）将支撑句贯穿起来，使语篇连贯，主题突出。

（2）注重语篇结构的差异性。

英语民族和汉语民族思维方式的不同导致了两种语篇结构上的差异

---

① 本高考范文来自网上资源：http://learning.sohu.com/s2008/gkst2008/shtml [DB], 2008-06-09/2008-07-09。

性。一方面,英语语段的修辞模式是线形结构,即往往用一句话(主题句)来概括整个段落的思想,而后对主题句展开,分点说明或阐述(支撑句),最后总结出一个符合逻辑推理的结论句。汉语段落的发展倾向于螺旋式,以反复又发展的环形对一种意思加以展开。这种跳跃式的思维致使中文的段落、语篇显得很松散,句间、段间逻辑联系很不明显,且往往没有主题句和结论句。段落的思想需要读者领会、归纳和概括。另一方面,英语语篇往往在引言段给出文章的篇题句(thesis statement),而汉语语篇则喜欢将其置于文章的结尾段。主题句和篇题句这一英语语篇特征我们必须重视,如 2008 年江苏省高考英语作文范文[①]:

Good afternoon, everyone!

The topic of my speech today is "Being a Good Listener".

<u>Good listening can always show respect, promote understanding, and improve interpersonal relationship.</u>

Many people suggest that parents should listen more to their children, so they will understand them better, and find it easy to narrow the generation gap; teachers should listen more to their students, then they can meet their needs better, and place themselves in a good relationship with their students; students should listen more to their classmates, thus they will help and learn from each other, and a friendship is likely to be formed.

What I want to stress is that each of us should listen more to others. Show your respect and never stop others till they finish their talk; show you are interested by a supportive silence or a knowing smile; be open-minded to different opinions even though you don't like them. In a word,

---

① 本高考范文来源同上。

good listening can really enable us to get closer to each other.

Thank you for your listening!

这是一篇以"Being a Good Listener"为题的演讲稿。介绍 topic 之后，作者在引言段给出文章的篇题句（划线部分）；在过渡段阐述人们的一些观点之后，在主体段提出主题句（斜体部分），即怎样倾听，强调作者的观点，并用了三个祈使句以发挥演讲稿的劝说功能。接着，用一个结论句来加以强调。范文的篇题句、主题句和结论句遥相呼应，构成一个逻辑连续体，有效地实现了演讲稿的目的——劝说与说服。

（3）注重英语衔接模式。

英语衔接模式就是连贯语篇中主位和述位进行分割后，前后句子的主位和述位存在着某些对应衔接。这些对应衔接构成了语篇的宏观结构，或称语篇基本模式。主位和述位与传统语法中的主语和述语不是同一概念。主语和述语属于句内成分的范畴，局限在句法层次上；而主位和述位虽然存在于各种类型的句子之中，但它们却是语篇层次上的，并体现信息功能。因此，胡壮麟（1994）指出，主位-述位的反复衔接是实现语篇衔接和连贯的重要手段之一。关于英语衔接模式与中学写作教学，在本章第七节已有论述，这里不再赘述。

3. 形成谋篇图式

如果说转变思维方式是进行英语思维的前提，那么形成谋篇图式就是使用英语思维的结果，而谋篇图式能够从根本上解决英语语篇模式问题。

Barlett 主张，新的经验与记忆里所储存的相似经验的框架结构作比较而得到理解，并且他还将"图式"定义为"先前获得的背景知识的结构"（Cook，1999）。J. Anderson 等人认为图式是信息在长期记忆中的储存方式之一，是围绕一个共同题目或主题组成的大型信息结构。他们的理论不仅用于语言理解之中，而且还用于写作（Brown and Yule，1983）。Brown 等人认为，图式可以视为我们理解话语的过程中引导我们期待或预料事态的有组织的背景知识，不同的文化背景在描述所目击的事件时会产生不同的图式。形成谋篇图式，必须重视不同语篇的语义结构或成分（semantic structure/elements），因为不同的语篇隐含着不同的语义结构，而同一类语篇的英汉语义结构也并不完全相同。例如下面的请假条：

> June 15
>
> Dear Mr. Zhao,
> I would like to request a 2 days' leave of absence from June 17 to June 18. I have just been informed that my grandmother is very ill and I would like to go home to see her. Thank you for your consideration of my request.
>
> Sincerely,
> Li Ping

显然，其语义结为 Date ^ addressee or salutation ^ the purpose ^ the specific demand ^ the cause ^ asking for consideration ^ closing form ^ signature，而汉语请假条的语义结构是 heading ^ the cause ^ the purpose ^ asking for consideration^closing form ^ date（^表示顺序，即 followed by）。可见，同属于"请假条"语类的英汉两种语篇，其语义结构是不同的。即在英语请假条中"目的"（请假）在前，"原因"（爷爷生病）在后，而汉语请假条则相反。此外，日期的位置也相反。实际上，这种语义结构就是文化信息单位，应该成为学生模仿、记忆和练习的重点。因此，让学生明了不同语类的英语语篇语义结构，并遵循其内容和顺序，对构建英语写作图式具有重要作用。

三、结语

文化、思维、语言和写作各具有独立意义，又互为联系体。而思维方式是沟通文化与语言的桥梁，要培养中学生的文化意识和英语写作能力，必须从训练学生的思维入手。思维是可以训练的，且具有阶段性（胡春洞等，1996）。文化既是教学的目标，也是教学的手段。在英语写作教学过程中，我们应该注重文化、思维、语言和写作的有机结合，增强学生的跨文化意识。同时，通过文化意识的培养，帮助学生明晰不同语类的语义结构，并在体验写作的基础上构建符合英语思维方式的写作图式。

第九节　监察理论在英语教学中的应用

【案例】监察理论在初中英语教学中的应用

（研究者及作者：浙江海洋大学外国语学院卢慧霞教师）

第二语言习得的研究在20世纪60年代开始受到普遍重视。其中，美国语言学家Krashen的语言监察理论是影响最为广泛且引起争议最大的理论。在"监察模式"理论中，Krashen提出五个假设：习得-学习区别假设、监察假设、自然习得顺序假设、"i+1"输入假设以及情感过滤假设。虽然监察理论自问世以来就不断受到人们的质疑，但不可否认的是，它为第二语言习得的研究做出了积极的贡献，对我们的外语教学提供了多方面有意义的启示。下面我们就从监察理论每个假设的角度来讨论监察理论在初中英语教学中的运用。

一、习得-学习区别假设

Krashen认为，学习（learning）和习得（acquisition）是两种不同获得外语或第二语言的途径。学习是有意识地、外显地理解、运用语法规则进行外语学习的活动；习得是接近于儿童学习母语的自然的、无意识的、内隐的语言获得过程，在这个过程中学习者其实仅仅意识到自己在用外语交际，却没有意识到他们在学习该语言。习得的知识主要用于语言的自动加工，是语言理解和产生的基础，人类的语言能力来自习得的知识。

学习的知识在本质上是一种元语言的知识，它只能用于有意识的语言加工，它只能起到监察的作用，即它只具有判断语言输出是否正确的监察价值。通过习得，学习者可以获得语言知识和语言能力；通过学习，学习者只能获得有关语言规则的知识（韩恩娟，2009）。

这一假设给我们的启示是，我们要在初中英语课堂教学中努力创造一个真实、自然的语言环境，尽可能地让学生沉浸在真实的语境中进行语言交流。这种交流既可以是师生之间的交流，也可以是生生之间的交流。在课堂口语交流中，教师应更侧重语言意义而非语言形式，即教师不应过多纠正学生的语言错误，而是应当关注学生表达的具体意义。

二、自然习得顺序假设

Krashen认为在学习语言的过程中，学习者是按一定的，可以预见的顺序学会外语或第二语言的语法结构的。针对这一假设，戴曼纯（1996）提出过质疑，认为存在的疑点有"自然顺序"不自然、取样不够造成过度概括，自然习得顺序论不能说明语言习得的全貌等等。尽管第二语言研究者对自然习得顺序假设提出了很多质疑，但是我们仍然可以相信，第二语言与母语之间的差异是影响第二语言习得的重要因素之一。事实上，中介语理论就是建立在这样一个假设基础上的。中介语研究者普遍认为，第二语言学习者的中介语通常会以系统的、可预测的方式发展。中介语的这个特点就在一定程度上证明了自然习得顺序假设的合理性。

这一假设让我们认识到外语学习是一个不断犯错、不断纠错、不断靠近本族语的过程。我们应该以正确的态度看待学生的错误。另外，在编写教材中，我们也应该遵循这一原则，从简到繁，从易到难，循序渐进地编排语法知识。

三、监察假设

"监察"是学习者对自己的语言输出进行有意识的监督,它可以发生在语言输出之前、语言输出期间或语言输出之后(蒋祖康,2000)。如前所述,Krashen区分了"学习"和"习得"两个概念,认为它们之间不能相互转化,即通过"学习"掌握的语言知识不能转化为通过"习得"掌握的语言知识,而只能发挥"监察"的作用。这也解释了我们作为外语学习者,在口语表达中往往会比书面语表达中出现更多的语法、词汇错误的原因。因为我们在书面表达的时候,不管在语言输出前、语言输出期间还是语言输出之后,都会比在口语表达中有更充足的时间。而充足的时间是二语学习者能够使用监察功能的必要条件之一。另外两个必要条件,王立非(2000)认为,就是注重形式和了解规则。

基于过程-体裁教学法的体验英语写作课程提高了高校英语专业学生的书面表达能力(王金等,2012;李红英等,2011)。从监察假设的角度,我们也可以解释为什么这一写作教学法能够促进学生的书面表达。因为它把学生的写作过程分为八个步骤来完成,这八个步骤就保证了学生有充分的时间来监察输出。因此这一写作方法也可应用于初中英语写作的教学中。过程-体裁英语写作教学法由以下八个步骤构成:学生预写(pre-writing),课堂讨论(classroom discussion),范文评析(sample commentary),指导性写作(writing principles),自我修改(self-revision),小组讨论(group discussion),课后练习与自我评析(after-class practice and self-evaluation),教师评阅(teacher's evaluation)。教师可以在学生预写、自我修改、小组修改等阶段提高学生的自我监控能力,在课堂讨论、范文评析以及指导性写作等阶段帮助学生理清语法知识,确保学生掌握相应的语法规则,从而提高学生表达的准确性。

四、输入假设

Krashen 认为习得语言的必要条件是接受"可理解性输入"(comprehensible input),用公式表示即为"i+1",其中"i"表示学习者现有的语言水平,"1"表示输入的语言应略高于现有水平。这就要求教师不仅要具备学科知识,还要深入了解学生,掌握他们现有的学习水平。教师只有在充分了解学生现有水平的基础上,才能选择合适的教材内容,因材施教。

很多学者都把 Krashen 的输入假设和 Swain 的输出假设结合起来思考英语教学。Swain(1985)通过研究沉浸式教学,提出可理解性输出理论,对外语习得过程的重要环节进行了补充,纠正了人们对语言输出的错误认识。他认为,输出可以促进学习者将语义的、开放的、模糊的、充满策略加工的理解过程转化为符合准确表达的完全语法处理过程,语言输出活动对第二语言学习具有注意、假设检验和反省(或称"元语言")三种功能。由此可见,语言输入与输出是语言习得过程中相互结合、相互补充、缺一不可的重要环节。"读"和"写"作为最基本的输入和输出技能,因拥有相同的认知机制而存在不可割裂的内在联系,两者的发展相互依赖、相互促进。

把输入输出假设运用到初中英语课堂上,至少可以有两种教学模式分别用于提高学生的口语表达和书面表达能力。关于口语表达,我们可以采用"以听促说"的教学模式。关于书面表达,我们可以采用"以读促写"的教学模式。比如我们在初中英语课堂上经常会进行角色扮演以促进学生的口语表达。在具体的角色扮演任务之前,可以让学生先听一段相关的对话或者看一个相关的视频,那么学生就可以积累一些相关的词汇及表达方式,并且把这些词汇和表达方式用在他们自己的角色扮演活动中,从而使他们的语言能力得到内化。相应地,如果教师布置给学生写作的任务,也应该提供或者鼓励学生自己去查找相关内容的文章来阅读,保证每次写作之前都有充分、优质且相关的阅读,这些阅读不仅可以提供学生写作时必要的词汇和表达方式，而且可以促进学生对相关话题的思考。这样，学生就不会在写文章时觉得无话可说或者不知道怎么用英语表达了。

五、情感过滤假设

Krashen认为，真正的习得的发生要具备一定的情感条件：强烈的学习动机、较强的自信心、较低的焦虑程度。学生的动机、态度和情感状态可以看作是可调节的过滤器。情感过滤越小，学习者就能摄入更多的输入；反之，学习者就会摄入更少的输入。情感过滤假设让我们认识到学习者的情感在外语学习中的重要性，因而"降低情感过滤"的思想被积极地应用到了第二语言教学实践中，其中对第二语言教学和实践产生很大影响的有"自然法"。

自然法在1977年由雷西·特雷尔首次提出。他根据对自然环境中的母语习得和第二语言习得的观察和研究，提出在非自然条件，即课堂教学中，最大限度地扩大对学习者的语言输入，首先集中培养理解能力并强调通过习得掌握第二语言的教学方法。李庭芗总结了自然法的六个特点：（1）最大限度地扩大学生的语言输入，语言输入必须是自然的，可理解的；（2）在起始阶段是一个以听力理解为主要活动的沉默阶段，不要求学生过早地进行表达活动；（3）以习得活动，即以内容为中心的语言活动为主要活动形式；（4）创造一个轻松愉快的学习氛围；（5）教师尽可能使用外语，但学生可使用本族语；（6）在口头活动中不予纠错，在笔头作业中纠错（王海波，2017）。

把自然法应用到初中英语教学中，我们可以采用以下一些教学策略。

第一，提倡循序渐进的教学过程。初中学生在英语学习上还属于初级学习者，在听说读写各方面都会存在一些困难。这就要求教师要将复杂的学习任务适当地分解成若干个小任务，在学生的整个学习过程中，为学生搭建合适的支架，帮助他们提升到一个更高的水平。这也就是所谓的支架理论。教师就是学生学习过程中的脚手架，学生可以借助这个脚手架一步步攀沿向上，最终完成原本无法独立完成的任务。学生在整个学习的过程中，不会因为遇到无法克服的困难而失去信心，反而会因为超越了自己而信心倍增。

第二，教学活动的设计要体现趣味性，激发学生的学习兴趣。建构主义认为，学习者的知识是在一定的情境下，借助他人的帮助，如人与人之间的协作、交流、利用必要的信息等等，通过意义的建构而获得的。理想的学习环境应当包括情境、协作、交流和意义建构四个部分。在教学设计中，创设有利于学习者建构意义的情境是最重要的环节。同时，教学应使学习在与现实情境相类似的情境中发生，以解决学生在现实生活中遇到的问题为目标，为此学习内容要选择真实性任务（authentic task），不能对其做过于简单化的处理，使其远离现实的问题情境。我们发现，一些教科书为了让学生掌握特定语境下的交际用语，将一些句型从语境中剥离出来组成对话。而这种对话与真实发生的对话存在一定距离。例如,在初中教材里常常有问路或打电话的对话。问路常常以"Excuse me. Where is...?"或者"How can I get to...?"开始，然后对方直接用祈使句"Go along the road, then turn right at the..."回答。这些问与答的句型的确是问路时常用的，但是在更多情况下，答话者并不会直接用祈使句回答，而是在其前加上一句过渡性语言，如"Oh, it's far away."或者"It's very near."之类的话。另外，在初中英语教材打电话的对话中，总是先问对方是谁，如"Hello, who is that speaking?"或者"Is that... speaking?"，其实英美人打电话时，在更多的情况下会先告知对方自己是谁，如" Hello! This is..."，尤其是办公电话。在具体的教学方法上，教师可以采用游戏、讨论、竞赛以及解决问题等。

第三，教师应关注与学生之间的情感交流，营造和谐融洽的课堂氛围。

教师应重视学生情绪的表达，以真诚理解的态度对待学生。语言的学习不应该是机械的知识传授，它涉及学习者自由观点的表达、对世界的独特理解以及情感的释放，而这些都建立在师生能够平等合作和真诚交流的情感关系之上。

综上所述，Krashen 提出的监察理论对初中英语教学有积极的指导意义。习得-学习区别假设告诉我们真实自然的语言环境对英语学习的重要性；自然习得顺序假设让我们对学生的语言错误有了一个更加宽容的态度；监察假设可以指导我们设计提高学生自我监控能力的教学方法；输入假设和输出假设，指导我们采用"以听促说"和"以读促写"的教学模式；情感过滤假设提醒我们在教学中要帮助学生增强学习动机、树立自信心以及降低焦虑感。

第十节 中介语理论在初中英语写作教学中的运用

英语写作作为英语学习者听、说、读、写四项基本技能之一，是初中英语教学中的一个关键部分。英语写作要求用完整的英语句子传达信息，表达想法，能够锻炼和体现学生的综合语言运用能力，因此也是英语教学的重点和难点。对大多数人来说，母语写作已然不易，更不用说用一门外语来写作。初中生刚接触写作练习不久，英语的积累也比较薄弱，往往会害怕英语写作。大部分英语教师在教学实践中，往往只是简单地批示出学生的各个语言错误，无暇对学生的错误进行有针对性的分析，从而也不能准确地帮助学生提高他们的写作能力。

中介语理论可以改变教师对于学生作文错误的不正确认识：错误即缺陷。中介语理论告诉我们，错误对学习者而言并非缺陷，而是其自身创造性学习的表现，表明他们正在学习语言。对教学者而言，错误是一种教学资源，错误具有系统性，是不可避免的，教师应该通过学生的错误发现他们所处的发展阶段及其特点，因势利导，用科学的眼光来看待学习的每一个过程。换言之，教师应该去认真研究学生的错误而不是防止错误发生。

一、中介语理论及其与错误分析的关系

Selinker（1969）提出中介语（interlanguage）的概念。中介语是外语学习者在学习过程中对于目的语规律所作的不正确的归纳与推论而产生的一个语言系统。这个语言系统在语音、词语、语法和文化等方面都有不同的表现，但它又不是固定不变的，而是随着学习者学习程度的加深，逐渐向目的语的正确形式方面靠拢。这个过程是一个渐进、演化的过程，是动态的语言系统，即学习者在语言习得过程中，会不断地调整自己的语言行为，使这种语言行为适合目的语的表达习惯，由错误逐渐向正确方向转化。

Selinker（1972）提出中介语有三个特征，即渗透性、动态性和系统性。渗透性是指学习者的语言知识在任何一个阶段虽然是固定的但是可以修正，这也是自然语言的一个特点。动态性是指中介语像其他的自然语言一样，从不会停止发展，也不会突然从一个阶段跳跃到下一个阶段，而是缓慢地修正现有的体系来适应关于目的语的新的猜想，不断地引进新的规则。系统性是指在进行外语学习以前，学习者就知道目的语中存在着规则，他把自己的语言表现建立在已有的规则基础上。

中介语是外语教学中错误分析的理论基础。Corder（1967）认为学习者的语言错误反映了对语言系统地掌握。因为语言学习被视为一个创造性的过程，错误是不可避免的。不断纠正错误以及从错误中学习，更加接近目的语是一个连续的过程。错误分析作为应用语言学的一个分支，将研究的重点转移到语言学习者上，弥补了20世纪50年代提出来的对比分析的不足。

错误分析分为三个步骤：识别错误（identification of errors），描述错误（description of errors）和解释错误（explanation of errors）。按照 Selinker（1972）所指出的，中介语的产生有下面五个原因：

（1）语言迁移（Language transfer）；

（2）目的语规则过度概括（Overgeneralization of target language rules）；

（3）训练迁移（Transfer of training）；

（4）第二语言学习策略（Strategies of second language learning）；

（5）第二语言交际策略（Strategies of second language communication）。

这五个过程并不是相互独立的，而是共同作用于学习者的学习过程。它们也并非按一定的顺序发生，而是相互穿插进行。在这五个因素中，母语迁移的作用是占第一位的，即任何时候任何阶段学习者的外语学习都会受到母语迁移作用的干扰和影响，既有正面的，也有负面的。中介语的研究一般集中在三个方面，即母语和目的语的对比分析，语言知识的迁移分析和学习者外语的错误分析。它的目标是寻找外语学习过程的规律以便为课堂教学提供理论依据。

在研究错误分析之前，还要清楚区分"错误"与"失误"。根据 Corder（1967）的观点，无论是第一语言还是第二语言的习得过程中，学习者自己能够改正的错误，因为这种错误是学习者错误运用语言知识而生成的，叫作"失误"（mistake）。另一类错误是自身无法改正的，因为学习者缺乏相关语言知识，就叫作"错误"（error）。一般而言，只有错误才是语言学家研究的对象，学习者产生错误是一个复杂的心理过程，因为它能反映学习者使用语言体系的情况。

二、初中生英语作文中的错误及其原因

根据对比分析的理论（Lado，1957）以及大量研究者的实证研究，我们可以根据学生英语作文中的错误发生的原因把错误分为三大类，即

语际错误、语内错误以及其他原因的错误。语际错误主要是受母语负迁移的影响，有语言方面的表面迁移，文化思维方面的深层次迁移。语内错误又分为对规则的过度概括、规则限制无知、规则非完整应用和概念假设。

1. 语际错误

迁移有正负之分。当母语和外语的语言规则相同时，母语会对外语学生产生促进作用，正迁移（positive transfer）发生，语言学习顺利进行。当二者存在差异，母语往往会对外语学习产生阻碍作用，则产生负迁移（negative transfer），导致语言错误的产生，使语言学习变得困难。Brown（2001）认为初学者的错误大多归于语际间的负迁移。因为在语言学习初期，目标语系统还未建立，学习者只能依赖母语知识系统。

中英两种语言在文化背景和思维方式等方面都存在较大差异，加上在英语学习初期，汉语思维占主导地位，我们可以推断出语际错误会在初中生的作文错误中占较大比例。语际迁移主要表现在词汇、语法和文化三个层面上。

在词汇层面，汉语对英语的负面干扰集中体现在同义词和近义词的干扰、介词的干扰和代词的干扰上。

（1）同义词和近义词的干扰。

Her sound is sweet.

在英语中嗓音是 voice，大自然界的声音 sound，噪音是 noise。因此这句话应该改为：

Her voice is sweet.

又比如：He provided me some useful advice.

英语里面表达"给予、提供"这个语义的词包括 give，offer，provide，grant 等，但是和建议（advice）可以搭配的只能是 give，或者 offer。

又如 wide 和 broad 具有词义的共同点，在汉语中都可以翻译为

"宽"，但两者是有区别的。英语中用 broad 形容 shoulder，chest，face，leaf，mind，agreement；用 wide 形容 river，eyes，opening，difference，distribution，interests，variety，view 和 guess 等。可以说"wide variety"，但不能说"broad variety"。

（2）介词的干扰。

英语里的很多介词在中文中并没有固定的意思，一般要和某些词、句型用在一起才有明确的意思，并且在不同的语境中还会有不同的意思，这经常让英语初学者感到困惑。比如学了 after（在……之后），学生就会写出如下错误的句子：

He will come back after two hours.

正确的句子应该是：He will come back in two hours."两个小时以后"和将来时态搭配只能是"in two hours"。

（3）代词的干扰。

英文中的代词分为主格、宾格、物主代词和反身代词。它们代表不同的句子成分。初中生经常受汉语代词的影响，混淆英语代词的用法。比如：

My mother asks I to go shopping for she.

这句话中的"I"和"she"都属于宾语成分，应该用代词的宾格。因此正确的句子应该是：

My mother asks me to go shopping for her.

在语法方面，汉语对英语的负面干扰包括：词序干扰、名词单复数干扰、状语短语干扰以及复合句句子结构干扰等。

（4）词序干扰。

在基本的句子结构中，中英文都遵循主谓宾这个顺序。不同的是英语句子的各个成分较固定，而中文句子较灵活。比如，中文中状语的位置一般在主语之后，谓语之前。而英语中，状语的位置一般都在句末，有少数状语位于句首或句中。

错误的句子：

On the table have a book.

Under the tree the boy is my brother.

正确的句子：

There is a book on the table.

The boy under the tree is my brother.

其中，"under the tree"放在句中的原因是它作为后置定语来修饰主语"the boy"。

词序的干扰还表现在中英文的一些固定表达上的差异。如"水火"（fire and water），"迟早"（sooner or later），"口蹄疫"（foot-mouthdisease），"东北"（north-east）等。

（5）名词单复数干扰。

汉语中除了人称代词"我""你""他、她、它"带上个"们"字表示复数以外，名词的单复数在句中一般是没区别的。而英语单复数在句中要有明显的变化，复数一定要按照规律变成复数形式。

错误的句子：

Child are playing on the ground.

There are 30 student in our class.

正确的句子：

Children are playing on the ground.

There are 30 students in our class.

（6）状语短语的干扰。

英文中有些表达时间的状语是固定的，不能根据中文的字面意思来简单地拼凑。比如"今天早上"不能简单地译为"today morning"，正确的表达应该是"this morning"。同理，昨天晚上也不能表达成"yesterday night"，而应该是"last night"。

（7）复合句句子结构干扰。

英语复合句注重结构上的完整，句中的词语之间或句与句之间常通过一定的关联词来表达语法意义或逻辑关系。中文讲究的是意义的连贯，不注重语言形式的连接和完整，其语法意义和逻辑关系通过词语或分句的含义表达。汉语的连接词多是表意，而英语的连词除了表意，还是必要的结构标志及句子成分，如果把这些连接词去掉，语法上就会出错。

错误的句子：

She likes apples, oranges, bananas.

Because he was late, so he was punished.

I got the book yesterday is very difficult.

正确的句子：

She likes apples, oranges, and bananas.

Because he was late, he was punished.

The book which I got yesterday is very difficult.

文化方面的负迁移主语体现在中式英语上。

英文句子中，主语和谓语之间有明显的主动或受动的关系，谓语和宾语之间有承受关系，英语中还有一表语成分在汉语中是没有的，也就是系动词后面所跟的形容词、名词、介词、介词短语等。而汉语只是陈述评论的关系，一直采用中文的思维就会出错。

错误的句子：

He has a little tired.

His eyes are blind.

正确的句子：

He is a little tired.

He is blind.

按照中文的表达习惯，我们可以说"他有点累了"。其中"有点"是一个副词，用来修饰形容词"累"。初学者容易受汉语的影响，用汉语中的"有"去对应英语中的"has"，于是就会写出错误的英文句子。其实英语中的"has"是表示"拥有……"，是一个谓语动词，它的后面只能跟用作宾语的名词。另外，用汉语我们可以说"眼睛瞎了"，但在英文中应该是他瞎了，主语应该是人。

2. 语内错误

在二语习得的早期，语际迁移是二语学习者的主要错误来源，而当学生逐渐加深了对外语的了解后，语内迁移就会变得越来越明显。语内迁移是学习者根据有限的目的语的输入作出了错误的假设而产生的错误，可以看作是正常的语言发展的错误。

第一，规则过度概括在英语学习中，学习者会把过度概括学会的规则应用到更大范围的语言材料上去，而不考虑其使用范围和可能存在的例外情况。所以，在英语学习中应用过度概括学习策略就成为错误发生的一个主要原因。

错误的句子：

There are a lot of sheeps.

I love chessing.

She goes to shopping.

正确的句子：

There are a lot of sheep.

I love chess.

She goes shopping.

第一句中的 sheep 单复数同形，不应该加 s，然而作者并不知道这一点，错误地加了 s。第二句中作者只知道 love 后面可以用动名词作宾语，有 love doing 这种表达习惯，所以就错误的使用了 love chessing 这一形式，他忽略了 chess 是个名词，后面不能加 ing。第三句是学习者学到了一些 go to 的短语，如 go to school，go to the park 等，因此过度概括出现了 go to shopping 这样的错误。

第二，规则误用。实际上这也属于过度概括的范畴，即学生学到了某条规则，但是又没有掌握这条规则的适用条件。这是一种对规则不恰当的类推及死记硬背造成的。例如：

（1）I'm very like it.

（2）Many parents not go to the zoo.

例（1）中的谓语动词前面多加了一个系动词 am，在一般现在时中，系动词不能和实义动词的原形同时出现，所以应该将系动词去掉。因为在学习英语的初始阶段句子多是"主语+系动词+表语"的句子结构，所以学生不知道一个句子只能有一个谓语动词，系动词不能和实义动词原形同时出现在一个句子中。例（2）的句子中学生掌握了用 not 来表示否定，但不知道在没有 be 动词、助动词的句子中，如果要对陈述句表示否定必须增加助动词 do 或者 does 或者 did，然后在相应的助动词后加 not，学生犯这样的错误显然是对陈述句变为否定句规则掌握不清。

三、教学建议

中介语理论和错误分析理论告诉我们，错误在语言学习的过程中是不可避免的，主要包括语际错误和语内错误。因此如何对待错误就应该是教师研究的主要方向。我们主要从对待错误的态度和策略方式两个方面进行讨论。

1. 对待错误的态度

语言学界对待错误的态度经历了三个发展阶段：有错必纠，有错不纠，纠正部分错误。传统的观点认为，错误是不可容忍的。持有这种观点的教师认为，如果不及时对错误加以纠正的话，学生便会形成错误习惯。于是他们夙兴夜寐，认真纠正学生的每一个错误。随着中介语理论的出现和不断发展，人们意识到错误是外语学习过程中不可避免的现象，它反映了学习者在重新构造中介语系统。错误的出现被视为外语学习过程中的正常现象。人们开始对纠错的有效性持否定的态度。交际法的推广和应用使得很多教学者更加注重语言内容，强调交际任务的完成，表达的流利性比语言的准确性更受到重视。这种重流畅轻准确的做法渐渐发展为对错误的放纵。石化现象就是对错误的放纵而导致的。所谓石化现象，就是指在缺乏错误纠正的情况下，学生便会丧失在大脑中重组语法结构的动机，大脑里的重组机制便凝固起来，错误在头脑中便形成了化石，再也无法加以纠正。因此，人们开始理性地意识到，语言内容和语言形式同等重要。对所有错误都加以纠正是没有必要的，因为这样会影响表达的流畅性，更糟糕的是使学习者产生焦虑和挫败感。另一方面，过分忽视学习者的错误会导致石化现象。因此，我们应该区别对待错误，有选择地纠正错误。

2. 纠错的方式和策略

在选择哪些错误必须及时纠正，哪些错误可以暂时忽略的问题上，我们应该弄清楚错误本身属于哪一类。我们在前文中区分过失误和错误。失误指的是行为上的差错，是语言产生过程中发生的暂时性的不完善现象。这类错误可以让学生自己纠正。而错误是由于学习者语言能力不足导致偏离或违背目的语语言系统引起的，学习者不具备能力去修正，因此应该是教师关注的重点。

纠错的范围应该面向全体学生还是面向个体学生，要根据错误本身来判断。如果同样的错误在很多学生的习作中都出现，我们就可以判断这是一个共性问题。教师可以通过面向全体学生的课堂讲解来解决这样的共性问题。而面对个别学生出现的语言问题，就可以通过课后个别辅导的方式进行个别对待，这样处理不仅针对性很强，而且能够保持学生的学习热情。还有一种行之有效的纠错方式是让学生们组成小组，在小组内进行每个成员的作文评阅,这样可以让学生体验教师的角色,并且培养学生之间的团结协作精神。

总之,外语学习是一个不断犯错、不断纠错、不断靠近本族语的过程。在第二语言的学习过程中,出现错误是不可避免的,属于正常现象。根据错误分析和中介语理论,我们应该以正确的态度对待学生的错误。初中学生对于英语学习还处于初级阶段,语言基础还比较薄弱,对他们写作中的错误进行分析可以帮助教师弄清学生犯错的原因,提高纠错的针对性和有效性。

第五章　问题与对策

第五章 问题与对策

经典学习理论对英语教学具有积极的促进作用，能够减少教学的盲目性，提高教学的科学性和有效性。然而，在实际应用过程中也会出现一些值得思考的问题。针对这些问题，我们提出了应对策略，以解决认识、研究动机以及教学实施与成果分享方面的问题。

第一节 对经典学习理论在应用过程中的相关问题的思考

一、经典学习理论能否得到有效应用

本书所选择的经典学习理论符合语言学习，尤其是符合作为外语的我国英语教学语境。然而，这些经典学习理论能否得到有效应用是我们首先考虑的问题。其实，经过多年的教学实践，教师们已经形成了各自的语言教学观，并习惯了自己的教学方式。在这种情况下，我们实施基于经典学习理论的英语教学，学校是否支持？教师是否愿意？学生能否适应？这些问题都关系到经典学习理论的应用效果。为此，我们与舟山市教育学院联合，选择7所初中进行实验，然后逐渐扩大实验范围，确保经典学习理论的教学应用得到有效落实。

二、经典学习理论能否真正提高教学效果

提高英语教学效果是我们实施基于经典学习理论的英语教学之主旨。然而，基于经典学习理论的英语教学能否真正提高英语教学效果是我们当初必须面对的重要问题。通过重温英语课程标准的教学理念和英语学

科核心素养要求，我们认为具有强调语言能力、文化意识、思维品格和学习能力的新课程，与我们基于经典学习理论的英语教学的功能具有高度的一致性。也就是说，基于经典学习理论的英语教学有利于该目标的达成。因为以经典学习理论为导向，强调教学中的理论指导，利用多种途径培养学生的语言能力能够有效促进他们的核心素养的发展，有利于形成全面发展的能力。鉴于此，我们认为，基于经典学习理论的英语教学对实现新课程培养目标，提高教学质量具有较为明显的优越性。

三、经典学习理论应用中教师和学生角色地位如何

与教师是纯粹的知识灌输者，学生是知识接受者的传统教学模式不同，基于经典学习理论的英语教学强调教师的多元角色和学生的主体地位。教师在课前充当计划者（planner），决定授课的内容、采用的教学方法以及所要达到的目的；教师在课后要充当评价者（evaluator），评价教学目标的达成情况。在上课时，教师要根据教学内容、教学活动和学生反馈的不同，充当不同的角色，如组织者（organizer）、控制者（controller）、评估者（assessor）、提示者（prompter）、促进者（facilitator）、帮助者（helper）、参与者（participant）和示范者（demonstrator）等。学生的主体地位体现在整个过程中，学生自始至终都要体验、参与和实践语言活动，并对自己的表现作出评价，尤其要强调学生在评价过程中的主体地位。例如，学生要对自己参与的语言实践进行自评和小组互评。这样，学生的主体地位得到彰显，学习的积极性也会得到提高。

四、经典学习理论应用能否发挥研究对教学的促进作用

教师的教学观是在长期的教学实践过程中形成的。教师已经习惯了自己习以为常的教学方式，不会轻易改变。而用经典学习理论指导教学就是要给英语教师提供先进的教学理论，并在此基础上形成有效的教学

方法，在教学中遵循语言学习规律，重视语言实践和提高综合语言能力。更重要的是，基于经典学习理论的教学应用要求教师不断深入研究相关学习理论，并将教学中遇到的问题作为课题加以研究和解决，进而达到改进教学的目的。

第二节　经典学习理论在应用过程中的问题

在经典学习理论应用过程中，我们发现以下问题。

一、理论基础有待提高

虽然我们对相关学校的英语实验教师进行了经典学习理论的培训，但从实践情况来看，他们对相关经典学习理论掌握得并不扎实，理解不够深入、透彻，缺乏相关理论之间的相互联系和融会贯通。有的教师甚至对某种学习理论的理解有误，影响应用效果。例如，有教师将图式理论中的"图式"等同于图表之类的"图示"。又如，对于建构主义实质认识不足，以致在教学应用中不能突出学生间的协商和互动。

二、教学研究有待规范

经典学习理论应用于教学实践属于教学研究的范畴。然而，我们发现真正规范的实证研究却很少。经典学习理论的效果主要来自教师的经验或个人感知，缺乏必要的数据支撑，如实验的前测与后测以及对比实验等。

三、论文写作能力有待提高

论文写作能力是教师专业发展素养的要求之一，也是教师间分享教学心得和研究成果的渠道之一。然而，中小学教师的论文写作能力相当薄弱，已成为其专业发展的主要阻碍。具体表现在以下几个方面：

1. 语言基本功差

写作，不论是汉语写作还是英语写作，都需要扎实语言功底。就论文写作而言，目前我国大多数中小学英语教师无论是英语还是汉语，都存在基本功薄弱的问题，与论文写作的要求还有一定差距。

2. 语言写作能力差

不少中小学英语教师不知道书面语与口语的区别，不了解不同语篇结构的差异，写出来的语言虽没有明显的语言错误，但不是论文语言。造成这种状况的原因虽然是多方面的，但主要是他们阅读科研论文的数量有限，实践写作的机会太少。

3. 缺乏理论基础

不少中小学英语教师所写的论文多是经验性的、感想式的，缺乏经验教学理论支持，这样的论文既没有理论高度，又缺乏论据，只是经验之谈。这样的文章很难登大雅之堂，作为校内教师间的经验交流尚可。

4. 缺乏教学研究支撑

一些中小学英语教师出于职称评定需要，不得不写论文。这种为论文而写的论文，不是建立在自己所进行的教学研究基础上的，而是仅仅基于阅读他人论文或靠自己的经验而写出的论文，往往是空洞的、无新意的、缺乏实证研究的。这种论文对改进教学，提高教学质量，没有任何意义，因此很难公开发表。

5. 科研论文写作能力差

一些教师中小学英语教师对英语科研论文的语类结构和写作要求了解甚少，甚至写不出像样的摘要和结语。有的教师把摘要写成引言或介绍，有的教师不会使用加注、脚注和参考文献，甚至有的论文通篇无注明引用出处。

第三节　实施基于经典学习理论教学的对策

为了进一步提高经典学习理论在英语教学中的应用价值，我们今后将采取一些对策。

一、系统学习相关经典学习理论，提高教师的理论应用水平

中小学英语教师要加强学习，系统地掌握经典学习理论，尤其要明晰如何有效地将经典学习理论应用于英语教学之中，提高教师的理论应用水平。学习经典学习理论科研要采取多元化的方法，如将经典学习理论的学习纳入省市级中小学教师培训或校本培训的内容。

二、加强教学研究方法培训，提高教师的教学研究能力

掌握正确的教学研究方法是有效开展教学研究活动的前提和保证。教学研究方法应该作为今后中小学教师培训或校本教学培训的重要内容。教学研究方法的内容主要涉及如何进行选题、项目申报、需求分析，如何选择研究方法，如何确定实验对象，如何安排研究过程，如何呈现研究结果以及如何进行成果评价等。通过系统的培训，提高中小学教师的教学研究能力，以便他们申报省教育科学规划课题和各级教研机构设置的教研课题。

三、开设"英语科研论文写作"讲座，提升教师的论文写作能力

教育科研论文写作能力是英语教师专业发展的重要内容，是将教育教学理论应用于教学实践的成果推广和教学经验分享的重要途径。中小学要开设"英语科研论文写作"专题讲座，介绍教育科研论文写作的要领和方法，尤其要让中小学英语教师掌握教育教学研究论文的内容要求、语言要求和格式要求，提高他们教育科研论文写作的规范度和质量，最

终达到提升他们的论文写作能力，促进他们专业发展的目的。

四、加强课程标准研修，明确核心素养内涵和课程目标要求

课程标准是国家制定的教育教学的纲领性指导文件，是实施教学、评价和教材编写的重要依据。因此，中小学英语教师认真研读英语课程标准，掌握课程标性质与教学理念、学科核心素养与课程目标、课程结构与内容要求以及学业质量与实施建议。课程标准的研修应该体现前瞻性和连贯性，即小学和初中英语教师在研修《义务教育英语课程标准》的基础上，还要了解《高中程标》的内容；高中英语教师在研读《高中课标》的前提下，也要熟悉《义务教育英语课程标准》。中小学英语教师贯通学习英语课程标准，有利于他们以发展的眼光审视学科核心素养和课程目标，注重课程内容的前瞻性和连贯性，有利于培养学生的综合应用能力和学科核心素养。

五、增加教师的语篇和语用知识，提高教师实施基于语篇的语言教学能力

新课程将英语科学核心素养作为课程的具体目标，即培养和发展学生在接受高中英语教育后应具备的语言能力、文化意识、思维品质和学习能力（教育部，2018）。《普通高中英语课程标准》又将语篇知识和语用知识作为语言知识的内容，并成为语言能力的基础。同时，《普通高中英语课程标准》倡导实施基于语篇的语言教学，发展学科核心素养。然而，我国中小学英语教师的语篇知识和语用知识是欠缺的，因为目前我国本科英语师范生教育的课程中基本没有开设语篇分析和语用学课程，即使在英语教育硕士课程中也并未普遍开设这两门课程。所以，在这种情况下，以专题讲座和继续教育培训的方式，使中小学英语教师系统学习语篇与语用知识，为他们有效实施基于语篇的语言教学提供理论、内容和方法支持。

六、继续深入开展基于经典学习理论的英语教学实践活动

我们将在更大范围内继续开展后续的实践研究,并聚焦在对比研究上,为开展经典学习理论在英语教学中的应用提供支持。

总之,经典学习理论在英语教学中的有效应用,需要有实证研究的支持。在运用过程中出现一些问题也是正常的。但是,只要我们认真学习和领会经典学习理论的实质,开展实证性的教学研究,及时反馈和纠正教学问题,完善经典学习理论的教学实践并达到灵活运用,就能够充分发挥经典学习理论对教学的引领作用,提高教学的科学性,避免教学的盲目性,最终实现教学的有效性,提高教学质量。

参考文献

[1] Bachman, L.F. Fundamental Considerations in Language Testing[M]. Oxford: Oxford University Press, 1990.

[2] Badger, R.& White, G.A process genre approach to teaching writing[J]. English Language Teaching Journal, 2000, 54 (2): 90.

[3] Bander, Robert G. American English Rhetoric [M]. New York: Holt, Rinehart and Winston, Inc., 1978.

[4] Bhatia, V. K. Applied genre analysis and ESP. in T. Miller (ed.), Functional approaches to written text: classroom applications. Washington: USIA, 1997.

[5] Brown, H. D. Principles of Language Learning and Teaching. [M] Beijing: Foreign Language Teaching and Research Press, 2001.

[6] Brown, R. A first language: the early stage [M]. Cambridge, Mass: Harvard University Press. 1973

[7] Brown, G. and G. Yule. Discourse Analysis [M].Cambridge: Cambridge University Press, 1983/2000.

[8] Carroll, David W. Psychology of language [M]. Beijing: Foreign Language Learning and Research press, 2000.

[9] Clark, H. and E. Clark. Psychology and language: an introduction to psycholinguistics [M]. New York: Harcourt Brace Jovanovich. 1977

[10] Cook, G. Discourse and Literature [M]. Shanghai: Shanghai Foreign Language Education Press, 1999.

[11] Corder, S. P. The Significance of Learner's Errors [J]. IRAL – International Review of Applied Linguistics in Language Teaching, 1967, 5 (1-4): 161-170.

[12] Corder, S.P. Introducing Applied Linguistics [M]. London: Penguin Books, 1973.

[13] Eggins, S. An Introduction to Systemic Functional Linguistics [M]. London: Pinter, 1994.

[14] Ellis, R. The study of second language acquisition [M]. Oxford: Oxford University Press, 1994.

[15] European Commission.Key Competences for Lifelong Learning: European

Reference[EB/OL] http://ec.europa.eu/dgs/education_culture/404_en.htm, 2007.

[16] Fadel, C., Black, M., & Trilling, B. Four-Dimensional Education [EB/OL]. http://curriculumredesign.org/2015.

[17] Halliday, M.A.K. Explanation in the functions of language [M]. London: Edward Arnold, 1973.

[18] Halliday, M.A.K. An Introduction to Functional Grammar [M]. Beijing: Foreign Language Teaching and Research Press, 2000.

[19] Halliday, M. A. K. Language and Society [C]. Beijing: Peking University Press, 2007.

[20] Halliday, M.A.K.& Hasan, R. Cohesion in English [M]. London: Longman Group Limited, 1976.

[21] Halliday, M.A.K. & Matthiessen, C.M.I.M. Construing Experience Through Meaning: A Language based Approach to Cognition [M]. London: Cassell, 1999.

[22] Hayes, J. R., & Flower, L. Writing Research and the Writer [J]. American Psychologist, 1986(41): 1106-1113.

[23] Johnston, S. and M. Peinemann. Second language acquisition: a classroom perspective [M]. New South Wales Migrant Education Service, 1986.

[24] Kay, H. & Dudley-Evans, T. Genre: What teachers think [J]. ELT Journal, 1998 52(4): 308-314.

[25] Krashen, Stephen D. Second language acquisition and second language learning [M]. Oxford: Pergamon Press, 1981.

[26] Krashen, Stephen D. Principles & practice in second language acquisition [M]. Oxford: Pergamon Press, 1982

[27] Lado, R. Linguistic across Cultures: Applied Linguistic Language Teachers[M]. Michigan: University of Michigan Press, 1957.

[28] Lyons, J. Introduction to theoretical linguistics [M]. Cambridge: Cambridge University Press, 1968.

[29] McCarthy, M. & Carter, R. Language as Discourse: Perspectives for Language Teaching [M].Beijing: Peking University Press, 2004.

[30] Matin, J, R. Language, register, and genre. In F. Chrisite (ed.). Children Writing: reader[C]. Vic: Deakin University Press, 1984.

[31] Martin, J. R. & D. Rose. Genre: Mapping Cultures [M]. London: Equinox, 2007.

[32] OECD. The Definition and Selection of Key Competences: Executive Summary: DeSeCo Project [EB/OL] http://www.oecd.org/pisa/35070367.pdf, 2005-05-27.

[33] Oxford, R. L. & Scarcella, R. C The Tapestry of Language Learning [M]. Beijing: Tsinghua University Press, 2003.

[34] Partnership for Century Skills. Assessment: A 21st Century Skills Implementation guide. [EB/OL].http://www.p21.org/storage/documents/p21-stateimp_assessment.pd, 2009-02-19.

[35] Santrock, J. W. (translated by Zhou Guanying & Wang Xuecheng) Educational Psychology [M]. Beijing: World Publishing Corporation, 2007.

[36] Selinker, L. Interlanguage. In Second Language Learning: Contrastive Analysis, Error analysis, and related aspects [C]. Oxford University Press, 1969.

[37] Selinker, L. Interlanguage [J]. International Review of Applied Linguistics in Language Teaching, 1972.

[38] Swain, M. & S. Lapkin. Problems in output and the cognitive processes they generate: a step towards second language learning, applied linguistics [M]. Oxford: Oxford University Press. 1985.

[39] Swales, J. Genre Analysis [M]. Cambridge: Cambridge University Press, 1990.

[40] Thompson, G. Introducing Functional grammar [M]. London: Arnold/Beijing: FLTRP, 1996/2000.

[41] Ventola, E. Generic and Regester Qualities of Texts and Their Realization. In Peter H. Fries & Michael Gregory (eds.): Discourse in Socialty: Systemic Functional Perspectives [M]. Ablex Publishing Corporation, 1995.

[42] 蔡慧萍,蔡明德,罗毅.合作学习在英语教学中的应用[M].北京:首都师范大学出版社,2005.

[43] 蔡慧萍.论英语短文写作"提示"与"范文"情景语境的统一[J].外语教学,2005b(1).

[44] 蔡慧萍,罗毅.《过程—体裁英语写作教学法的建构与应用[M].杭州:浙江大学出版社,2015.

[45] 曹科岩.试论小组合作学习评价[J].当代教育论坛,2006(10).

[46] 曹书香.浅谈合作式教学在初中英语课堂中的实施策略[J].读与写杂志,

2017（8）.

[47] 曹莹. 建构主义学习理论指导下的自主学习能力的培养[J]. 辽宁工业大学学报，2009（2）.

[48] 陈春英. 自主学习方式的特点与要求[J]. 教育论文，2013

[49] 陈琦，张建伟. 建构主义学习观要义评析[J]. 华东师范大学学报，1998（1）.

[50] 陈越. 建构主义与建构主义学习理论综述[J]. 惟存教育，2002.

[51] 程晓堂. 基于语篇的语言教学途径[J]. 国外外语教学，2005（1）.

[52] 程晓堂，王琦. 从小句关系看学生英语作文的连贯性[J]. 外语教学与研究，2004（4）.

[53] 崔雅丽. 认知图式理论对英语阅读教学的启示[J]. 教育理论与实践，2012(15).

[54] 戴曼纯. "自然习得顺序"质疑[J]. 外语教学与研究，1996，（4）.

[55] 戴宁，曹辉. 翻转课堂的冷思考：价值与限度[J]. 内蒙古师范大学学报（教育科学版）2016（6）.

[56] 丁建新. 体裁分析的传统与前沿[J]. 外语研究，2007（6）.

[57] 丁往道，吴冰，钟美荪，等. 英语写作手册[M]. 北京：外语教学与研究出版社，1994.

[58] 杜应东，刘湘雅. 语境和语篇衔接视阈下的 NEMT 阅读理解词义猜测题解析[J]. 淮北职业技术学院学报，2012（6）.

[59] 冯国俊，王静芝，邓丽玉. 思维导图在初中英语阅读教学中的应用新探[J]. 牡丹江教育学院学报，2016（4）.

[60] 高彦梅. 运用 LD 评估语篇能力[J]. 外语研究，2003（5）.

[61] 高一虹. 语言文化差异的认识与超越[M]. 北京：外语教学与研究出版社，2000.

[62] 葛旭红. 思维导图在初中英语阅读中的应用探究[J]. 校园英语（教研版），2012（12）.

[63] 顾嘉祖. 跨文化交际[M]. 南京：南京师范大学出版社，2000.

[64] 郝倩倩. 掌握学习理论在初中英语阅读教学中的应用[J]. 教学与管理，2018（9）.

[65] 郭华. 小组合作学习的理论假设与实践操作模式[J]. 中国教育学刊，1998(5).

[66] 韩恩娟. 从认知角度看克拉申的监察理论[J]. 文教资料，2009（33）.

[67] 何善芬. 英汉语言对比研究[M]. 上海：上海教育出版社，2002.

[68] 何文芳，曾纯. 图式理论在大学英语写作教学中的应用研究[J]. 江西教育学

院学报，2012（1）.

[69] 何兆熊，蒋艳梅.语境的动态研究[J].外国语，1997（6）.

[70] 胡春洞.英语学习论[M].南宁：广西教育出版社，1996.

[71] 胡文仲.超越文化的屏障[M].北京：外语教学与研究出版社，2004.

[72] 胡壮麟.语篇的衔接与连贯性[M].上海：上海外语教育出版社，1994.

[73] 胡壮麟.系统功能语言学的社会学渊源[J].北京科技大学学报，2008（2）.

[74] 黄国文.语篇分析概要[M].长沙：湖南教育出版社，1988.

[75] 黄国文.语篇分析的理论与实践——广告语篇研究[M].上海：上海外语教育出版社，2001.

[76] 黄国文.系统功能语言学研究中的整合[J].中国外语，2009（1）.

[77] 黄黎明，胡中锋.多元智力论与课程评价[J].课程·教材·教法，2003（5）.

[78] 霍力岩.加德纳的多元智能理论及其主要依据探析[J].比较教育研究，2000，（3）.

[79] 霍力岩.多元智力理论：课改走向成功的新支点[N]中国教育报，2003-08-21.

[80] 姜勇.论教育学的文化品位[J].教育理论与实践，2007（13）.

[81] 蒋磊.英汉习语的文化观照与对比[M].武汉：武汉大学出版社，2000.

[82] 蒋琳.多元智力理论指导下的学生评价[J].教育探索，2007（1）.

[83] Michael H. Long.《第二语言习得研究概况》[M].北京：外语教学与研究出版社，2000.

[84] 教育部.普通高中英语课程标准（2017年版）[S].北京：人民教育出版社，2018.

[85] 教育部.义务教育英语课程标准（2011年版)[S].北京:北京师范大学出版社，2012.

[86] 劳允栋.英汉语言学词典[M].北京：商务印书馆，2005.

[87] 李德煜，张会欣.从思维差异看中国学生英语写作中的失误[J].山东外语教学，2002（4）.

[88] 李国庆.从文化语境层面谈押头韵广告语篇的翻译策略[J].外语学刊，2008（1）.

[89] 李红英，蔡慧萍，罗毅.基于过程-体裁教学法的体验英语写作评改方式研究[J].教育学术月刊，2011（8）.

[90] 李明远.图式理论和外语写作[J].四川外国语学院学报，1998（2）.

[91] 李喜凤.形成性评价在高中普通班英语教学中的运用[D].呼和浩特：内蒙古

师范大学，2013.

[92] 李宣松. 体裁分析与商务语篇[J]. 外国语，1997（2）.

[93] 李永斌. 初中英语课堂实施过程性评价的实践探索[J]. 教育测量与评价，2009.

[94] 李志雪. 从语用和图式角度来看语篇的连贯[J]. 解放军外国语学院学报，1999（5）.

[95] 刘辰诞. 教学篇章语言学[M]. 上海：上海外语教育出版社，1999.

[96] 刘晨来. 形成性评价在初中英语阅读教学中应用的有效性研究[D]. 杭州：杭州师范大学，2016.

[97] 刘壮，韩宝成，阎彤.《欧洲语言共同参考框架》的交际语言能力框架和外语教学理念[J]. 外语教学与研究，2012（4）.

[98] 李娜. 思维导图在初中英语阅读中的探究[J]. 新课程学习（下），2012（10）

[99] 李振起，李凯源. 大学写作[M]. 天津：南开大学出版社，1994.

[100] 陆莲枝. 合作学习在英语写作教学中的运用[J]. 英语画刊，2017（2）

[101] 罗毅. 英语衔接模式与中学英语写作教学[J]. 山东师范大学外国语学院学报（基础英语教育），2003（2）.

[102] 罗毅. 论英语主题句对文章主题的表达作用[J]. 浙江海洋学院学报，2004（2）.

[103] 罗毅. 文化视角下的高中英语写作教学[J]. 山东师范大学外国语学院学报（基础英语教育），2008（4）.

[104] 罗毅. 现代英语课程与教学论[M]. 天津：天津教育出版社，2009.

[105] 马珂. 多元智力理论与英语学习策略使用倾向性的相关性实证研究[J]. 外语教学，2012（5）.

[106] 马丽群. 多元智力理在英语教学评价中的应用[EB/OL]（2019-3-20）. https://www.xzbu.com/9/view-3401333.htm.

[107] 毛景焕，赵准胜. 从多元智力理论看教学的公平性和学生发展的平等性问题[J]. 外国教育研究，2002（6）.

[108] 毛荣贵. 英语写作纵横谈[M]. 上海：上海外语教育出版社，2001.

[109] 梅德明，王蔷. 普通高中英语课程标准（2017年版）解读[M]. 北京：高等教育出版社，2018.

[110] 南波. 谈EFL课堂合作学习及其应用[J]. 四川外语学院学报，2003（1）

[111] 南敬实. 建构主义学习理论指导下对自主学习的探讨[J]. 现代教育科学：高

教研究，2006（1）.

[112] 牛保义. 隐性衔接论 [J]. 外语教学，1998（3）.

[113] 潘建. 英汉语篇结构和思维模式与英语作文教学 [J]. 外语研究，1999（3）.

[114] 庞国斌，王冬凌. 合作学习的理论与实践 [M]. 北京：开明出版社，2013.

[115] 彭利元. 情景语境与文化语境异同考辨 [J]. 四川外国语学院学报，2008（1）.

[116] 彭宣维. 英汉语篇综合对比 [M]. 上海：上海外语教育出版社，2000.

[117] 祁寿华. 高级英语写作指南 [M]. 上海：上海外语教育出版社，2001.

[118] 钱佳. 浅析思维导图法在初中英语阅读教学中的应用 [J]. 新课程（下），2016（6）.

[119] 钱宜璐. 思维导图在初中英语阅读教学应用的实证研究 [D]. 漳州：闽南师范大学，2015.

[120] 秦小蕙. 多元智力理论与英语学习 [J]. 三峡大学学报，2005（5）

[121] 秦秀白. 体裁概说 [J]. 外国语，1997（6）.

[122] 秦秀白. 体裁教学法评述 [J]. 外语教学与研究，2000（1）.

[123] 秦秀白. 英语语体与文艺要略 [M]. 上海：上海外语教育出版社，2002.

[124] 秦月菊. 浅谈初中英语的写作教学 [J]. 课程教育教学，2018（24）.

[125] 冉永平. 语用过程中的认知语境及其语用制约 [J]. 外语与外语教学，2000(8).

[126] 任蔚香. 语境在语用学研究中的作用 [J]. 凯里学院学报，2010（4）.

[127] 任永东，张健. 论过程体裁法在高中英语写作教学中的应用 [J]. 中国教育学刊，2014（5）.

[128] 沈彩珠. 初中英语阅读课词汇教学现状分析和提高对策 [J]. 考试与评价，2016（3）.

[129] 沈娟. 以小组合作为基础的初中英语写作教学过程的开展 [J]. 英语画刊（高级版），2017（25）.

[130] 时莹莹. 过程体裁法在初中英语写作教学中的运用 [D]. 南京：南京师范大学，2017.

[131] 宋雪冬. 合作学习与任务型教学 [J]. 新疆教育学院学报，2003（3）.

[132] 束定芳. 隐喻学研究 [M]. 上海：上海外语教育出版社，2000.

[133] 孙玉. 外语教学理论的新探索——《跨文化外语教学》评价 [J]. 外国语，2006（4）

[134] 唐叶青. 语篇模式类型与语篇分析 [J]. 山东外语教学，2002（4）.

[135] 陶嘉炜.写作与文化[M].上海:上海外语教育出版社,1998.

[136] 王初明.应用心理语言学[M].长沙:湖南教育出版社,1990.

[137] 王海波.自然法在高职英语教学中的应用[J].语言艺术与体育研究,2017(9).

[138] 王金,蔡慧萍,罗毅.基于网络平台的体验英语写作模式研究[J].外语电化教学,2012（4）.

[139] 王凯.论合作学习的局限性[J].河北师范大学学报,2003（6）.

[140] 王丽彬.思维导图在初中英语写作中的应用实践研究[J].成才之路,2014.(3).

[141] 王立非.现代外语教学论[M].上海:上海教育出版社,2000

[142] 王露娟.初中英语听力教学现状分析及对策探讨[J].英语教师,2016（1）.

[143] 王少非.西方的合作学习模式与要素[J].上海师范大学学报（教育版）,2000（9）

[144] 王坦.论合作学习的基本理念[J].教育研究,2002（2）.

[145] 王晓春.初中英语阅读教学现状[J].山东教育.2012(12).

[146] 王晓莉.初中英语写作教学现状和改进策略[J].中学生英语,2017（2）.

[147] 王勇,徐杰.系统功能语言学与语言类型学[J].外国语,2011（3）.

[148] 王子荣.过程体裁法在高中英语写作教学中的运用实践研究[J].才智,2018（55）.

[149] 韦伯.怎样评价学生才有效:促进学习的多元化评价策略[M].北京:中国轻工业出版社,2016（1）.

[150] 文秋芳.英语口语测试与教学[M].上海:上海教育出版社,1999.

[151] 吴志宏,郅庭瑾.多元智能:理论、方法与实践[M].上海:上海教育出版社,2003.

[152] 夏惠贤.多元智力理论与项目学习[J].全球检验展望,2002（9）.

[153] 肖好章.意义与语境:交互语境模式构建[J].外语与外语教学,2009（1）.

[154] 谢明亮.浅析初中英语阅读教学现状及应对策略[J].新课程导学,2016（9）.

[155] 辛斌.体裁互文性的社会语用学分析[J].外语学刊,2002（2）.

[156] 邢福义.语言与文化[M].武汉:湖北教育出版社,1990.

[157] 徐涛.浅谈初中英语教学现状和对策[J].课程教育研究,2016（12）.

[158] 扬建华.新理念英文写作[M].天津:天津大学出版社,2002.

[159] 杨萍,邓礼红.图式理论的一次以实践教学理论为根基的讨论[J].中国外语,2007（3）.

[160] 姚兰，程骊妮．我国20世纪80年代以来英语写作研究状况之研究[J]．外语界，2005（5）．

[161] 余晖．新课程理念下农村初中英语教学现状及对策思考[J]．学理论，2011（2）．

[162] 张德禄．语域理论简介[J]．现代外语，1987（4）．

[163] 张德禄，马磊．论实用文体语类结构潜势[J]．山东外语教学，2002（1）．

[164] 张德禄．语篇连贯与衔接理论的发展与应用[M]．上海：上海外语教育出版社，2003．

[165] 张德禄．系统功能语言学对机助外语教学的启示[J]．外语电化教学，2004（6）．

[166] 张德禄，刘汝山．语篇连贯与衔接理论的发展及应用[M]．上海：上海外语教育出版社，2003．

[167] 张恩会，曾祥芹．文章学教程[M]．上海：上海外语教育出版社，1995．

[168] 张键飞．基于小组合作模式下初中英语写作教学策略的尝试[J]．广东教育（综合版），2018（3）．

[169] 张晖．基于认知语言学理论的大学英语听力课堂教学设计的原则探索[J]．2010年贵州省外语学会年会暨学术研讨会论文集，2010．

[170] 张君棠，图式理论与语篇分析理论的探讨——兼谈其对英语阅读教学的启示[J]．教育理论与实践，2010（1）．

[171] 张希永，李志为．在大学英语教学中提高学生的语篇能力[J]．语文学科，2007（15）．

[172] 张应林．语篇分析学[M]．武汉：华中师范大学出版社，2006．

[173] 张志富．英语学科知识与教学能力[M]．北京：高等教育出版社，2011．

[174] 章晓霞．图式理论在英语写作过程中的作用及教学启示[J]．教学与管理（理论版），2006（30）．

[175] 赵晨．中国英语学习者词汇歧义加工中的语境效应[J]．外语与外语教学，2012（2）．

[176] 赵秀凤．中西文化比较与汉英写作风格宏观对比分析[J]．山东外语教学，1999（3）．

[177] 郑超，马捷．从写作评估中的语域意识看第二语言语法能力与社会语言能力[J]．现代外语，2011（1）．

[178] 郑建．浅谈布鲁姆掌握学习理论[J]．外国教育研究，1990（1）．

[179] 钟启泉．确立科学教材观：教材创新的根本课题[J]．教育发展研究，2007（12）．

[180] 周顾红.初中英语教学现状与问题分析[J].经贸实践,2017(17).

[181] 朱敏.过程体裁法在高中英语写作教学中的运用——以人物描写为例[J].基础教育,2018(06).

[182] 朱永生,严世清.系统功能语言学多维思考[M].上海:上海外语教育出版社,2001.

[183] 朱永生,郑立信,苗兴伟.英汉语篇衔接手段对比研究[M].上海:上海外语教育出版社2001.

后 记

  本书介绍了 10 种经典学习理论，阐释了其对英语教学的启示，并以案例的形式阐述了其在英语教学中的应用。这些案例多来自一线教师的教学实践，在一定程度上反映了经典学习理论在英语教学中的实际应用，对改进基础英语教学，提高教学效果具有一定的借鉴意义。然而，我们所实施的经典学习理论在英语教学中的应用研究仍处在实验阶段，相关数据尚未整理完成，所提供的案例有待进一步实证研究验证。我们将继续在更大范围内开展此项研究，并聚焦在对比实证研究上，以检验经典学习理论应用的有效性，最终形成有效的教学模式。后续的相关研究成果将以论文和实验报告的形式推广，并作为本研究的继续和深化。我们真挚地希望更多的中学英语教师能够参与我们的实验，共同开展经典学习理论在英语教学中的应用研究，使经典学习理论在我国英语教学语境中发挥应有的作用。

编 者

2019 年 8 月